280天胎教一日一读

王琪 / 编著

化学工业出版社
·北京·

十月怀胎，一朝分娩，在即将面对新的小生命到来之际，准爸爸、准妈妈应如何孕育出一个健康、聪明的宝宝？本书是一本科学严谨、图文并茂、内容翔实的孕期胎教指导手册，包含了多种胎教方法，相信会给准爸爸、准妈妈带来想要的答案。

图书在版编目(CIP)数据

280天胎教一日一读／王琪编著．—北京：化学工业出版社，2013.1

ISBN 978-7-122-15287-9

Ⅰ.2… Ⅱ.王… Ⅲ.胎教-基本知识 Ⅳ.G61

中国版本图书馆CIP数据核字（2012）第210920号

责任编辑：贾维娜　肖志明　　　文字编辑：赵爱萍
责任校对：顾淑云　　　　　　　装帧设计：瑞雅文化

出版发行：化学工业出版社（北京市东城区青年湖南街13号　邮政编码　100011）
印　　装：化学工业出版社印刷厂
710mm×1000mm　1/16　印张：16　字数：250千字
2013年1月第1版第1次印刷

购书咨询：010-64518888（传真：010-64519686）　售后服务：010-64518899
网　　址：http://www.cip.com.cn
凡购买本书，如有缺损质量问题，本社销售中心负责调换。

定　　价：39.80元

目录

第一章 孕期胎教应先行

第二章 胎教伴随孕期每一天

EQ趣味图章
chicco

成語

TOMY

第一章

孕期胎教应先行

胎教自古就有，但一直不为人们所重视，直到最近几年，人们才将其视为孕期生活中的一项重要工程。很多专家学者都认为，胎教是与宝宝心灵沟通的第一步，并有充足的科学理论依据证明胎教对宝宝以后的健康成长具有重要意义。然而很多准爸爸和准妈妈虽然都狂热地执著于对宝宝进行胎教，但却对胎教内涵一知半解。俗话说“知己知彼，百战不殆”，本章将为你介绍有关胎教方面的基本常识，以助你达到事半功倍的胎教效果。

有些家长可能会提出这样的质疑："胎宝宝既看不见又摸不到，怎么能谈得上接受教育呢？""胎教真的能发挥作用吗？""胎教有没有理论依据呢？"本节将针对人们的这些疑问展开详细的讨论。

要了解胎教的科学依据，首先要明白，胎教不是向胎宝宝"灌输"某种东西，而是对胎宝宝的感觉进行良性刺激，促进其健康生长发育。那么胎宝宝能感觉到刺激吗？

视觉感应勿忽视

据研究发现，从怀孕第4个月起，胎宝宝就对光线十分敏感。准妈妈进行日光浴时，胎宝宝就能够感觉到光线的强弱变化。胎宝宝在6个多月时就出现了开闭眼睑的动作，特别是在孕期的最后几周，胎宝宝已经能够运用自己的感觉器官了。当一束光照在准妈妈的腹部上时，睁开双眼的胎宝宝会将脸转向亮处，他看见的是一片红红的光晕，就像用手电筒照在手背时从手心所见到的红光一样。现代医学用超声波观察发现，光线一闪一灭照射准妈妈的腹部时，胎宝宝的心率会随其出现明显的变化。这就说明，胎宝宝并不是盲童，对其实施胎教能激发其视觉发育潜能。

听觉发展应重视

出生几天的新生儿哭闹是常有的事，如果准妈妈把其抱在左胸前，他很快就会安静下来。这是因为，胎宝宝在母体内时就已经习惯了倾听准妈妈心脏的跳动声及血流声。出生后，新生儿耳朵贴近准妈妈胸前，这种声音把他带回到在子宫里宁静的日子和安全的环境中，这种早已体验过的安全感是胎教可行的充分说明。

研究表明，4个月的胎宝宝就有了听觉，对准妈妈子宫血管里的血流声、肠道气体的咕噜声、猛烈的打雷声等都有反应，胎宝宝还特别爱听父母的讲话声、唱歌声及柔和的乐曲声。6个月时，胎宝宝的听力就几乎和成人相差不多了。外界的声音都可以传到子宫里，但胎宝宝喜欢听节奏平缓、流畅、柔和的声音，讨厌强烈快节奏的声音，更害怕各种令人不安的噪声。所以，准妈妈要注意到这一点。

触觉发育早开始

胎宝宝的触觉发育比较早，当胎动出现时，隔着母体触摸胎宝宝的身体，胎宝宝就会做出反应。也就是说，触觉发育早在胎儿时期就已经开始，而这一点也是对抚摸胎教有益胎宝宝触觉潜能开发的有利证据。

记忆能力要肯定

胎宝宝的记忆能力是相当惊人的，他就像一台不断储存程序的计算机，各种信息刺激都会被存入，特别是反复的刺激。

研究人员曾经做过这样一个实验，他们要求准妈妈在分娩前3个月，每天听半小时自己喜欢的音乐，包括古典音乐、流行音乐等。在11名婴儿1岁生日的时候，研究人员在播放音乐的扩音器旁摆放数盏闪光灯，当婴儿望向不同的闪光灯时，便有不同的音乐播放出来。结果他们望向代表他们在母体内听过的音乐的闪光灯的次数明显多于其他闪光灯。

这证明婴儿出生前3个月已有能力记得一些简单的东西。

反射能力有表现

医学研究表明，胎宝宝已具备逃避反射、防御反射、吸吮反射、刺激性呼吸反射等能力。例如，当准妈妈猛然饮水时，胎宝宝会有剧烈的踢蹬运动；如准妈妈进入声光柔和的房间，胎宝宝也会十分安静，表示对此环境十分满意；而当准妈妈进入一个有噪声且阴冷的地方时，胎宝宝就会用激烈的胎动来表达自己的厌恶和不满情绪；准妈妈不安时，胎宝宝的血氧量就降低；准妈妈情绪激动时，胎宝宝也会有所反应。

综上所述，胎宝宝在子宫内是有感觉、有意识、能活动的一个小生命，既然胎宝宝有听力、视力，又有记忆力，进行胎教、促进胎宝宝发育就是完全可能的。胎教就是根据这些理论基础，在孕期调节和控制母体的内外环境，有针对性地、主动地给予各种有益的信息刺激，通过这些良性刺激，来促进胎宝宝身心健康和智力的发育。

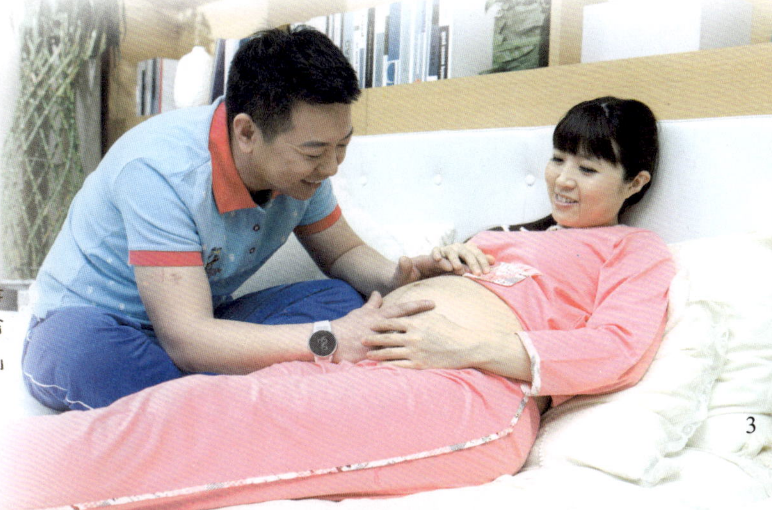

★胎宝宝已具备一定的条件反射能力，准妈妈与准爸爸用手触摸腹部时，可感受到胎宝宝的生命运动。

准妈妈受益于胎教的体现

准妈妈的个人修养得以提高

胎教强调胎宝宝会受到准妈妈言行的影响，甚至在胎儿时期，胎宝宝就会依据你的生活习惯而开始养成一些习惯。人们都知道，每一个人都有不同的生活习惯，养成好习惯会使人终身受益。一旦养成坏习惯，想改却很难。因此，胎教要求准妈妈对生活习惯、知识的学习、修养、爱好等都要注意调整与提高，以便给胎宝宝一个良好的身教。在这层意义下，胎教会将准妈妈潜移默化成一位知识丰富、品格高尚的女性。

亲子互动桥梁得以搭建

在未与宝宝见面之前，经由胎教的实践，可培养准妈妈对胎宝宝的爱与关怀，进而期待胎宝宝出生后，能延续这份爱与关怀，给予胎宝宝最好的教育与照顾，为以后的亲子互动搭建桥梁。

准妈妈的生活得以充实

准妈妈常常有孤独的感觉。尤其是离开工作，加上怀孕期间身体上的诸多不适，导致生活范围局限、内容无聊，除了在家里看电视、玩电脑、看漫画、种花……就不知道可以从事哪些活动了，使生活显得异常无趣，久而久之人也会变得呆板僵化。倘若准妈妈将胎教加入到日常生活中，不仅能使生活变得丰富多彩，还可以使脑部时刻保持灵活运作，心情保持舒畅，就连令人难以忍受的妊娠反应也会减轻不少。如此良性循环

准爸爸和准妈妈一起实施胎教有助于消除准妈妈的孤独感。

下去，胎宝宝也会感觉到外面的世界是如此多彩美丽。

胎宝宝受益于胎教的体现

胎教对胎宝宝的益处更是举不胜举，它不仅可以激发胎宝宝的智力潜能，在准妈妈的良性影响下，胎宝宝还会养成良好的生活习惯以及优良的性格，这对未来的发展具有非常大的帮助。以下就是受过胎教的婴儿的一些特征。

★ 实施胎教对宝宝好处多多。

◎ 受过胎教的婴儿非常爱好听音乐，特别喜爱在腹中时父母给自己听过的音乐。对音乐敏感、音感准确，学习音乐、唱歌的能力强。婴儿在哭闹时听到胎教音乐很容易安静下来；若在睡前播放胎教音乐或准妈妈哼唱催眠曲，婴儿也能够很快入睡。

◎ 受过胎教的婴儿学习兴趣高，喜欢听儿歌、故事，喜欢看书，不少孩子在还不会说话时，就拿书要妈妈教，学习汉字的能力惊人。智力也得到超常发展，容易接受新的知识。同时，婴儿的记忆力较同龄的婴儿好，记忆的速度也较快。

◎ 受过胎教的婴儿对陌生环境的好奇心较强。

◎ 受过胎教的婴儿情绪稳定易安慰，适应环境能力强，很少无故哭闹，容易养成良好规律的生活习惯，这会使父母得到较充分的休息。

◎ 受过胎教的婴儿开始说话的时间较早，语言能力较强，5~6个月时便可以发出声音表达意思，使妈妈明白宝宝是饿了还是要大、小便，使妈妈照料起来更方便。

◎ 受过胎教的婴儿眼睛明亮，视听注意能力也比较强。

◎ 受过胎教的婴儿性格活泼，喜欢与他人接触，与未受过胎教的婴儿比较，较早学会笑，理解别人的表情和言语，并通过姿势的改变，表现出与人的互动。

◎ 受过胎教的婴儿运动与感觉系统发育较早，吸吮手指的能力、手的握力及四肢运动的能力强，动作协调性好，扶起坐立时颈部肌肉张力较好。

总之，受过胎教的孩子将来学识字、听课、唱歌、游戏、与人互动等能力都比较强。因此，只要认真努力地实施胎教，一定可以全面开发孩子的智力。但是要注意：婴儿出生后必须继续先前进行的“胎宝宝教育”，才能巩固成果。

胎教应追加至孕前

有些家长认为，胎教要等到怀孕后再开始，其实，这种思想有些落伍了。从狭义上来说，胎教应该从精卵结合前的3个月开始。妊娠是精子和卵子的结合，新生命在此刻宣告开始。而精子和卵子的发育和成熟在此之前就已经开始。科学研究显示，精子从精细胞分裂、形成到成熟大概需要90天，那么，要使得精子质量最佳，孕育出健康的后代，胎教必须在孕前的3个月时开始。女性子宫内的温度、压力决定着胎宝宝生长的环境，良好的环境也需要提前创造。俗话说“好的开始等于成功的一半”。当然，这并不是说其他时期的胎教不重要，事实上，产前各个时期的胎教都有不可忽视的作用。

胎教方案宜科学

准备养育孩子的夫妻时常感到困惑——社会上种类繁多的“胎教方案”不断描述着照此法培养出的孩子如何“超常”“早慧”，使得年轻的夫妻们不忍心让自己的孩子落伍，也纷纷解囊参加培训或购买“胎教方案”。其实这些“胎教方案”中有一些就是打着“科学”“专家”的旗号在误导人们，有的指导思想就是遗传决定论，有的明显违背胎宝宝成长的自然过程，他们只是为了经济目的。

因此，建议夫妻在准备要胎宝宝之前或已经晋升为准妈妈及准爸爸的人，应从正规的专业单位及渠道学习一些有关儿童发展方面的知识，包括孕期心理、儿童心理与教育学及胎教早教的有关常识。这能使你做到心中有数。在对待选择胎教方案这一问题上，切记要保持冷静的头脑，善于识别和选择适合自己的方法，拒绝盲从。

把握胎教程度

到目前为止，我国关于胎教失败的例子还极少见到。但有些情况也引起了相关专家的重视。比如有的准妈妈在心理咨询中反映，经过音乐胎教后，自己的宝宝虽然聪明活泼，但精力过盛，总是不爱睡觉。当专家问起具体胎教方法后，才得知准妈妈孕期工作较忙，又不愿放弃胎教的机会，所以每日抽空将胎教器置于腹部。有时准妈妈因疲劳很快入睡了，而胎教器仍不断地刺激胎宝宝，这有可能干扰胎宝宝的生物钟。因此，出现了胎宝宝出生后精力过盛的现象。所以，胎教应该适度进行。

实施胎教需变通

从胚胎形成到胎宝宝出生的这段时间里，科学研究结果表明，胎宝宝发育到第4周时，就已经建立起了神经系统；第8～11周时，胎宝宝有了触觉反应，这时可以通过轻轻拍打、抚摸母体腹部来促进胎宝宝感知系统的发育；第12～15周胎宝宝已有了自己的情感，能够同时感受准妈妈的喜怒哀乐等情感；第16～19周时，胎宝宝的听力形成，他能听到准妈妈唱歌的声音和准爸爸对他的低声细语，也能听到准妈妈心跳和血液流动的声音；第20周时，胎宝宝有了视觉感知，能对外界的光线做出反应，并能对自己喜恶的光线做出选择；胎宝宝的大脑在妊娠6个月时就已经具备了140亿个细胞，这是一生中所需的全部脑细胞数量，其后的任务则是如何提高脑细胞的质量。

由此看来，教育要从胎儿期开始，而且要根据胎宝宝的发育状况有针对性地进行，才能使胎教达到最理想的效果，否则很可能适得其反。因此，在胎儿期实施合理且科学的胎教显得尤为重要。

和家人做胎教效果更佳

胎教并不是准妈妈一个人的事情，这需要全家人的共同参与和努力。

怀孕期间家人要特别注意准妈妈的情绪，尤其不要让准妈妈感觉到愤怒。当家人跟准妈妈说话时，要多注意可能会产生的后果，尤其要避免说一些凶恶、难为情、恐慌的事情，否则可能会造成准妈妈害怕、担心、惊吓的不良情绪，甚至进一步会给胎宝宝造成血液疾病、精神疾病、体力不支、癫痫的先天病症。而且家人一起做胎教还可增加胎教的效果。

选择自然分娩，有助于生出聪明宝宝

胎教过程也应延续到分娩阶段，自然分娩与剖宫产对胎宝宝的刺激是不一样的。

由于自然分娩时，胎宝宝最先碰到准妈妈子宫和阴道的部位是头部。虽然此时准妈妈会处于持续疼痛的状态，但胎宝宝的大脑就是在这时受到激发的，所以这是非常重要的时刻。如果要剖宫产，就会使用麻醉剂，并把孩子直接从准妈妈的腹中取出，这样虽然免去了准妈妈的疼痛感，但同时也错过了激发孩子大脑的最佳时机。

所以，如果你不是胎位不正或健康有问题，而仅仅是为了逃避疼痛而选择剖宫产的话，是非常不明智的。

胎教的含义非常广泛，按其操作方法可将胎教分为直接胎教与间接胎教两类，二者各有其方式及特点，准妈妈们可要认真学习哟!

直接胎教

直接胎教是指对准妈妈和胎宝宝的保健教育，是为了促进胎宝宝生理和心理健康成长，确保准妈妈能够顺利度过孕期，而采取的精神、饮食、环境等方面的保健措施。

在孕期，胎宝宝还没有定型，正处于器官形成和生长发育中，容易受外界影响。这里所说的受外界影响，主要是指受准妈妈精神、饮食、寒温等方面的影响，即中医所说“形象始化，未有定仪，因感而变，外象而内感”。准妈妈的身心是否健康，对胎宝宝的成长，包括智力与体质的发育，具有重要作用。因此，直接胎教有利于准妈妈和胎宝宝身体健康和精神健康，有利于保胎、养胎和护胎等保健措施的实行。

间接胎教

间接胎教相对于直接胎教来说，更偏重于品德、精神、智力以及性情的培养、情操的陶冶，主要是通过采取一些措施与方法，让准妈妈置身于美好的事物、环境和氛围中，这样，不但会使准妈妈品德高尚、精神饱满、心情舒畅、头脑清醒、思维敏捷，而且由于“外象而内感”的作用，间接促进胎宝宝智慧、品质、智力等方面的良好发育。因此，间接胎教实际上是在直接胎教的基础上，对准妈妈和胎宝宝精神世界的优化和美化措施，在胎宝宝个性的形成、智力的发育和人格的完善方面，具有举足轻重的作用。

由此可知，间接胎教侧重于母体与胎宝宝的精神和心理卫生，直接胎教侧重于准妈妈和胎宝宝生理病理的健康保健。

无论是直接胎教还是间接胎教，都有益于胎宝宝的健康发育。

斯瑟蒂克胎教

一对普通的夫妇通过对胎宝宝的教育，把四个女儿都培养成天才，根据这对夫妇的名字，将此胎教法称为斯瑟蒂克胎教法，斯瑟蒂克胎教法的主要特点是常跟胎宝宝说故事和利用卡片教她们认识字母与数字。

本胎教法需要在你怀孕前制订一套完整的怀孕计划，并按阶段将其付诸实践。

实施作用

斯瑟蒂克认为怀孕前的受精必须是在最佳状态下进行。也就是说，必须使最健康的精子和卵子结合。俗话说得好："好的开端是成功的一半""开始好结尾才能好"。任何一件事情的开始总是十分重要的。所以可以说，优育是胎教的开始。

首先说健康状况，斯瑟蒂克认为，母体必须健康的这一点是不容置疑的，将成为父亲的准爸爸的健康状况也必须调整到最好，因为准爸爸的基因也能影响到胎宝宝。

其次是做好心理准备，这是斯瑟蒂克进行胎教时的必备功课。她认为，胚胎的健康与否并不是完全依赖于遗传因素，创造新生命的父母心理是否健康也是相当重要的。

所以，夫妻双方对怀孕应该做好充分的思想准备，不要出现当发现怀孕时觉得非常沮丧的情况。

事项提醒

◎ 在实施斯瑟蒂克胎教法时应注意长期坚持，并做到长久地坚持下去。

◎ 随时回应胎宝宝的一举一动，这样有助于跟胎宝宝建立信赖关系，使胎宝宝和准妈妈的联系更加紧密。

◎ 要有健康的生活方式，这样准妈妈才能保持平稳的心情，有助于让胎宝宝安心。

◎ 准爸妈在进行斯瑟蒂克胎教法时，心中不能有一丝急功近利的思想，而应该怀着即将与胎宝宝相见的喜悦心情进行胎教。

音乐胎教

音乐胎教就是指通过对胎宝宝不断地传输优良的乐性声波，促使其脑神经元的轴突、树突及突触的发育，为优化后天的智力及发展音乐天赋奠定基础。

音乐胎教是古今中外各种学

派主张在进行胎教时常使用的方法。胎宝宝到了6个月的时候，就可以对音乐做出反应，甚至可以区分不同的乐器声音。生物学家认为，有节奏的音乐可以刺激生物体内细胞的分子发生共振，使原来过于静止的分子和谐地运动起来，以促进细胞的新陈代谢。

实施作用

音乐是一种有节奏的空气压力波，对人的心理活动与生理活动都有着很大的影响。

音乐的物质运动过程与人体的物质运动过程比较一致。音乐的节奏作用于准妈妈，也能影响胎宝宝的生理节奏，使胎宝宝从音乐当中受到更好的教育。

音乐可成为母子间建立感情的渠道

音乐胎教的主要作用是要让准妈妈感受到平静与愉悦的情绪，并通过神经系统将此情绪传递给腹中的胎宝宝，使其深受感染，并潜意识地记录到和谐、美好的讯息。

科学研究发现，音乐由于速度、节拍、旋律的变化，能起到调节人体节律的作用。给胎宝宝“听”音乐，并给予适当的良性刺激，会使胎宝宝的心率随着音乐的节律而变化。经过音乐胎教训练的婴儿反应快、语言能力强、动作协调敏捷。

音乐胎教对胎宝宝的右脑开发十分有益

音乐胎教的理论中假设胎宝宝能感知声音，主要是强调通过对胎宝宝施以适当的音乐刺激，可以促使其脑部神经的发育，甚至反复用相同的声音刺激，可以在胎宝宝大脑中形成粗浅的记忆。

由于人的大脑半球有明确的分工，左半球的功能是语言、计算、理解等，主管逻辑思维；右半球是“情感半球”，主要功能是空间位置关系、艺术活动等，主管形象思维，因此音乐胎教有助于开发胎宝宝的右脑。

事项提醒

◎ 并不是好听的音乐就适合做胎教，因为作为胎教音乐，要求在频率、节奏、力度和频响范围等方面，应尽可能与宫内胎音合拍，否则若频率过高会损害胎宝宝内耳螺旋器基底膜，使其出生后听不到高频声音；节奏过强、力度过大的音乐，可能会损伤婴儿的听力。

◎ 应将音量控制在60分贝为宜，这样相当于胎宝宝在腹中刚好能听到的声音。

◎ 不要让胎宝宝长时间听音乐，最好一天1～2次为宜，每次不超过30分钟。

营养胎教

营养胎教是根据孕早期、孕中期、孕晚期三个时期胎宝宝的发育特点，合理安排准妈妈摄取食物中的各种营养素，以食补、食疗的方法来缓解孕期不适，并保证胎宝宝的营养。

实施作用

为胎宝宝发育提供充足的营养

人的生命是从受精卵开始的，从一个重为1.505微克的受精卵，到出生时约3000克的婴儿，这个成长发育的过程全部依赖于母体提供的营养，这是因为胎宝宝为了完成自身的发育会吸收准妈妈体内储存的营养，久而久之，就会造成准妈妈营养不良，从而出现各种不良症状。所以说，准妈妈要注意补充营养，以供自身及胎宝宝的营养所需，避免出现营养不良等症状。

为分娩储备充足的能量

准妈妈及时补充营养能为分娩储存充足的能量，等到分娩时，能够让准妈妈更有力量将胎宝宝娩出。

为以后给宝宝哺乳打基础

产后母乳的多少与孕期营养补充的量有直接的关系，为了以后能让宝宝吃到营养丰富并且充足的母乳，准妈妈一定要注意补充营养。

★ 孕期摄取丰富的营养，是准妈妈与胎宝宝健康的保障。

事项提醒

◎ 当准妈妈出现下腹部突出时，可能是因为体内热量过高或胃肠功能弱，所以要将少量营养价值高的食物制成易消化的状态食用，不要吃生冷和酸味的食物。

◎ 最好采取少食多餐的方式，一天分4～5次进餐，可达到收敛效果。

◎ 不要让肚子太饿，也不要暴饮暴食。

◎ 最好不要吃有刺激性、有兴奋作用以及会破坏神经平衡的食物。

◎ 饭后可以休息10～30分钟，或是进行轻微活动，可以对耳朵做指压，并让眼睛得到充分的休息。

环境胎教

环境胎教就是通过指导年轻夫妇在准备受孕前6个月就开始学习并应用环境卫生知识，以利于在优美的环境养胎。良好的环境基础与优生、优育和胎宝宝的健康发育有着非常密切的关系。

正是由于环境胎教的影响之重，现代人们对于环境因素也越来越重视。对于年轻夫妇来说，保证良好的受孕环境和养胎环境、学习孕前卫生保健知识是孕育健康胎宝宝的重要基础。

实施作用

只有使胎宝宝在优质的母体内环境和良好的外界环境中生长发育，才能保证宝宝出生后健康、聪明。尤其是在孕早期的2个月内，正是胎宝宝的内脏、头颅、四肢等形成的时期，如果不能保证优质的母体内外环境，则极易在此时导致胎宝宝畸形的发生。

同时，这个时期的胎宝宝正处于发育的阶段，且不具有解毒能力，因而此时环境对胎宝宝的影响更应重视。

事项提醒

◎ 孕早期极易流产，为了确保宁静的内环境，防止流产，受精后前三个月应该停止性生活。

◎ 应谨慎用药，对一些外包装上有准妈妈禁服字样的药物，则一定不要服用。

◎ 远离小动物，以免感染上动物体内寄生的弓形虫而导致流产或畸胎。

◎ 远离放射线，尤其是在孕早期，正是胚胎器官形成的时期，如接受到X射线辐射，胎宝宝的畸形发生率就会增高。

◎ 远离受污染的环境，特别是有化学物质、重金属物质的环境一定要避免接触，平时出门应戴上口罩，尽量少用计算机。

情绪胎教

情绪胎教是指通过对准妈妈的情绪进行调节，排除一些对胎宝宝不好的负面情绪，使准妈妈忘掉烦恼和忧虑，创造清新的氛围及平和的心境，通过准妈妈的神经递质作用，促使胎宝宝的大脑得以良好的发育。

实施作用

情绪胎教的概念其实在我国古代就已经有了，从那时候开始，医学家和教育家就已经认识到情绪胎教的重要性。早在公元前11世纪，就有医学家提出了准妈妈的心态会影响胎宝宝发育的说法。西汉时期的贾谊在其著作中指出，准妈妈不要口出狂言，不要过分兴奋，亦不要过度愤怒。他主张准妈妈应胸怀坦荡、乐观而积极，更要控制自己的喜、怒、哀、乐等情绪。

现代医学研究也表明，情绪与全身各器官功能的变化直接相关。不良的情绪会扰乱神经系统，导致准妈妈内分泌紊乱，进而影响胚胎或胎宝宝的正常发育，甚至造成胎宝宝畸形。

事项提醒

◎ 妻子怀孕后会产生一系列生理、心理变化，做丈夫的应该理解妻子，做妻子有力的心理支柱，爱抚、安慰、体贴妻子，尽可能使妻子每天都感觉快乐。

◎ 准妈妈由于生理的原因而导致心理波动大，情绪反常，且易紧张、激动，容易导致情绪失控，因此，准妈妈此时应将母亲的修养和自我约束提到日程上来。俗话说：女性为女则弱，为母则强。当你情绪

★准爸爸要在准妈妈不开心时担起逗其开心的重任哦！

反常时不妨想想自己身为母亲的责任，尽量保持良好的情绪和积极的心态。

◎ 准妈妈平时不要看具有恐怖、紧张、色情、斗殴情节的电视、电影和小说。

◎ 可在居室内放一些盆景或者在墙上贴一些山水画，把生活环境布置得整洁美观，赏心悦目，这样有利于保持心情愉悦。

◎ 平时可多想想孩子远大的前途和美好的未来，保持胸怀宽广，乐观舒畅，避免烦恼、惊恐和忧虑。

语言胎教

语言胎教的重点在于语言的应用。它是指准妈妈和准爸爸通过与胎宝宝进行语言沟通来促进父母与胎宝宝的感情，提高胎宝宝语言、智力发育，使胎宝宝出生后在语言及智力方面均更加优秀。

实施作用

我国古代对胎教的研究中就曾指出，准妈妈的言行举止可对胎宝宝产生很大的影响。古人还有这样一句话：“子在腹中，随母听闻。”这进一步表明了准妈妈的言语对胎宝宝的重要影响。

能够刺激胎宝宝的大脑发育

调查研究显示，人类之所以有别于其他动物，是因为人类的大脑皮质特别发达。大脑皮质是用来学习知识和进行精神活动的，据说人的一生（包括胎儿期）大脑可储存1000万亿个信息单位。准爸爸、准妈妈以及其他家人，通过动作和声音与腹中的胎宝宝对话，是一种积极有益的胎教手段，可以刺激胎宝宝大脑皮质充分发挥作用，为后天的学习打下基础，使胎宝宝变得更聪明。

有助于父母与胎宝宝进行沟通

语言是人类区别于其他动物的一大标志，对于人类的进步更有着里程碑的意义。有了语言，人类才能进行良好的沟通与交流，并由此增进了人与人之间情感的沟通。语言是人类的沟通工具，更是父母与孩子沟通的桥梁。正是因为语言的存在，孩子才能深刻体会到父母对自己的关心和爱护，父母也通过语言了解了孩子丰富的情感和内心世界。很多人都认为，与孩子进行交流沟通，必须等到孩子的语言功能发育到一定程度以后才能进行。事实上，即使是未出生的胎宝宝，与父母情感的沟通仍然需要语言作为媒介。

能够加深母子感情

每一次与胎宝宝亲密的语言沟通都是一次增进感情的过程，更能通过胎宝宝对父母声音的习惯而形成一种对父母的依赖感和亲近感。

实验表明，经常与腹中胎宝宝沟通的准妈妈能够明显感觉到婴儿出生后对自己的亲近，而且智力、语言能力的发育以及性格的发展也比没受过语言胎教的胎宝宝强。

事项提醒

应注意言行举止要得体

良好的语言胎教对胎宝宝确实具有良好的影响，相对而言，恶劣的语言环境就会对胎宝宝造成负面影响。因此，作为父母，不要忽视语言对于胎宝宝的影响，尽量给胎宝宝创造一个良好的语言环境，这不仅能够影响胎宝宝性格的形成，更能够增进父母与胎宝宝之间的感情，也有利于胎宝宝智力的发育。

胎教时要专心

准妈妈及准爸爸对胎宝宝讲话时千万不能三心二意，必须集中精力，否则对胎宝宝的理解力、听力和想象力的培养都是没有好处的。

要坚持每天进行

语言胎教是一项长期工作，需要经由日常生活中的日积月累、一点一滴地使胎宝宝增加对父母的依赖和对语言的感受能力。

因此，在胎教的过程中，准妈妈和准爸爸要做好心理准备，一定要有耐心，坚持每天进行，不要半途而废。而且，在宝宝出生后还应继续坚持语言训练。

要根据胎宝宝的反应进行胎教

进行语言胎教时，准妈妈及准爸爸必须随时观察胎宝宝的特殊反应，如果在讲述某件趣闻时，胎宝宝做出柔和的胎动，说明胎宝宝对所谈话题比较感兴趣，准妈妈或准爸爸可以继续讲下去，也可适当地延长胎教时间。

如果胎宝宝对所谈话题不感兴趣，同时产生了剧烈的胎动，准妈妈或准爸爸必须立即停止。

所以，刚开始时准妈妈及准爸爸需每天选择不同的事情、不同的故事讲给胎宝宝听，这样就能够了解胎宝宝到底对哪类故事感兴趣，是否喜欢准爸爸或准妈妈的声音等。

运动胎教

有人将运动胎教又称之为体育胎教，是指准妈妈通过一定的体育锻炼来达到促进母子身体健康、促进分娩的一种胎教方法。

实施作用

有助于准妈妈的心理健康

运动能愉悦准妈妈的心情，使准妈妈乐观、平静地度过孕期。另外，准妈妈如果能长期坚持锻炼，还能增强毅力，这对正处于妊娠时期心理较为脆弱的准妈妈来讲有非常好的调节功能，同时也能帮助准妈妈克服妊娠所带来的不良反应。

有助于准妈妈的生理健康

运动能够调节人体内分泌系统和血液循环系统的功能、增强心脏和肺部功能，能改善消化功能和代谢功能。同时，运动还能够促进腰部和下肢的血液循环，有效改善准妈妈腰腿酸痛、下肢水肿等妊娠表现。体育锻炼还有助于腹肌、腰背肌、骨盆肌肉力量和弹性的增强，这不仅能够有效缩短分娩时间、预防产道损伤和产后出血，更能预防由于腹壁肌肉松弛所导致的胎位异常或难产等情况。

有助于胎宝宝的健康成长

运动胎教对胎宝宝也有着非常重要的作用。科学研究表明，受过运动胎教的胎宝宝往往在出生后身体健壮、四肢灵敏，且能够在智力、体育等方面全面发展。

事项提醒

运动时应保护好腹部

准妈妈身体上最重要的部位就是腹部，那里是孕育胎宝宝的理想环境，平时要特别注意保护，否则一旦使腹部受伤，后果不堪设想。因此，准妈妈无论是进行体育锻炼，还是做家务劳动，或是在生活中的其他时候，都应该时刻注意保护自己的腹部。

运动时应注意控制运动的幅度和强度

虽然说运动有益于母子健康，但这是在适度运动的前提下才能实现的。准妈妈的运动以量小为原则，也不要从事繁重的家务劳动、不要搬运重物、不要进行剧烈的活动，更不要登上爬下地打扫卫生。这些活动对于准妈妈来说都是相当危险的。

另外，准妈妈不宜长时间做弯腰、下蹲的动作，这很可能导致腹部或盆腔充血。准妈妈也不宜长时间站立，否则会出现腰酸背痛的现象。对于有过流产史的准妈妈运动时更要注意以上几点。

运动时应正确应对身体不适

运动过程中如果感到身体不适，则应立即采取相应的措施，以保证身体的安全。特别是在孕早期，如果妊娠反应比较严重，则应适当减少工作量和运动量，避免繁重的体力劳动，保证充分的休息。到了孕晚期，准妈妈在运动过程中如出现不适症状必须及时到医院检查，以确定是否有分娩的可能。另外，有习惯性流产的准妈妈则更应注意运动量，要注意休息，并在医生的指导和帮助下从事运动和工作，以保证孕期安全。

抚摸胎教

准妈妈们都喜欢抚摸自己的腹部，以感觉胎宝宝的存在，这不是抚摸胎教。抚摸胎教是指有意识、有规律、有计划地抚摸胎宝宝，以促进胎宝宝的感觉系统发育。

实施作用

据科学研究，人类皮肤上有丰富的神经末梢。这些神经末梢极其敏感，非常有利于人体对外界迅速做出反应。经常进行抚摸胎教，能促进胎宝宝接受外界刺激的敏感性。

从胚胎发育来看，皮肤与神经系统同起源于外胚层，胎宝宝的皮肤在发育的同时神经系统也在发育。如果给胎宝宝以良好的抚摸刺激，那么胎宝宝的神经系统也就会受到良好的刺激，能促使胎宝宝的心理健康发育。

事项提醒

◎ 动作宜轻不宜重，抚摸及触压时动作一定要轻柔，以免用力过度引起意外。

◎ 有的准妈妈在怀孕中后期经常有一阵阵的腹壁变硬，可能是不规则的子宫收缩，此时不能进行抚摸胎教，以免引起早产。

◎ 抚摸时间及频率并不是越多越好，过多对胎宝宝的皮肤接触并没有益处，因为皮肤接触过多会使胎宝宝感觉很累，甚至会损伤胎宝宝机体。

◎ 开始抚摸时，有的胎宝宝能立即做出反应，有的则要过一阵才有反应。反复几天后，待胎宝宝对准妈妈的手法习惯了，再用手按压、抚摸，胎宝宝就会主动迎上去。

光照胎教

其实所谓的光照胎教就是指给尚在腹中的胎宝宝以适当的光亮刺激，以促进胎宝宝视网膜光感细胞的功能尽早完善。

实施作用

光照胎教并不像其他常规胎教那样受人重视，这种胎教是在近些年才逐步引起人们注意的。专家研究发现，胎宝宝的眼睛并不是完全看不见东西。实验表明，从妊娠4个月起，胎宝宝对光亮就有所觉察，有的会躲闪，也有的会做眨眼动作。

★ 准妈妈要用自然光线进行光照胎教，促进胎宝宝健康发育。

这表明胎宝宝对光照有反应。所以，在胎教中不可忽视光照胎教这种方式。

事项提醒

避免用强光照射胎宝宝

实验表明，到了妊娠8个月，由于胎宝宝的视神经、视网膜还未完全成熟，光线太强就会给他带来不舒服的刺激。所以在进行光照胎教时，准妈妈要注意光照的亮度，避免使用强光照射胎宝宝。

坚持每天进行

光照胎教也和其他胎教一样，不能半途而废，最好能每天坚持进行，每次的时间不宜过长。并且还要随时体会胎宝宝的感受，如果胎宝宝做出激烈的反抗动作要立即停止。

美育胎教

美育胎教是指根据胎宝宝意识的存在，通过准妈妈对美的事物的感受而将美的意识传递给胎宝宝的胎教方法，所以准妈妈要通过自己的感受，将美的事物经神经传导输送给胎宝宝。美育胎教也是胎教学的一个组成部分，它包括自然美育、感受美育等方面。

实施作用

美育胎教运用审美心理学的知识，强调胎教中准妈妈的审美感知、审美情感、审美想象、审美理解，从而达到优化和加强胎宝宝心理素质的目的。

事项提醒

进行美育胎教时，准妈妈必须注意所选事物的优劣，尽可能欣赏美的东西，如美丽的大自然、动听的音乐等，这样能使胎教发挥积极的作用。反之则使胎教失去了教育意义。

联想胎教

联想胎教其实就是意念胎教。准妈妈可以运用联想胎教，将自己感受到的美好信息传输给胎宝宝，在其身上发生作用。

实施作用

准妈妈联想美好的事物时，会对胎宝宝产生一定的“干预”性，使胎宝宝也受到美的熏陶。

事项提醒

在日常生活中，一部分准妈妈会因怀孕后的身体不适而责怪胎宝宝，对其产生怨恨的心理以及产生不好的联想，这时胎宝宝就会意识到准妈妈的这种不良感受，从而引起精神上的异常反应。相关专家认为，在这种情况下发育的胎宝宝出生后大多会有情感障碍，出现感觉迟钝、情绪不稳、易患胃肠疾病、体质差等现象。因此，准妈妈必须在妊娠期间排除不良的意识和联想，尽量多想些美好的事情。

胎教伴随孕期每一天

普天下的父母都希望自己的宝宝聪明、漂亮、活泼，也希望宝宝能智力超群，才能出众，以便在飞速发展以及竞争激烈的社会中立于不败之地，而人才的培养不是短时间内所能完成的，必须从胎宝宝做起，因为胎儿期是宝宝生长发育的关键期，更是宝宝这一生的起点。本章根据孕程280天胎宝宝的发育过程进行相关胎教，每天为你授习一课，教“菜鸟”准爸准妈们成为“胎教能手”，也让胎宝宝在这个过程中接受到丰富多元的启蒙教育。

“结晶”初成长

本月日常生活调理

- 最好到医院做一次全面的检查，以确保胚胎健康。
- 确认自己过去有无患过麻疹。若无，表示你体内无麻疹抗体，需特别小心，切勿与感染麻疹病患者接触，以免传染，造成胎宝宝患先天性心脏病的危险。
- 如果你有泡澡的习惯，最好改用淋浴，以避免泌尿生殖系统感染。
- 从意识到怀孕起，就要时刻检视自己的生活习惯。
- 有怀孕可能性时，即使身体状况不佳，也不可以擅自服用药物。
- 制订一张记录基础体温的表格，并做好记录。
- 如果你脚部容易抽筋，可以经常按摩抽筋部位，少穿高跟鞋。
- 化妆方面，你可以从现在开始每天涂抹护肤霜，直到生产那天，以防止妊娠纹的产生。
- 在服装方面，应该避免穿牛仔裤、紧身裤。
- 不要服用药物或接受X光照射，以避免造成胎宝宝先天性畸形。
- 不宜用劣质陶瓷盘、碗、杯等进食。
- 不用有机溶剂去污和洗手。
- 不要做大扫除或搬提重物，以减少发生流产的概率。
- 切勿憋尿不上厕所，以免引起膀胱炎或尿道炎。
- 应该戒烟或避免吸入二手烟，以免对胎宝宝造成伤害。

本月胎教提醒

- 为了稳定情绪，应多听一些抒情的音乐。
- 要制订详细的胎教计划和育婴计划。
- 经常和爱人聊些轻松愉快的话题、回忆你们的儿时趣事、计划有了宝宝以后的生活、找到两人都能接受的教育孩子的方式方法。
- 可以多留心周围新生了宝宝的父母，从他们身上总结出你们以后可以用到的方法和经验。
- 你们会感觉到这即将逝去的、宝贵的二人世界是多么值得珍惜。
- 怀孕早期保持健康而愉快的心情是这一时期胎教的关键。
- 睡前潜意识祈祷：感谢美好的大自然

与生命，赐给我的一切恩典及磨炼。

本月运动提醒

- 经常散步，避免繁重的劳动和不良的环境，丈夫应体贴照顾妻子，主动承担家务，常陪妻子消遣，居室环境要干净整洁，无吵闹现象，节制性生活。
- 严禁从事骑单车、打网球、羽毛球、篮球等激烈运动。

本月饮食营养调理

- 怀孕后，为保持良好的身体状态，以确保受精卵安全着床，推荐食用能够调节呼吸和保持身心舒畅的芝麻粥。
- 食用茯苓粥和莲藕粥，以调养身心。
- 饮用姜、甘草、红枣茶，以减少噪声、汽车尾气、农药、化肥和食品添加剂等外部刺激因素对胎宝宝成长的诸多不利影响。
- 多吃有益肝脏的富含维生素和铁、钙、磷等矿物质的食物，如赤小豆、燕麦、大麦、荞麦、柠檬、橙子、葡萄、苹果、葡萄干、韭菜、花生、芝麻、松子、苏子油等。
- 制订以天然食品为主的食谱。
- 少吃或不吃速食。
- 养成不偏食的习惯，均衡饮食，平时甚至可以增加牛奶的饮用量，以平衡钙和磷的需求量。
- 严禁饮用含有咖啡因或酒精的饮料。

本月不适症状罗列

- 生理延迟。
- 有微热或倦怠感。
- 有非生理性的出血。
- 情绪不稳。

本月准爸爸胎教任务

- 和准妈妈一起做好详细的胎教计划和育婴计划。
- 和准妈妈一起进行胎教。
- 准爸爸要节制性生活，尤其是在孕早期，最好禁止性生活。
- 准爸爸要戒烟戒酒，尤其不要当着准妈妈的面吸烟。

本月胎教箴言

老师的十年教育都不如准妈妈十月怀胎时的教育；十月怀胎时忽略胎教将会影响宝宝一生。

本月孕事随记

第1周 第1~2天 胎前环境至关重要

胎前环境包括胎前内部环境和胎前外部环境，即母体在受孕前的所有环境。胎前环境以及随后的怀孕早期的两个月很关键，因为宝宝的头颅、四肢、内脏就在此时形成。如果不能创造一个优质的母体内、外环境，极可能导致宝宝发生畸形。

不容忽视的胎前内部环境

创造良好的生殖道环境

精子和卵子在输卵管相遇，结合受精。受精卵再借助输卵管的蠕动到达子宫腔。因此，要想优生，男子附睾、输精管、尿道和女子阴道、子宫颈管、子宫腔和输卵管都必须干净、畅通。

创造良好的妊娠期性生活环境

在妊娠早期，子宫处于安静状态，以适应胚胎期的细胞（尤其是脑细胞）分裂。此时为了稳定胚胎细胞，防止流产，受精后应该停止性生活；妊娠中期可以有性生活，但要适度。

不可小觑的胎前外部环境

创造良好的家庭氛围

宝宝天生是和妈妈连着心的。妈妈感受到温馨的家庭氛围，宝宝也会有感觉，发育也会更加好。良好的家庭氛围需要夫妻双方共同努力，做到互爱、互敬、互谅、互勉……

创造良好的居家环境

居家环境是保证准妈妈和胎宝宝健康的重要条件，可以在房间悬挂漂亮的、活泼的、自然的图片，也可以在房间多摆放些植物，这不仅净化环境，还有助于愉悦准妈妈和胎宝宝的心情。

第1周 第3~4天

高质精子，优孕的前提

虽然宝宝在妈妈的肚子里孕育，但孕育前准爸爸的“种子”也至关重要。“种子”质量的好坏直接关乎宝宝的身体素质，所以准爸爸们可要细心呵护你们的“种子”！在日常生活习惯中，哪些因素会损害这些敏感的“种子”呢？

高温

精子很敏感，喜好低温环境。研究表明，频繁、过久的泡热水澡会损害精子，减低精子成活率。

应对招数： 放弃泡澡、蒸桑拿的习惯，调低浴室水温，改用温水淋浴。

挤压

自行车既能锻炼身体，又便捷、环保，一直为人们所提倡，但对于想要孩子的男性却未必就是好事。

因为骑自行车时身体前倾，弯腰度加大，这样就会使男性的睾丸、前列腺因为紧贴车座而受到挤压。如果长期骑车，会出现水肿、发炎、缺血等症状，影响精子的生成和精液、前列腺液的正常分泌。

当在不平坦的路上骑车时，身体受到震动和颠簸，会损害阴囊。阴囊又是精子的保护伞，从而间接影响了精子的酝酿。

应对招数： 为了实现做爸爸的愿望，先放弃爱好的自行车，改换公交、地铁等交通工具吧！如果只能骑自行车，那么把自行车坐垫加上海绵套或其他减震装置，并且将每天的骑车时间控制在一个小时之内。

燥热

很多男性喜欢穿过紧的牛仔裤或过紧的内裤，这些紧身裤会隔离睾丸，使睾丸无法“呼吸新鲜空气”，处于燥热的环境中。燥热的环境不适宜精子生长。

应对招数： 暂时把紧身裤束之高阁，改穿宽松的裤子。

强运动

篮球、足球、网球等运动强度比较大，运动比较激烈，很容易伤害到生殖器官而影响精子的制造，也会影响性生活质量。

应对招数： 在做这些运动时应做足保护措施，或改换其他运动强度小、安全系数高的运动。

做好准备，让卵子远离危险

很多夫妻为了提高受孕概率和受精卵质量，想在排卵日进行性生活，也有一些夫妻因身体状态不佳等原因不能随时进行受孕性生活，这个时候就需要避孕或服药，此时需要注意以下问题。

采用以下避孕方法应谨慎

口服避孕药

简述

口服避孕药主要靠所含的雌激素和黄体酮来抑制女性卵巢的分泌，防止卵子“着陆”。在停药后，避孕药的影响并不会一下子消失，在一定时期卵巢的分泌功能不能完全恢复，子宫内膜也相对薄弱，不能很好地接收卵子。

停止用药时间

如果口服长效避孕药，你需要在计划要宝宝前至少半年停止用药，使体内残留药物慢慢代谢出去，以恢复子宫内膜和卵巢的功能。如果是短效避孕药，一旦有生育要求，停药以后恢复一次月经就可以了。

放置宫内节育器

简述

宫内节育器主要通过“霸占”子宫腔而阻碍受精卵着陆来达到避孕的目的。宫内节育器一次性置入就可以避孕多年，很多夫妻都采用这种方法。

停止避孕时间

虽然宫内节育器没有药性作用，但可能会发生节育器在体内扭曲、变形等情况，可能会有个别分子在子宫外安家落户，造成宫外孕。所以在怀孕前2～3个月，就要去除宫内节育器，给子宫恢复的时间。

服用药物应当心

激素类药物

激素类药物主要用于过敏症、炎症等，女性大量使用含有雄性激素类药品后，会影响卵子质量，让腹中的女宝宝出现男性特征，造成胎宝宝发育不正常，出现宝宝发育缓慢、生理缺陷等症状。

抗生素类药物

很多抗生素都对卵子有损害，严重者甚至会引起胎宝宝再生障碍性贫血、骨生长障碍、脂肪肝变性、黄疸等症状。对待此类药物，一定要认清危害，谨慎用药！

第7天 做好迎接宝宝到来的营养准备

孕期营养必不可少

一个微小的受精卵，经过十个月慢慢生长成为约重3.5千克、健康、聪明的小宝宝，是一个浩大的工程。在这个过程中一定要准备很充足的营养。如果营养不充足或不均衡，会造成宝宝先天不足，生长发育缓慢或异常。

除了小宝宝，准妈妈也需要充足的营养。此时的妈妈因为怀了小宝宝，子宫、胎盘、乳房就会随着怀孕而增大，消化能力、新陈代谢能力也都随之提高了，这些都需要充足的养分来支持。

孕期必备营养素

◎ **蛋白质** 蛋白质是生命成长、发育等一切活动的基础，可以说没有蛋白质就不存在生命活动。各种乳类、蛋类、豆制品类、鸡鸭鱼等肉类，以及芝麻、瓜子、核桃、杏仁、松子等坚果类中蛋白质的含量都比较高。

◎ **脂肪** 必需脂肪酸缺乏，可引起生长迟缓、生殖障碍、皮肤受损等。另外，还可引起肝脏、肾脏、神经和视觉等方面的多种疾病。蛋黄、大豆、花生、芝麻、动植物油脂等富含脂肪。

◎ **碳水化合物** 碳水化合物可以供给身体能量、维持脑细胞正常功能、节约蛋白质，碳水化合物是生命细胞结构的主要成分及主要供能物质。蔗糖、谷物（如水稻、小麦、玉米）、水果（甜瓜、西瓜、香蕉、葡萄等）、蔬菜（如胡萝卜、红薯等）都富含碳水化合物。

◎ **维生素A** 胎宝宝发育的整个过程都需要维生素A，它尤其能保证胎宝宝皮肤、胃肠道和肺部的健康。红薯、南瓜、菠菜、芒果都含有大量的维生素A。

◎ **维生素B_1** 缺乏它会导致四肢麻木、肌肉萎缩、心力衰竭、下肢水肿等症状。面粉、大豆、花生、瘦肉粒都含有较多的维生素B_1。

◎ **维生素B_2** 孕期的女性常会莫名地紧张焦虑，也会影响胎宝宝的生长，而维生素B_2就可以镇静情绪。动物内脏、蛋类、乳类、绿色蔬菜中都含有此营养素。

◎ **维生素C** 维生素C可以提高免疫力，预防癌症、心脏病，保护牙齿和牙龈等。青椒、菜花、白菜、番茄、黄瓜、菠菜、柠檬、草莓、苹果等都富含维生素C。

第2周 第1~2天 怀孕前，先纠正不良饮食习惯

孕育宝宝前，除了要注意身体疾病因素外，还要注意饮食因素。“病从口入”的担心不是多余的。为了宝宝以后的健康，还是戒掉你的不良饮食习惯吧！尤其是下面这些不良饮食习惯。

常吃速食

速食里大多添加了防腐剂和化学调味品，含盐量较大，常吃会导致体内营养不均衡，容易为高血压等疾病埋下祸根。

无“辣”不欢

辛辣食品会刺激食欲，让人胃口大开。但如果长期过量食用辛辣食物，将会引起消化不良、便秘、痔疮等不适。到了怀孕阶段，如果还没有戒掉辛辣食品，会影响到胎宝宝吸收营养，加重便秘、痔疮等症状。

如果想要一个健康的宝宝，最好在计划怀孕前3~6个月逐渐减少食用辛辣食物。

不喜欢水果和蔬菜

一般女性爱吃水果和蔬菜，男性往往会不屑一顾，但蔬菜、水果的力量是不能小觑的。你知道吗？如果身体里长期缺乏蔬果中的各类维生素，会影响男性性腺正常的发育和精子的形成，使精子减少或活动能力降低，严重时还将导致不孕。可以说，蔬果中的营养是辅助男性生殖活动的大功臣。

偏好肉类食物

肉类食物中含有较多的高蛋白物质，而高蛋白物质虽然可以协助男性身体形成精子，但当身体摄入过多的高蛋白物质，同时又不喜食蔬菜、水果会致使维生素缺失，这样容易形成酸性体质，增加了受孕的难度。

常吃受污染的食物

在食物的选择上，尽量避免含有添加剂、防腐剂、色素等添加人工化学成分的食品。即使是新鲜的蔬菜水果买回来后也要仔细清洗，以免食入残留的农药成分。另外，也不要用被铅污染的铝制器皿和彩色搪瓷器皿盛放食物，以免损害准妈妈、准爸爸的身体健康，最好选择铁制器皿或不锈钢器皿盛放。

烟酒，孕期之大敌

远离危险——吸烟

不得不戒烟之准爸爸篇

◎ 有数据显示，男性每日吸烟10支以上者，子女的先天畸形率增加2.1%；每天吸烟30支以上者，畸形精子的比例超过20%。吸烟数量越多，对精子造成的危害就越大。

◎ 准爸爸在吸烟时如果让准妈妈吸入二手烟，容易使胎宝宝缺血、缺氧，引起流产、早产、死胎等情况。

不得不戒烟之准妈妈篇

◎ 研究发现，准妈妈每天吸烟10支，婴儿出生后患癌症的危险性将增加50%，白血病的患病可能性增加1倍。

◎ 准妈妈吸烟容易导致流产、早产、死胎、先天性畸形（无脑、唇裂、发育缓慢、智力有缺陷等）、婴儿出生后猝死等情况。

◎ 孕期吸烟所生的宝宝患先天性心脏病的概率远远大于不吸烟者所生的宝宝。

◎ 准妈妈吸烟容易造成胎宝宝缺氧而生出低体重儿（低于2500克）。

◎ 吸烟的准妈妈在临产时容易出现早期破水、胎盘早剥、出血等情况。

戒烟战斗铁律

◎ 制订戒烟计划，逐渐减少吸烟数量，将每天的完成情况写成标签贴在冰箱或其他常看到的位置上。

◎ 尽量少和有烟瘾的人接触，也尽量少去对吸烟不加以控制的场所。

◎ 把与烟有关的一切东西都收起来，香烟、打火机、火柴、烟灰缸等物更是坚决取缔！

◎ 烟瘾犯了，用喝水、吃水果、嚼口香糖、吃小零食等代替吧！

远离危险——饮酒

准爸爸在孕前3个月饮酒，会导致精子质量下降。准妈妈饮酒会增加出现胎儿酒精综合征的危险，从而导致宝宝出现智力和发育迟缓、行为问题以及面部和心脏缺陷等。因此，为了胎宝宝的健康，无论是准妈妈还是准爸爸都应尽量戒酒。下面为大家介绍一些戒酒的小秘诀。准爸爸和准妈妈一定要牢记哦！

◎ 如果是有酒瘾的话，制订一个戒酒计划，慢慢减少饮酒量。

◎.把家里的酒、酒杯及一切和酒有关的东西先锁到柜子里吧！免得看到心痒。

第2周 第5天

把握科学的性生活，是孕育聪明又健康的宝宝的前提

掌握科学的性生活不仅有利于夫妻双方的和睦和健康，在和谐科学的性生活中产生的受精卵也会茁壮成长，优生优育。

对疲劳说“NO”

夫妻双方如果有一人拖着疲劳的身体进行性生活，不仅容易扫兴，还有损健康。

应对招数：为劳累的一方倒杯水，揉揉肩膀，休息一会儿。如果累得很，那就改天再进行吧！

对情绪低落说“NO”

心理会直接影响身体的表现。当夫妻双方有一人情绪不佳时，千万不要勉强进行性生活。

这样不仅自己不痛快，也不能使对方达到满意的效果而产生反感，经常这样甚至导致女方性冷淡或男方阳痿。

应对招数：和对方说说话，讲个小笑话，或者打一打、闹一闹……

对带病过性生活说“NO”

不适合过性生活的病指具有某些严重性疾病、患有传染性的结核病和医生明确指出不能过性生活的病。

此时过性生活不仅加重自己的病情，也会危及对方，在此时受孕也会危及孩子。

应对招数：积极治疗。

对不讲卫生说“NO”

生殖器洁净是保障双方健康的基本条件，也会影响性生活质量。

应对招数：在性生活前清洗下身。

对饱食或饥饿说“NO”

饱食后大脑及全身器官的血液相对供应不足，而饥饿时则体力不支，因此这两种状态都不易达到性高潮。

应对招数：过饱时一起去遛遛弯、消消食，饥饿时就应补充能量。

对经期性生活说“NO”

经期是女性的特殊生理期，此时女性的子宫颈口是开放的，很容易引起感染，导致形形色色的妇科病发生。

应对招数：等待。

第2周 第6天 学习提高受孕概率的小秘诀，让精卵轻松相遇

在性生活时，精子和卵子碰撞到一起才能变成受精卵，孕育出生命的“种子”。了解一些提高受孕率的小秘诀，会起到事半功倍的效果。

摆脱心理因素困扰

◎ **不要想着性生活是一项任务。**如果只是为了孕育下一代，那么你会比较累，爱人也会因为你的机械而没有兴致。即使是为了宝宝，你也应该调整心态。在愉悦的心情下完成交合，精子、卵子会更优质。

◎ **不要只满足自己的需求而不顾及爱人的感受。**性生活是两个人的事，孩子也是双方的，在双方都满足的时候，受孕率往往会更高。

◎ **偶尔没有达到高潮，也不要耿耿于怀。**生活并不总会尽如人意的，互相体谅，在下次性生活时营造些浪漫气氛，丢掉思想包袱，轻松享受“性”福！

遵循“传统”规则

传统的性生活方式是“男上女下”，不要觉得这样太单调枯燥，平时可以改变方式调节，但如果计划要宝宝，还是遵循“传统”吧！妻子在身下平躺时，精液更容易汇集到宫颈口附近，这样宫颈外口就处于精子的“包围”之中，使其更容易进入子宫。

此外，采取这种体位，还能更深更近地接触到女性的宫颈，缩短精子的路程，更快地和卵子结合。

采取减少精子流失的措施

精子能越多地到达输卵管，和卵子结合的机会就越大。以下一些减少精子流失的小方法简单实用，想要宝宝的夫妻们不妨一试！

◎ 采取“男上女下”的方式进行性生活时，在女性的臀下垫一个垫子，使其下半身处于“倒置”状态，更有利于承接精子。

◎ 如果采取“后位式”进行性生活，那么在男性射精后应尽快让妻子调整体位，平躺下来。因为这种方式虽然可以让精子更深入地接近子宫，但如果没有调整体位，精子还会按照原路返回。所以，性生活后让妻子赶紧平躺下来吧！

◎ 性生活后身上会黏黏的不舒服，一些妻子往往在这时要冲澡。如果计划要宝宝，那么就让她再等等！以免站立起来后使精子外流，不易受孕。

第7天 孕期做运动，宜早不宜迟

呼吸练习

具体步骤

❶ 坐在椅子的前半部分，保持端正的坐姿，小腿自然下垂，与地面成90度，然后用鼻子深吸一口气，双手随气流的进入上移至胸部下方（图①）。

❷ 用口呼气，两手随气体的呼出，慢慢下滑至腰部两侧（图②）。

事项提醒

吸气时，准妈妈要避免过度用力，否则会导致胎宝宝缺氧。

运动功效

可改善孕期不良情绪，帮助准妈妈恢复平静。

腹肌练习

具体步骤

❶ 取坐姿，双手自然放在两大腿后侧，然后上身保持挺直，两腿微微分开并略微弯曲，身体慢慢向后仰（图③）。

❷ 双手抓紧大腿，腹部用力，慢慢抬起腰部，直至身体恢复正直（图④）。

事项提醒

在做腹肌练习时，一定要集中精力。

运动功效

增强腹部肌肉的张力，提高整个肌肉组织的柔韧度。

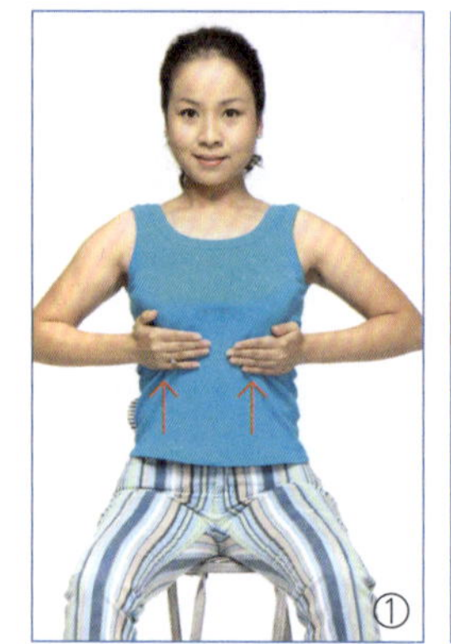
①

②

③

④

第1天 平和心理助孕产

心理学上有个专业术语叫“目的颤抖”，是说心里越是想要达到什么目标，越容易紧张出错。所以，做好怀孕和生产的心理准备，保持一颗平常心，才可能有一个健康的身体，拥有一个健康的孕育过程。

夫妻同心协力减轻压力

在生活中常会遇到各种压力，有人说压力就是动力，但很多人往往因为压力过大而带来精神上的、身体上的副作用。如失眠、精神委靡不振等。

在孕育过程中如果感到有压力，除了准妈妈自我调节外，还特别需要准爸爸的支持。

清除不必要的担心

准妈妈常会担心自己生产后会身体走形，担心生孩子时会很疼痛，担心以后怎么带孩子……

其实身体走形只是暂时的，生产后可以通过锻炼和饮食改善；想想一时的生产疼痛，孩子带给你的将是一生的快乐，这样还不值吗?

没有经验带孩子？人人都有第一次，都是在一步步的学习中过来的，相信自己也一定会成为一个好妈妈。

遇事多宽容，少计较

要尽可能做到凡事豁达，不斤斤计较；遇到不顺心的事，也不要去钻牛角尖，要以开朗明快的心情面对问题，解决问题，对家人要善解人意、心存宽容和谅解，不是很原则的事情就可以大事化小、小事化了。

保持夫妻关系和睦

孕育过程中有很多困难要克服，而且准妈妈经常会感到莫名的紧张。准爸爸在这时要给予准妈妈更多的关爱。试想一对整日吵架、互相指责的夫妻如何孕育好下一代呢?

孕育宝宝的过程是一个需要充满爱的过程，在这个阶段准爸爸、准妈妈要互相体谅对方，学会放松，保持一个平常心态，微笑面对各种困难。

这样不仅可以制造一个轻松舒适的孕育环境，还在这个过程中增加了对彼此的认知和感情，真正实现家的内涵。

正确运用斯瑟蒂克胎教法

与胎宝宝对话应自然

晚饭后的1～1.5小时，父亲约瑟夫会盘腿坐在母亲斯瑟蒂克面前的地毯上和胎宝宝对话。由于讲话的对象是斯瑟蒂克和胎宝宝两个人，所以不能离得很远，最好在50厘米左右的距离。对话时，一下子发出很大的声音是不行的，这样会使胎宝宝受到惊吓，所以应以平静的、亲切的、柔和的语调开始，随着对话内容的展开再逐渐提高，尽量使胎宝宝对声音产生安全感和信赖感。

胎教环境很重要

为了沟通母子间的心灵，使母子尽情地在美好的世界里畅游，很需要一个安静和令人舒畅的环境。斯瑟蒂克把家中为将来孩子准备的房间收拾布置起来，以作为斯瑟蒂克向腹中胎宝宝进行胎教的场所。一般孩子的房间通常从窗帘、墙壁到桌子、地板都采用鲜艳、活泼、热闹的装饰，而斯瑟蒂克则认为，理想的房间应是朴素和平静的浅色调，最好是自然色，因为这样做能使人的注意力不至于分散，有利于胎教的顺利进行。

外出有利于母婴

星期六和星期日两天以及星期一至星期五的下午，斯瑟蒂克主要是为胎宝宝传授自然科学知识而外出散步。有时斯瑟蒂克和约瑟夫一起去植物园和动物园，有时去野营，有时去看湖中的野鸭和天鹅，有时在沙滩上享受日光浴，这对斯瑟蒂克来说是十分愉快的时光。

散步不仅有利于准妈妈的身体健康，也可以为进行胎教的准妈妈提供了解社会的场所，散步中能教的内容也是多种多样的。只要身体和气候条件许可，斯瑟蒂克尽量外出，创造接触各种事物的机会，为扩大学习范围，斯瑟蒂克每次都稍微改变一下散步的路线。

为胎宝宝讲故事要随心而发

斯瑟蒂克总是充满感情地朗读故事，同时使故事内容在自己的头脑里形成一个个具体的形象。每当斯瑟蒂克讲到欢乐的情景时就兴奋激动，用欢快明朗的声音；讲到悲伤的场面时就声音低沉；涉及科学知识内容时，就用严肃的语调，一字一句地读给胎宝宝听。

第3周 第4天

练习缓解腰部不适的运动

有一半至3/4的准妈妈在怀孕的某些时期有腰痛的经历。

孕期腰部不适的原因主要是由于身体在为生产做准备，身体各部位的关节都会比原来更加松弛，并且由于腹部增大，重心前移使你的身体平衡发生变化，更加重了腰部的负担。

今天我们就来学一学腰肌运动法吧，它能促使腰部血液循环，有效消除腰肌的疲劳和疼痛。

具体步骤

❶ 站立，双腿分开，双手腕在身体两侧自然弯曲，手心向内（图①）。

❷ 双臂缓缓地向前伸，与地面平行，双膝微曲，手心朝下，指尖朝前（图②）。

❸ 身体慢慢下蹲，双臂收回，在体侧做向下按压的动作，身体继续下蹲至身体的极限（图③）。以上动作重复10次。

❹ 最后，双腿分开站立，将双手握拳，放在后腰部位，上下搓按10次左右（图④、⑤）。

事项提醒

◎ 注意手臂上下的抬落要配合呼吸进行，抬起时吸气，落下时呼气。

◎ 体质虚弱的准妈妈不宜练习该动作，运动后小腹酸痛者也不宜练习。

◎ 在准妈妈第一次练习此保健操时，可以对着镜子检查是否到位。

①

②

③

④

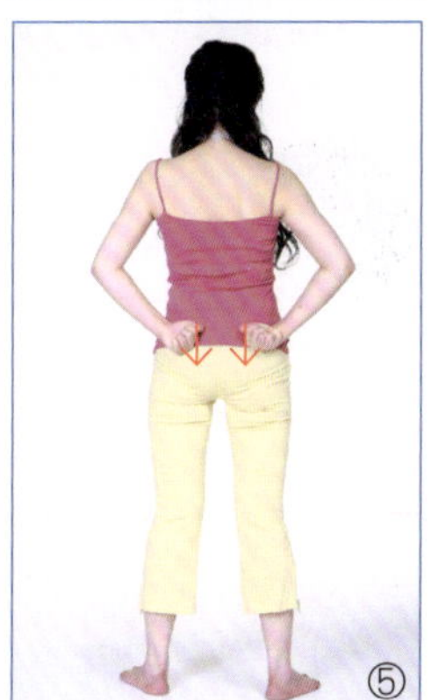
⑤

第3周 第5天 正确涂抹乳液滋润肌肤

由于受怀孕的影响，准妈妈体内激素分泌会不断增多，有些准妈妈会出现脸部比以前更油的问题，但还有以前就属于干性肌肤的准妈妈，面部干燥问题会出现进一步加剧的现象。所以今天我们为有肌肤问题的准妈妈介绍一种滋养肌肤的方法。准妈妈要认真学习，这也是胎教的一个方面，皮肤不好可是会影响情绪的，进而会伤害胎宝宝的哟！

手心加热乳液

用手蘸取乳液，用量大约是一元硬币大小就可以。将乳液放在手心略搓，用肌肤的温度加热后使用，这样就可提高乳液的渗透力（图①）。

将乳液在脸部推开

爽肤水可以补充肌肤所需的水分，要靠乳液来覆盖并锁住滋润。在手心温热后将乳液用指腹在面部慢慢推开，可以有效锁住水分（图②）。

涂抹T字油区

脸部、额头和鼻子附近的T字区部位油脂分泌较旺盛，因此乳液不必涂抹太多（图③）。

有些部位应多抹

眼角或脸颊等部位，都是特别容易干燥的部位，全部抹完后再局部地涂抹一下，效果会更好一些（图④）。

涂抹颈部的正确方法

颈部要仔细地抹上乳液彻底保湿。涂抹颈部的正确方式是用双手上下交替涂抹（图⑤）。

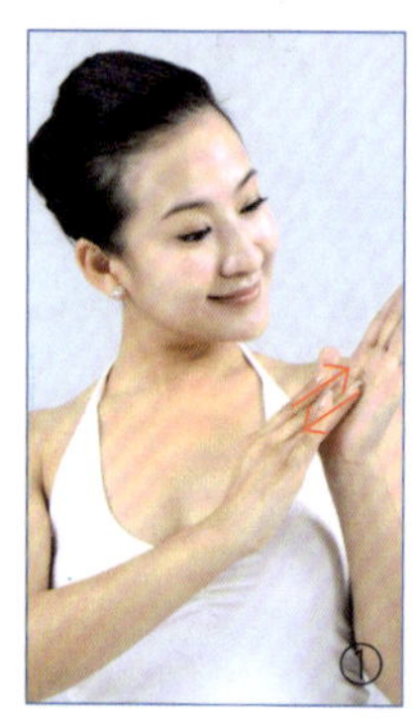
①

②

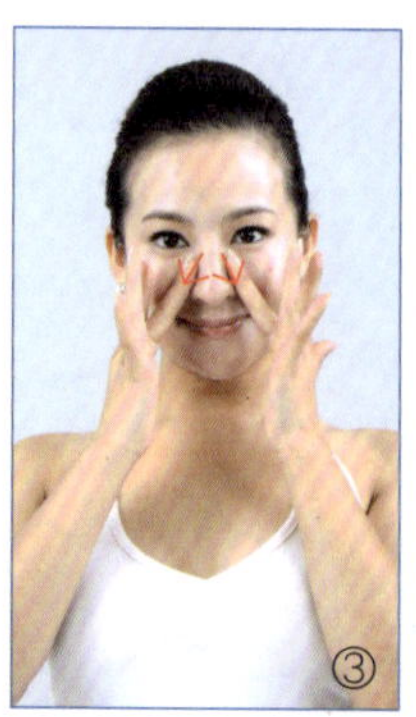
③

④

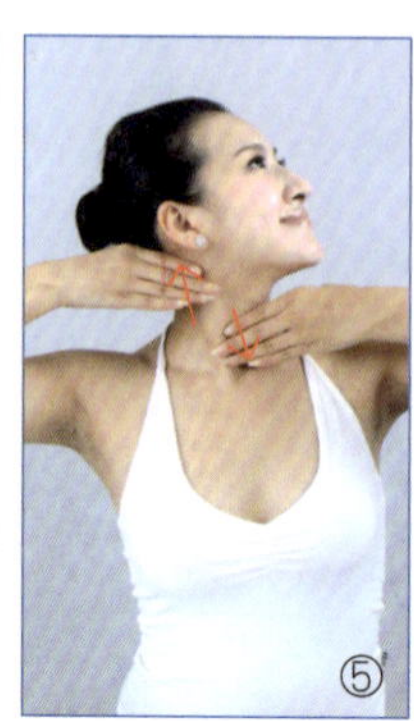
⑤

第3周 第6~7天 谨防电脑辐射

电脑辐射不容忽视

在现代社会中，电脑已成为工作和娱乐、生活的必需品。一般人都知道，电脑辐射会损害眼睛和皮肤，那么对于孕期的准妈妈和胎宝宝这样的特殊群体，会产生怎样的危害呢？研究表明，电脑开启时，显示器散发出的电磁辐射，对细胞分裂有破坏作用，在怀孕早期会损伤胚胎的微细结构。根据最新的研究报告，怀孕早期的女性，每周上机20小时以上，流产率增加80%，比一般女性流产率高出两倍，生出畸形胎宝宝的概率也大大增加。因此，在怀孕头3个月，最好远离你的电脑。如果必须上机的话，最好与屏幕保持一臂的距离。3个月后，胎宝宝的基本发育已经完成，你可以使用电脑工作了，不过也不要整日坐在电脑前接受这些辐射，否则也会影响胎宝宝的发育和免疫力。

谨防电脑辐射的好方法

第一，应尽可能购买新款电脑。一般来说，在同距离、同类机型的条件下，旧电脑的辐射是新电脑的数倍。第二，最好在显示屏上安一块电脑专用滤色板以减轻辐射的危害，室内不要放置闲杂金属物品，以免形成电磁波的再次发射。第三，在使用电脑时，要调整好屏幕的亮度。一般来说，屏幕亮度越大，电磁辐射越强，反之越小。第四，电脑使用后，脸上会吸附不少电磁辐射的颗粒，要及时用清水洗脸，这样将使所受辐射减轻70%以上。第五，电脑摆放位置很重要。尽量别让屏幕的背面朝着有人的地方，因为电脑辐射最强的是背面，其次为左右两侧，屏幕的正面反而辐射最弱。第六，注意室内通风。科学研究证实，电脑的荧屏能产生一种致癌物质，所以，上网时尤其要注意通风。

★准妈妈在使用电脑时要注意电脑摆放的位置，谨防电脑辐射。

以上推荐的一些防电脑辐射的方法对一些朋友已经足够了，但对一些以电脑为职业的准妈妈来说，我们还是会推荐一款防辐射内衣，给您的胎宝宝由内而外的保护。

第4周 第1~2天

孕期补充叶酸不可停

叶酸介绍

叶酸是一种水溶性维生素，是蛋白质和核酸合成的必需因子，在人体中主要起代谢红细胞、血红蛋白、氨基酸等物质，促进骨髓中幼细胞成熟的作用。

准妈妈补充叶酸益处多

叶酸是胎宝宝神经发育的关键物质，准妈妈及时补充叶酸，可防止新生儿体重过轻、早产以及婴儿腭裂（兔唇）等先天性畸形。如果准妈妈体内缺乏叶酸，有可能导致新生儿畸形。专家认为，准妈妈每天需补充600～800微克叶酸才能满足准妈妈和胎宝宝的需求量。

掌握补充叶酸的细节

补充时间

叶酸实际上在计划怀孕时就应补充。怀孕后大脑的发育是最早最快的，孕期3～6周是胎宝宝中枢神经系统发育的关键时期。

此时，最容易受到致畸因素的影响。在这个时期补充叶酸，可使胎宝宝发生危险的概率降低50%～70%。

补充食物

◎**蔬菜类**　菠菜、番茄、胡萝卜、菜花、油菜、白菜、扁豆、豆荚、蘑菇等。

◎**水果类**　草莓、樱桃、香蕉、柠檬、桃子、李子、酸枣、石榴、葡萄等。

◎**肉类**　动物的肝脏、肾脏和肉，如猪肝、鸡肉、牛肉、羊肉等。

◎**坚果、豆类**　黄豆、核桃、腰果、栗子、杏仁、松子等。

补充叶酸应注意

◎叶酸怕光、怕热，所以尽量不要将含叶酸的食材久放后食用或加热食用。

◎盐水浸泡过后，蔬菜的叶酸含量会大大减少，所以不要用盐水泡。

◎如果食材中得不到充足的叶酸，那么可以补充叶酸片、多维元素片或叶酸制剂。

★如果通过饮食无法满足母婴对叶酸的需求，准妈妈可考虑服用叶酸片，但应遵循医嘱。

消除不良心态

怀孕后，准妈妈心理上产生了一些变化，有许多准妈妈会产生一种兴奋与紧张的矛盾心理，准妈妈应该如何应对呢？

历数不良心态危害

◎ 孕期如果准妈妈过度焦虑，会增加胎宝宝神经发育异常的风险，使宝宝在未来的成长中更容易出现情绪和行为方面的问题。

◎ 准妈妈如果有沮丧忧郁的情况而不加以治疗，其胎宝宝出生后对外在刺激反应会减少。

◎ 准妈妈若精神极度不安，胎宝宝产生唇裂或腭裂的概率就会增加。

改善方法是关键

消除怀疑心理

要知道，怀疑、缺乏自信恰恰是胎教工作的大敌。胎教不仅是培育胎宝宝的必要工作，更是准妈妈自身陶冶性情、提高修养的过程。因此，准妈妈一定要有自信。

消除忧虑

对许多准妈妈来说，忧虑是比较常见的心理状态，她们常常担心自己和胎宝宝的健康，特别是对身患疾病的准妈妈来说，忧虑的程度更深，她们常担心胎宝宝因受到自己身体的影响或服药的影响而发育不良。

这些想法虽然都比较正常，完全可以理解，但实际上对于母子双方的健康都是非常不利的。应尽量避免这些情绪的出现。

消除烦躁

妊娠反应是孕期正常的生理反应，会给准妈妈平添许多烦恼。

此时，准妈妈在面对这些反应的时候，如果不能及时调整心态，则很容易影响到自己的心情，并导致烦躁、易怒等不良情绪的产生。而这些不良情绪对胎宝宝的健康和先天性格的形成都有很大程度的影响。

所以，为了胎宝宝的健康，准妈妈应学会自我调节，避免动不动就发脾气。准妈妈应对妊娠反应有正确而理性的认识，可选择正确的方式方法来缓解妊娠反应，并注意恰当地调节不良情绪。

谨防生活环境污染

环境污染，让胎宝宝深受其害

在受孕后最初的数周时间内，是胎宝宝最容易受到侵害的高敏时期。此时胎宝宝发育最快，但也最为脆弱。由于胎宝宝各方面均未发育成熟，且不具备抵抗外界侵害的能力，若遭受不良环境因素的刺激，则很容易发生畸形或死胎的情况。因此，在妊娠早期的几周时间内，准妈妈应对自己的胎宝宝加倍呵护，并处于安静、洁净的优质环境里，以保证胎宝宝正常发育。

远离以下环境污染

噪声污染

噪声在生活中可谓无处不在，对胎宝宝和准妈妈有较大的危害。

首先，噪声会影响准妈妈的中枢神经系统，并导致准妈妈大脑皮质兴奋度增加，并可能导致头痛、失眠、耳鸣等症状发生。同时，噪声还会使准妈妈出现烦躁、易怒、易激动、焦虑等不良情绪。而不良情绪的发生会使准妈妈血液中有害成分的分泌量增加，以致影响胎宝宝的性格形成，还可能导致胎宝宝腭裂。噪声还会影响准妈妈的心血管系统，使得胎宝宝出现发育迟缓、心率加快、躁动不安等情况。因此，尽可能远离噪声是准妈妈保护自己和胎宝宝的重要内容。

电磁污染

电磁污染主要源于人们日常生活中常用的电子用具，如电话、手机等通信设备，微波炉、空调、音响、彩电等家用电器。其所产生的电磁污染可使胎宝宝的畸形率大幅度升高。因此，远离电磁污染、增强准妈妈的自我保护意识，对于胎宝宝的健康发育非常重要。

病菌污染

病菌污染的来源很多，而现在随着人们对宠物喜爱度的增加，宠物所携带的病源逐渐成为严重危害准妈妈和胎宝宝健康的重要因素。猫和狗身上很容易携带弓形虫病的病原体，而准妈妈一旦感染弓形虫，此病毒就会随着淋巴和血液循环系统散播于全身的各个器官、脏腑，并侵犯胎盘，甚至可能导致流产、死胎、胎宝宝畸形、早产等不良情况。所以，准妈妈最好远离宠物，如果已经饲养宠物，必须遵循科学的饲养方法，或者考虑在怀孕期间将宠物转给朋友或送到寄养中心。

第4周 第6~7天 折纸游戏益处多

今天，准妈妈与胎宝宝一同玩折纸游戏吧。在游戏中，准妈妈不但可以暂时忘却身体不适，还能锻炼自己的审美观。经常这样做，胎宝宝出生及长大后，很可能成为一个心灵手巧的人。具体做法如下。

❶ 先将一张彩纸裁切成一个正方形，沿着虚线折上一个小角（图①）。

❷ 将没有折角的两个角对折（图②）。

❸ 将上层沿虚线向下折叠（图③）。

❹ 另一层也沿着虚线向下折叠，方法同第3步（图④）。

❺ 再将左下角沿虚线上折，鱼尾巴即出来了（图⑤、⑥）。

❻ 最后，给小鱼画上美丽的花衣服和眼睛，就大功告成了（图⑦）。

胎教小天地

胎教是不分国籍的，接下来我们就看看日本的准妈妈是如何进行胎教的吧。在日本，有人将胎教的方法加以统合，做成系统化的课程，指导准妈妈来进行胎教。其课程主要包括四大要素。

◎ 放松　准妈妈处在一间灯光柔和的房间里，要尽量放松，使身体和精神达到稳定的状态。

◎ 创造力　一项以促进与感觉、情绪、空间感、绘画感有关的右脑的脑开发为目的的课程。

◎ 对话　即“胎谈”，准妈妈可以从打招呼开始，也可以说说花和鸟的名字，教一些数字、字母等。

◎ 音乐　所选用的曲子除了童谣和古典音乐外，也可以配合准妈妈的喜好随意选择。

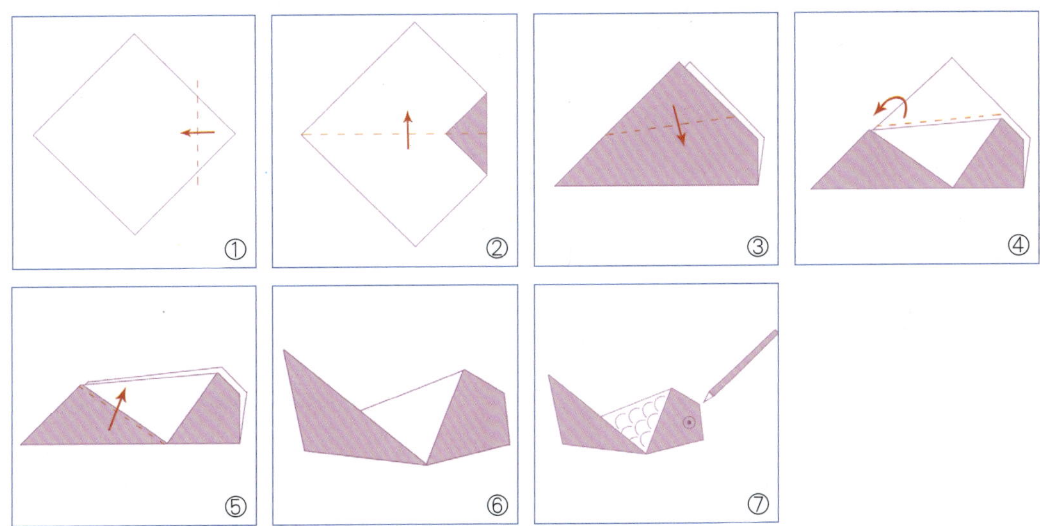

妊娠反应如期而至

本月日常生活调理

- 一定要去医院确认怀孕，并寻找一个适合做定期检查的医院。
- 活动时留意腹中的胎宝宝，不要手提重物，行走要缓慢，切忌急速奔跑，避免剧烈运动。
- 不宜做长途旅行，以免外环境的改变和情绪的过度兴奋而影响到胎宝宝的发育。
- 妊娠反应严重时可去妇产科就诊，由医师给予止吐针，这对缓解症状很有效。
- 把宠物寄养在别处，以免感染弓形虫，导致畸胎。
- 注意流产征兆，如出现应及时就医。
- 充分注意避免下半身受凉。
- 有不安或疑问应请教医师。
- 注意预防流行性感冒和德国麻疹。

本月胎教提醒

- 勇敢面对害喜症状并设法改善。
- 注意生理卫生，保持身体清洁。
- 失眠时，可于睡前饮用温牛奶或听轻柔音乐，以促进睡眠。
- 最好理俏丽的短发。
- 订立一个胎教时间表。
- 每天保证8小时以上的睡眠时间，养成午睡的好习惯。

本月运动提醒

- 去公园散步，并呼吸新鲜空气。
- 避免剧烈运动，可做一做孕妇体操。
- 抚触肚子，让胎宝宝运动一下。
- 在这个阶段，夫妻最好不要行房，要尽量节制，以防流产。
- 这段时间是最容易流产的时间，应停止激烈的体育运动、体力劳动、旅行等。
- 在日常生活中要避免劳动过度，注意安静。
- 切勿过度劳累、逛街或参加长途步行旅游等活动。
- 勿从事打高尔夫球、日光浴、泡温泉、桑拿、针灸、按摩、搬家、搬晒厚重棉被、长途开车等活动。
- 不要因为家事或工作而一直站立，必须坐下来休息。

本月情绪调节

- 为了稳定情绪，抵御妊娠反应，可听一些抒情的音乐。

- 保持有节律的心音和规律的肠蠕动声，能够使子宫内的环境保持稳定，从而让胎宝宝安心。
- 制怒节哀，无忧无虑，保持健康而愉快的心情，在思想感情上确立母子同安的观念，以便在精神与饮食营养上很好地保护胎宝宝。
- 睡前潜意识祈祷：感谢美好的大自然，赐给我一个善良、健康、灵秀的孩子。他（她）有如天使般，带给我们全家无比的欢乐与幸福，他（她）将成为我们生命的助手与知音!

本月饮食营养调理

- 如果有“晨吐”症状，可在每天起床时食用苏打饼干，切勿食用油炸类或刺激性食物。
- 多吃富含碳水化合物的食物，有助于消除疲劳。
- 出现呕吐时，要少量多餐，并注意均衡饮食，宜多吃高纤维、高维生素、高矿物质类食物，并摄取充足的水分。
- 可多吃黄绿色蔬菜、荞麦、红枣、菠菜、菜花、紫菜、炒南瓜子、大酱等食物，因为这些食物富含维生素B_6和维生素B_{12}，有助于缓解害喜引起的呕吐、头痛和失眠等症。
- 如果呕吐剧烈，甚至都无法喝水，将会导致缺水及电解质不平衡，此时需要赶快就医，严重时需住院治疗。
- 注意清洗水果和蔬菜上残留的农药，以免食用后引起胎宝宝中毒。

本月不适症状罗列

- 有出血。
- 下腹部疼痛。
- 严重妊娠反应。

本月准爸爸胎教任务

- 对于妻子的怀孕，要非常重视。
- 想办法让妻子保持愉快的心情来面对孕吐。
- 替妻子分担家务。
- 帮妻子进行营养调配，关心妻子饮食状况，及时为其配制可口的饭菜。
- 丈夫主动清理妻子的呕吐物。

本月胎教箴言

心中总是有许多不良想法，而又有很多生活恶习的话，胎教就起不到作用。

本月孕事随记

适应角色变化势在必行

初为人母，是女性跨入人生另一个阶段的新开始。在女性怀孕的这个阶段中，由于内分泌产生变化，会带来情绪上和心理上的改变。而且在这段时间生活起居上、饮食上、工作上都会发生变化，往往带来较大的情绪波动，影响自己和身边人。这时，作为准妈妈和家人，一定要了解怀孕时的女性有哪些弱点、有哪些需求和变化，以便应对接下来将出现的各种状况。

准妈妈孕期可能出现的反常表现

◎ 由于连日多吃少动，身体慢慢走形，看着镜子里的自己，由以前的“婀娜多姿”到现在的“大腹便便”，或试穿以前的衣服，不免失落。

◎ 一想到现在自己的肚子里还有一个小生命，就会有些排斥和恐惧。

◎ 心理、生理上的双重压力下，变得情绪不稳定，常常可能为了一句话、一个小细节而大发雷霆，生气后自己也觉得莫名其妙。

★准妈妈尽快转换角色，静心体会为人母的幸福吧。

准妈妈应尽快进入新角色

◎ 毫无疑问，怀孕后，由于生理上一系列的变化会使体形发生较大改变。只要在孕期做孕妇体操，产后认真进行健美锻炼，体形就会很快得到恢复，甚至比以前更有韵味！

◎ 多看些轻松的影视剧和书籍，最好是关于胎宝宝的。

◎ 和家人一起调理好孕期饮食，既补充自己和胎宝宝的营养，也可以缓解孕期生理上和心理上的不适状况。

◎ 多做做瑜伽、保健操，常去外面散散步。这些运动不仅有利于恢复身材，还能调节不良情绪，减少生产时的疼痛。最好和准爸爸一起进行，这样既能让准妈妈长期坚持下去，又能有效缓和孕期夫妻的紧张关系。准爸爸要学会甜言蜜语，多鼓励鼓励准妈妈！

第2~3天 让胎宝宝感受到家的幸福

胎宝宝虽然还没有降生，但他对准妈妈的情绪是有感觉的。在温馨的家庭氛围中，准妈妈会感到幸福，腹中的胎宝宝也能得到良好发育。因此，夫妻双方应该共同维护家庭的幸福，在日常生活中做到互敬、互谅、互助、互勉，为胎宝宝的降生提供良好的家庭氛围。

夫妻双方应互敬

夫妻双方的相互尊敬，不仅体现在对伴侣的人格、志趣、意愿上的尊重，更体现在工作、劳动和抚育胎宝宝的分工上。准妈妈既不要过度屈服于准爸爸的不良行为，也不要因为自己怀孕了就要让准爸爸对自己俯首帖耳。准妈妈虽然承担着孕育生命的职责，在受到准爸爸照顾的同时，也应对他多加关爱。在这个关键的时候，准爸爸更要保护和体贴自己的妻子和胎宝宝。夫妻之间相互尊重、相互爱慕是家庭和谐的基础，这种和谐的氛围对胎宝宝的发育也是一种良性刺激。

夫妻双方应互谅

对爱人的体谅是共同创造温馨家庭氛围的关键。怀胎十月，准妈妈在生理、心理等各个方面都会发生非常显著的变化，更需要家人的照顾。此时，作为丈夫，对于妻子的情绪波动要给予温和的安抚。同时，还应用宽容、帮助、安慰的心态来爱护准妈妈。

当然，准妈妈也不要因为自己现在是“功臣”而对丈夫百般挑剔、无理取闹，应更多地体谅准爸爸的辛苦，用心灵上的相互谅解来营造和谐的家庭氛围。

夫妻双方应互助

女性在怀孕后身体会发生很大的变化，此时准爸爸应多多关心并帮助准妈妈。比如生活中多承担家务劳动，让准妈妈在洁净、舒适的环境中安心孕育胎宝宝，还应尽可能地为她提供营养丰富而全面的饮食，以保证准妈妈和胎宝宝营养的供给。

夫妻双方应互勉

夫妻之间的相互勉励，对对方来说就是一种温暖的心灵鼓励。在相互勉励、相互安慰的氛围中，才能使双方都保持良好的心理状态，以应对生活琐事，共同抚育健康的胎宝宝。

不同族群准妈妈饮食不同

在烹食过程中，我们往往会犯高盐、高油、高食量的错误。而把控不了自己的嘴，摄入营养超标，也有损健康。那么，对营养要求比较高的准妈妈应该怎么做才能吃到既健康又有营养的饮食呢？

高盐族

准妈妈每天所需的盐分为10克，而我国的摄盐量一般都超过了这个标准，所以尽量少用酱油类调味品。

高油族

◎ 先将要炒的食材过油后，使用不需要用油的平底锅，便可以降低油脂的摄入量。

◎ 烹制青菜时放入少量的油，晃动炒锅，使油扩大周围覆盖面积，这样做既快捷又能减少用油量。

◎ 切蔬菜时切成大块的不规则状，不仅有饱足感，也能控制用油量。若切成细丝会增加表面积，会提高油脂或盐分的吸收力。

◎ 尽量不用色拉酱等含脂肪、热量较高的调料品，可以选择用适量的油醋替代色拉酱（但油醋也含盐分，要注意适度添加）。

◎ 肉类要汆烫过滤油脂：将肉类汆烫过之后，肉的脂肪会溶于汤内，这样即可降低油脂含量。

◎ 肉类巧选也减油：五花肉或牛腰肉等部位脂肪厚油脂多，所以选择肉类时尽量避免选择此类肉，相反的，尽量选择鸡胸肉或猪瘦肉，它们含油脂少，是热量低的食物。

高食量族

◎ 多食蔬菜，增加饱腹感：把蔬菜汆烫之后体积会减小，由于视觉作用，你会不知不觉地多吃。另外在做蔬菜汤时，多加蔬菜类食材，也能减少脂肪摄入量！

◎ 应多选择带骨头或有壳的食材做原料，由于这类食材体积较大，食用较麻烦，也可以避免多吃。

◎ 将食物量化，盛放在小盘子里。量化往往能更好地达到理想目标。而相比大盘子，小盘子更容易达到减量的目的。

把握这些内容，同时在制作美食时注意颜色的搭配，使烹制出来的菜肴达到“色、香、味、营养”俱全的目的，为准妈妈和胎宝宝加一份体贴！

第5周

第5~6天 准妈妈运动应注意

准妈妈做运动需要非常小心谨慎，尤其是在运动时要注意以下事项。

◎ **注意搭配好衣物** 在衣服的选择上，要选择吸汗性好、透气性好、舒适宽松的衣服；内衣应根据自己胸部的尺寸选择，如果胸部比较丰满，可以穿件运动型或可调整的胸衣；鞋子应选择宽松的平底鞋。

◎ **避免剧烈运动** 选择的运动尽量要平缓，避免选择弯腰、躬身等需要有过大的弯曲和伸展的动作，以保证身体的平衡性。

◎ **运动前打理好自己的胃** 为了避免在运动时出现脱水、血糖低等情况，准妈妈们在运动前应补充适量的水分和食物。最好喝上一杯500毫升的矿泉水或果汁，吃些蔬菜饼干、全麦面包等小点心，以获取运动能量。

◎ **运动时温度要适宜** 怀孕前两个月，如果体温长时间高达39℃，就可能损害胎宝宝的发育。为了避免体温过高，应尽量选择凉爽通风的环境来做运动，而不要选在炎热潮湿的天气里做运动。做运动的地方，要确保通风良好，也可以穿着一些透气性好的运动服，以便更顺利地排汗降温。

◎ **运动前要先热身** 运动前，先做五分钟左右的暖身操，让身体肌肉慢慢打开，迎来最佳的运动状态。

◎ **运动后要做缓和运动** 运动结束之后，再进行至少五分钟的缓和运动，让体内的循环系统能够慢慢调整到正常状况。

◎ **选择好运动场地** 如果运动场地不平坦或质地坚硬，准妈妈在运动时容易出现姿势急剧变化、动作快速停止、跳跃或突然改变方向等现象，这时胎宝宝会感到不舒服。最好也不要在封闭的空间内运动，公园、绿草地是准妈妈运动的最佳场所，其不仅空气清新，而且还会愉悦准妈妈的心情。

★准妈妈运动的场所最好选在空气清新的地方。

第5周 第7天

B族维生素可帮助缓解孕吐

据统计，每四位准妈妈中就有三位可能会孕吐。那么，有什么方法能击退孕吐，让准妈妈们能轻松缓解孕吐呢？专家指出，B族维生素可以促进氨基酸的代谢，从而使恶心、呕吐等有所缓解或消除。

哪些食物含有B族维生素

◎蔬菜类　菠菜、生菜、莴笋、油麦菜、韭菜、青椒、白菜等绿色蔬菜。

◎水果类　香蕉、葡萄、梨、橙子等。

◎肉类　牛肉、猪肉、鸡肉、鱼肉等。

◎坚果类　花生、核桃、栗子等。

◎其他　鸡蛋、豆制品、糙米、绿豆、全麦食品、乳品、芝麻等。

走出进补误区

一些准妈妈觉得孕吐厉害，就多吃些B族维生素，殊不知事物都有利有弊。B族维生素服用过量或长期服用时，会发生胎宝宝对B族维生素的依赖症，在胎宝宝出生后，由于离开母体而缺乏B族维生素，导致中枢神经系统的抑制性物质含量降低，表现为哭闹不安、眼球震颤、反复惊厥、容易兴奋或受惊，甚至在出生几小时或几天后惊厥。在1～6个月后，体重止步不前。如果不及早诊治，将造成永久性的智力低下。

好菜谱提供丰富B族维生素

多味杂粮粥

材料 糙米80克，燕麦、荞麦、红糯米、高粱米、薏苡仁、稞麦各20克，花生、赤小豆各适量。

调料 白糖适量。

做法 ❶各式杂粮备好，洗净后，用8～10倍的水浸泡一夜。❷将泡好的杂粮煮熟焖烂，至汤汁呈黏稠状，加白糖调味即可。

调节饮食可缓解孕吐

知道了补充B族维生素对缓解孕吐有好处，再来学习一下缓解孕吐的饮食细节吧！

饮食原则很重要

少食多餐

即便是再想吃的东西，也不要多吃，控制食量，会使自己的感觉好很多。少食多餐无论是在平时还是在孕期，都很适用。

清淡可口，容易消化

孕吐较重时的饮食应以富于营养、清淡可口、易于消化为原则。

小细节帮助缓解孕吐

◎ 为了防止“晨吐”，可以让准妈妈在床上进早餐。根据其口味，准备一些饼干、烤面包片、熟鸡蛋或香蕉等清淡、营养、又好消化的食物。

◎ 丈夫要多给予准妈妈鼓励，进食后万一呕吐，也不要紧张，先做做深呼吸，放些轻柔的音乐然后再进食。

◎ 进食以后，准妈妈最好卧床休息半小时，可使呕吐症状减轻。一般情况，晚间的反应较轻，可增加一定的食量。要注意食物的多样化，必要时可适当加餐，以满足母体和胎宝宝的营养需求。

◎ 把进餐时的室内温度调到合适的程度，以让自己感觉凉爽为宜。这样可以在一定程度上减轻孕吐症状。

◎ 避免进食油腻或味道过重的食物，这些食物会让孕吐更严重。

◎ 进餐前如果没有胃口，先吃些咸食垫底。它们可以调节你的食欲。

◎ 孕吐厉害时可以适当选择凉食。它们会比较容易被身体接受。

◎ 在做饭或就餐后，开窗通风，尽快让油烟和饭菜的味道跑出去。

◎ 孕吐厉害时也可以吃姜。把姜汁冲入牛奶或清水中，或者直接含姜片于口中，都可以有效缓解孕吐症状。

◎ 避免摄入茶、咖啡、薄荷。这三类饮品会加重孕期的孕吐症状，准妈妈们一定要和它们暂时告别。

小提示：如果呕吐反复发作，甚至到了影响进食的地步，导致新陈代谢障碍，就是医学上所说的“妊娠剧吐”了。妊娠剧吐如不及时治疗，就会导致胎宝宝营养缺乏而发生畸形。

第6周 第3~4天

日常生活细节助克服孕吐

用心理转换法缓解孕吐

60%～90%的准妈妈表示，她们感觉身体的不适会延续到晚上，其实这很大程度上是由心理紧张造成的。因此调节好心理，解除心理负担，可以有效缓解孕吐症状。

第一步：不要紧张，确信孕吐是正常现象，只要在正常范围内，就不用担心会给胎宝宝造成不良影响。

第二步：多与周围的准妈妈们交流，了解孕吐的一些保健知识，相互学习，解除心理负担。

第三步：多参加一些力所能及的社会活动，转移“注意力”。

第四步：多和自己的体检医生交流，把自己的情况告诉医生，看看有没有必要进行相应的孕吐治疗。

★ 当妻子出现孕吐时，准爸爸要陪在妻子身边并帮助妻子转换心理。

用按摩法缓解孕吐

◎ 取内关、足三里与公孙等穴，以指揉法顺时针按摩，即可缓解症状。

◎ 可揉按手示指（食指）指甲旁的商阳穴3～5分钟，每日1次。

◎ 用拇指按揉足部冲阳、太白穴各10分钟，每日1～3次。

◎ 轻轻按揉足部胃、肝脏、生殖腺、甲状腺反射区各3～5分钟，揉足腹腔神经丛、肾脏、输尿管、膀胱、肾上腺反射区各3分钟，每日1～2次。

◎ 揉按足部内庭穴10分钟左右，即可缓解不适症状。

◎ 按压足部厉兑、隐白两穴10～25分钟。

用运动法缓解孕吐

不要觉得自己“身娇肉贵”，就不用做运动了。专家提示，适当做一些轻缓的运动，可以有效缓解孕吐症状。如果整天在家里待着不动，孕吐症会更为严重。

第6周 第5天

孕早期准妈妈适宜做的运动

孕早期，由于胎宝宝尚未稳定，准妈妈运动时要特别注意，幅度不宜过大，频率不宜过高。除了前面为准妈妈推荐的运动方法，准妈妈还可以适当做些手操与脚操，以缓解手、脚的不适。

手操缓解手部不适

具体步骤

❶ 双手伸出，左右晃动10次（图①）。

❷ 接着握拳（图②）。

❸ 再张开。反复进行（图③）。

事项提醒

可以站着做，也可以坐在椅子上做。

运动功效

疏通手部经络，促进血液循环。

脚操缓解脚部不适

具体步骤

❶ 准妈妈仰身躺下或取坐位，使双脚脚心向下（图④）。

❷ 两脚脚尖向内弯，脚心相向（图⑤）。

❸ 两脚脚尖慢慢向外侧打开（图⑥）。

事项提醒

◎ 准妈妈在做脚操之前最好用温水泡一下脚，以加快脚部的血液循环。

◎ 做运动时要注意足部保暖。

运动功效

促进脚部血液循环，预防静脉曲张及下肢水肿。

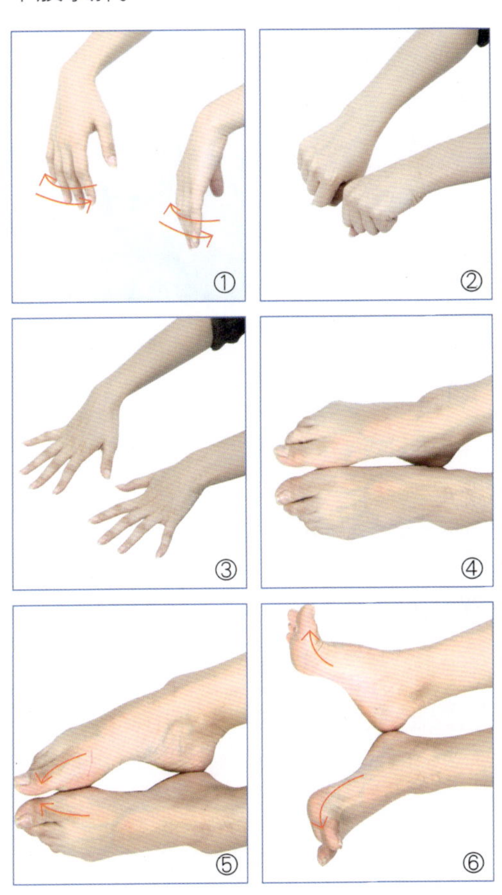

第6周 第6~7天 滋补胆经和心脏

孕期的第二个月，是胎宝宝的胆器官发育的时期。准妈妈胆囊的异常，也会阻碍胎宝宝的胆囊发育。而且这一时期，准妈妈子宫内会形成脐带和胎盘，使胎宝宝的大脑和心脏继续分化，各个器官开始发育。植物性脂肪和柠檬酸有助于胆经和心脏的发育，对准妈妈的子宫也有好处。

哪些食物有利于胆经和心脏

有利于胆经的食物

菠菜、韭菜、白萝卜、苦瓜、黄瓜、冬瓜、白菜、空心菜，特别是苦味蔬菜最好；新鲜水果、南瓜子、油菜子、橄榄油、香油、苏子油等也要常吃。

有利于心脏的食物

豆类、核桃、腰果等坚果类；鱼类、燕麦、大蒜等。

滋补胆经和心脏的食谱

酸味苦瓜片

材料 苦瓜300克，干辣椒适量。

调料 白糖、香油、醋、盐各适量。

做法 ❶苦瓜切成长4厘米的薄片，用盐拌匀腌20分钟。❷将腌好的苦瓜汆烫，捞出，沥干后装盘。❸加入白糖、香油、醋、盐拌匀。

萝卜丝煮鲫鱼

材料 白萝卜丝200克，鲫鱼1条，火腿丝10克，葱段、姜片、青蒜段各适量。

调料 盐、料酒、清汤各适量。

做法 ❶鲫鱼去鳞、鳃及内脏后洗净备用；白萝卜丝用清水略洗，放入滚水中汆烫一下，捞出用凉水冲凉，备用。❷锅内加油，放入葱段、姜片爆香，放入鲫鱼略煎，添清汤，加白萝卜丝和火腿丝，旺火烧开后用中小火煮。❸待鱼熟汤呈乳白色时，加入盐、料酒和青蒜段，煮开即可食用。

第7周 第1~2天 为了胎宝宝的健康，勿进这些营养误区

准妈妈在摄取营养时应讲究科学性、合理性，尤其是下面这些营养误区应注意规避。

吃得越多得到的营养就越多

有些准妈妈认为肚子里多一个人就该多吃一份。其实主食主要成分都是碳水化合物，是糖分的主要来源，可以为身体提供能量，但也可变成脂肪储存起来。由于孕期活动减少，准妈妈一般不需要增加太多主食也可获得体重增长，吃得太多体重增长过多过快会引起血糖异常。

水果吃得越多对胎宝宝越好

很多准妈妈为了胎宝宝的皮肤好，把水果当饭吃，她们认为水果多吃没有任何坏处。殊不知水果糖分含量也很高，多吃也会摄入太多糖分，导致体重增长过多。其实准妈妈每天吃一两个水果就行了。

不吃肉多喝汤

蛋白质可提供身体活动所需要的热能，更重要的是胎宝宝在生长发育过程中，也需要大量的蛋白质。汤虽然喝着鲜美，但大部分的蛋白质不溶于水，优质蛋白质还是在肉里。所以，准妈妈不管喝不喝汤都一定要吃肉类。

什么都吃就是均衡膳食

均衡膳食的要求不是每类食物都吃，而是要求糖分、蛋白质、脂肪三大营养素摄取比例适当。

多吃坚果，胎宝宝更聪明

坚果中富含不饱和脂肪酸、优质蛋白质及丰富的维生素，是胎宝宝补脑益智的佳品，但坚果的热量也很高，两个核桃或十几粒花生的热量等于一片面包或一碗粥。所以，每天的总摄入量不宜超过50克。

吃很多的补品

补品不能够代替正常均衡的饮食，而且补品很多具有药性，多吃可能会导致不良后果，准妈妈需慎用或在医生指导下食用。

吃东西时爱挑三拣四

很多准妈妈听人说这个食物是寒的、那个是热的，吃兔肉胎宝宝会得兔唇，吃螃蟹胎宝宝会多手多脚，就坚决不吃。食物都有寒凉温热各性，只要食物多样化、合理搭配且食用不过量就不会有什么问题。

第7周 第3~4天 皮肤护理不可懈怠

爱护皮肤，坚持对皮肤进行日常护理和保养，让你即使在孕期也一样光彩照人！那么，在孕期怎样护肤才正确呢？

脸部护理方法

◎ **脸部护理第一步**：清洁。孕期早晚要使用温和无刺激的洁面产品。

◎ **脸部护理第二步**：保湿。使用温和的保湿乳液或保湿乳霜滋润皮肤，早晚洁面后各一次。对于腹部等容易干燥的部位，尤其注意涂抹保湿产品。

选择护肤品是关键

由于处于孕期的特殊生理阶段，所以护肤品的选择一定要慎重，一定不能选择含有激素类的和其他对胎宝宝有害的物质。建议选择含有维生素E的或纯植物类的性质温和的护肤品。

脸部需要特殊护理的情况

◎ **控油** 对于在孕期长痘痘的准妈妈们，切忌使用形形色色的祛痘产品！尤其是在孕早期，祛痘产品中的某些活性成分会对胎宝宝产生不利影响。建议准妈妈使用天然植物类的护肤品进行保湿。

◎ **防晒** 准妈妈在户外活动时，要避免长时间被阳光直射，需要涂抹纯物理防晒产品，以防止紫外线照射产生晒斑。

◎ **防斑** 在孕期产生的妊娠斑，会在产下胎宝宝后自己消失，所以用专门的母婴护肤品或植物类护肤品即可。

妊娠纹的预防方法

勤加按摩

准备些适合自己肤质的橄榄油和乳液，在怀孕早期，就开始在大腿、腹部、臀部等容易出现妊娠纹的部位涂抹按摩，增加皮肤的弹性，保持血流通畅，而且增加肌肉的承重力，为后期的体重增大做准备。

多摄取优质蛋白类

猪蹄、猪皮、鱼皮冻、动物蹄筋等食物富含优质胶原蛋白和弹性蛋白，可以起到一定的预防妊娠纹的作用。

多食富含维生素B_2和维生素B_6的食物

尽量多吃富含维生素B_2、维生素B_6的食物。这类食物可以帮助肌肤加快新陈代谢，褪去陈旧物质，迎接新鲜血液。

第7周 第5天

重视养发护发，让掉发烦恼不再有

女性在怀孕期间，常会在清晨醒来时，发现枕头上、盥洗室的地上散落着很多头发，不免担心自己将来是否会变成“秃子”。导致孕期脱发的原因是多方面的，如激素水平、心理因素、摄取营养不足等。那么在孕期如何护理我们的头发，使头发依然保持光泽、靓丽呢？

洗发用品要适合发质

如果感到头皮瘙痒难耐，还有头发干燥、易断的现象，那么赶紧更换目前的洗发产品。长期使用一种品牌的洗发用品，容易使头发缺失一些它所没有的营养。因此建议经常更换洗发品牌，以便为头发提供更丰富的营养。建议准妈妈们选择孕期专用的洗发产品和护发产品。如果没有这种现象，还可继续使用目前的产品。

洗发次数要适当

频繁洗发，容易造成头发干燥、易断；洗发次数过少，头皮会瘙痒、出油。较合理的洗发频率是2～3天洗一次，如果头发爱出油，可以增加洗发次数。而如果头发特别干枯，也可以根据实际情况减少洗发次数。

洗发方式要正确

◎ 洗发时不要用指甲抠洗，这样容易伤害头皮，而头皮的健康又关乎发质的好坏。正确的洗发应该是用指腹轻轻按揉。

◎ 洗完头发后最好不用吹风机吹头发，选择干净、吸水性较好的毛巾轻轻（不可用力）吸干水分，然后让头发自然晾干。

护理头发的方式

◎ **闲暇时做干洗头动作** 即用指腹在头皮轻轻揉擦。这样可以刺激头皮血液循环，使头发生长速度加快。

◎ **外出时戴帽子** 头发其实也和皮肤一样娇气，也会因为紫外线的长期照射而变得干枯，所以出门时尽量戴个帽子吧！

◎ **多吃海藻类食物** 海藻类食物富含维生素，有利于头发的健康。平时可以多吃些紫菜、海带、羊栖菜等藻类食物。

◎ **注意调节情绪** 精神状态不好时，会导致头皮血液循环不顺畅，从而导致脱发等问题。所以孕期的准妈妈一定要学会调节自己的心情，时刻保持心情舒畅，这样更有利于头发的健康生长。

第6天 消极情绪要及时摆脱

消极情绪不可有

消极情绪包括忧愁、焦虑不安、冲动、急躁、易发怒，准妈妈由于处在特殊的生理阶段，情绪波动比较大，这些不良情绪无论对于准妈妈还是胎宝宝，都是不利于他们的健康的。在孕期努力摆脱这些消极情绪，不止有利于胎宝宝的身体发育，还能帮胎宝宝塑造一个好的性格！

摆脱消极情绪的好方法

方法一：自我释放

烦恼的时候，把那些恼人的事情都一一写到白纸上，然后撕掉或烧毁。当看着纸张毁灭的一刹那，仿佛烦恼也消失了！

方法二：与乐观的人相处

尽量常和精神乐观的朋友相处，这样你也会感染到他的快乐情绪，消除不良情绪，培养自己的乐观心态，在这种乐观心态下感受生活的温暖和幸福。

方法三：自我暗示

暗示的心理作用是非常强大的。如果一个不漂亮的小姑娘每天出门前对着自己说“我是最美的！”那她一定整天都自信满满。同样，如果准妈妈在孕期能经常对自己说：“没什么大不了的，痛苦会很快过去的”，多说几遍，心理压力自然会小很多。

方法四：转移注意力

当觉得心情郁闷时，不妨找闺蜜聊天。聊天是一个很不错的自我释放的方法。和闺蜜在一起诉说烦恼，烦恼就会减半。或者做些有益身心的事情，会更好地帮你从消极的情绪中摆脱出来。在做事的过程中需要集中注意力，让你没时间去自怨自艾；也有可能在做事的过程中，你会有新的乐观看法产生。

方法五：运动法

运动法可以帮助你战胜很多疾病。心情不好时做些轻缓的适合自己的运动，体会运动的乐趣，也给自己和胎宝宝增加活力，给自己增加信心。

方法六：愉悦自己

心情不好时不妨宠宠自己！买套一直舍不得买的漂亮孕妇装，做个适合自己的发型，稍微改变一下自己，这些都会给你带来快乐。

第7天 为了胎宝宝的安全，应学会规避流产的发生

先兆流产及应对方法

什么是先兆流产

先兆流产是指可以看到流产征兆的情形，常见于怀孕早期，怀孕早期和中期如果出现腹痛或出血，或出现腹部突然变冷或持续不断的胎动骤然消失，就应立即怀疑为流产。

先兆流产的应对方法

身体只要出现少许的异常，就应及时联络医生，并卧床休息。前往医院的途中，要在下身垫上干净的纱布，选择舒适的姿势。如果诊断为流产，需要注射黄体酮、止血剂或镇痛剂。症状控制后的2周内需要保证充分的休息，避免进行体力消耗大的劳作。如果出现异常出血，或发热、腹痛的症状，应当立即去医院就诊。如果阴道出血的症状持续数周，则需要确认能否继续怀孕，这一点可以通过阴道B超和测量激素值确定。

习惯性流产及应对方法

什么是习惯性流产

连续出现2～3次以上自然流产的情形叫做“习惯性流产”。大部分与染色体异常有关，近来多发生于长期过度劳累、频繁经历巨大环境变迁、压力大、易患病、饮酒吸烟以及直接接触公害的准妈妈身上。不过，只要找出症结所在，进行针对性的治疗，70%～85%的习惯性流产即可转化为顺产。

预防习惯性流产的方法

怀孕1个月时

◎ 应尽早确定怀孕的事实，而且不要盲目用药。

◎ 获知怀孕最初4个星期内，每天要测量基础体温。

◎ 孕期高热将对胎宝宝产生影响，因此应尽量避免发热，如果有发热症状应及早就医。

怀孕2个月时

◎ 需要避免过度疲劳，保持心情舒畅。

◎ 尽量少去人多的地方，要注意预防流感、风疹等疾病。

◎ 避免饲养容易传播疾病的宠物。

怀孕3个月时

◎ 走路时要像用脚尖走路一样，把重心放在脚前侧，并注意安全。

◎ 避免弯腰擦地或蹲在地上做家务。

第8周 第1~2天

写孕期胎教日记，记录胎宝宝的情况

不要以为写日记只是青春期少女所做的事，在孕期每天记录下与胎宝宝有关的一切，建立一份专属于你们的私密日记，一点一点了解你和胎宝宝的身体信息，无论对于你还是未来的胎宝宝，都将是一笔宝贵的财富。那么，在写孕期日记时应该写哪些内容呢？应该记录身体的哪些信息呢？你不妨参照下面的提示。

◎ **记录妊娠反应情况** 记录妊娠反应情况包括记录妊娠反应开始的时间、妊娠反应的程度、妊娠反应何时结束（如果进行调节，还要记录有关调节的情况）。

◎ **记录胎动情况** 正常的胎动是判断胎宝宝健康的标志之一，一般在怀孕18～20周时发生第一次胎动，并且胎动会随着妊娠月份的增加而逐渐增多。正常的胎动频率是每小时3～5次，3个小时次数之和乘4，即为12小时胎动数。另外，记录胎动的时间最好在每天早、中、晚分3次进行，每次1小时。

◎ **记录产检情况** 包括记录准妈妈的体重变化、血压变化、妇科检查、尿液妊娠试验、超声波检查、有无接触放射性物质。

◎ **孕期患病及用药情况** 怀孕期间用药要小心谨慎，如果怀孕期间患了流感、风疹等疾病，一定要就医治疗，遵从医嘱服药，记录下病况起止时间、药物名称、用药剂量等。

◎ **记录阴道变化情况** 包括阴道是否流水、是否出血。阴道流水可能是羊膜破裂，提示胎宝宝将要降临了。阴道出血常常会发生流产。

◎ **记录日常生活变化** 可以是孕期的生活习惯，可以是性生活情况，可以是外出旅行的心情、可以是孕期心情变化……

另外，胎教日记也可以选择粘贴某些信息，比如粘贴超声波图像，粘贴报刊上看到的育儿信息和有趣的事。也可以选择录音设备，把想和胎宝宝说的话录下来，编制一份特殊的“声音日记”。在日记记录过程中，最好夫妻共同参与，一起怀着爱意书写温馨篇章，再一起读给胎宝宝听，是送给胎宝宝最珍贵的礼物！

准妈妈坚持每天写胎教日记，可以为宝宝留下一份珍贵的礼物。

科学安排孕早期饮食

补充DHA有益于大脑发育

DHA在胎宝宝的神经发育和大脑发育过程中起着至关重要的作用。平时适量吃些榛子、栗子、腰果等坚果类食物和鱼类，都可以补充DHA。

补充钙促进骨骼生长

钙对胎宝宝的骨骼发育影响很大。由于需要不断地向胎宝宝供应钙，如果准妈妈钙摄取量低，母体中积蓄的钙很快便会枯竭。因此，女性在妊娠期和哺乳期应当防范骨质疏松症。乳制品、连骨食用的鱼、排骨、裙带菜等食物中含有丰富的钙，可适当多吃。

补充镁促进血液畅通

镁能够促进循环系统的功能，从而使胎宝宝获得充分的血液供应。另外镁还能促使血液中的糖转化为能量。镁多含于大豆、石榴、香蕉、杏仁等食物中。

补充维生素E防止流产

维生素E属脂溶性维生素，摄取不足，容易导致自然流产。西蓝花、菜花、菠菜等黄绿色蔬菜和植物油中都含有丰富的维生素E。

补充铁防止贫血

铁是人体最容易流失的营养成分，特别是准妈妈，稍微缺铁就容易患上贫血，如果贫血症状未得到改善，正常分娩时如果出血较多，风险较大。缺铁也会给准妈妈的心脏带来负担。此外，缺铁时准妈妈容易产生疲劳感，并对生理压力反应敏感，易患疾病。怀孕期间应当注意补充铁元素，否则胎宝宝很可能患缺铁性贫血。肝脏、肉类、鸡蛋、粗制面食、黄绿色蔬菜、坚果类、干豆类中都含有大量的铁。

宜遵循的饮食要点

◎ 避免进食辛辣食物和刺激性食物。

◎ 避免摄入过多的维生素A。如果摄取过度，可能会造成胎宝宝畸形。

◎ 少吃或不吃快餐。

◎ 要远离防腐剂。安息香酸和山梨酸等防腐剂容易诱发癌症，或引起细胞的突发性变异和染色体的异常。准妈妈应尽量不吃火腿、香肠、奶酪等加工食品，因为这类食物中就含有这类防腐剂。

第8周 第4天

确保妻子的饮食营养，准爸爸责任重大

负责妻子的饮食调理

结婚以来，你是否每天心安理得地接受妻子的照顾，还时不时地品头论足？那么，在妻子怀孕的这段时间里，你接替妻子的工作，也做个厨房大管家吧！调理好妻子的饮食，不仅是对她爱的回报，也是对胎宝宝健康的投资。

了解妻子的营养需求

人们常对孕期的准妈妈说“一人吃两人补”，可见准妈妈对营养的需求有多大，所以要把握好“质”的原则。

◎ 食物种类应多样化，蔬菜水果、五谷杂粮、禽蛋鱼肉都要搭配到餐桌上来。另外，再加入适当的副食品就更完美了！

◎ 不能摄入过多的脂肪，以防营养过剩，造成巨大儿等。

调理妻子饮食的方面

准爸爸在把握好原料“质”的基础上，应增加烹饪时的色、香、味，使食物既赏心悦目，又营养美味，让亲爱的她吃嘛嘛香、身体倍儿棒！

◎ **搭配好味道** 味道的搭配讲究“浓淡相宜”。如果做一道肉菜，主料味道会比较油腻，这时候用清淡的蔬菜做配料，既可以调节食物的味道，又做到了食物的营养搭配。

◎ **搭配好原料比例** 如果要以瘦肉的营养摄取为主，配菜时就应多加肉末、肉丝。

◎ **了解应少吃的食物** 烹调时避免使用红花油、葵花子油，这类食用油具有活血破瘀的功效，多吃可能会导致滑胎。同时也要少吃虾、蟹，这类食物可促进机体分泌激素，对于因怀孕而处于激素分泌不协调状态的准妈妈来说，可加剧激素失调的情形。

★ 准爸爸做妻子的特级厨师，为妻子准备营养丰富的大餐吧！

第8周 第5天

为胎宝宝的成长补充矿物质

矿物质在人体中的含量极少，不会提供热量，但它有着其他物质无法替代的作用，所以准妈妈要注意补充哦！

宜补充碘

碘是胎宝宝神经系统发育的必需物质，如果孕期缺碘，会造成胎宝宝智力低下、语言障碍、耳聋及运动神经障碍等。

碘的主要来源：紫菜、海带、海藻等海菜类是碘的主要来源。

宜补充铜

铜是人体必需的微量元素，可保护血管和心脏健康、促进皮肤结缔组织合成，维护脑、神经细胞的发育等。如果准妈妈血液中的铜含量过低，会造成胎宝宝体内缺铜，影响胎宝宝新陈代谢中的有些酶活性及铁的吸收、运转，造成胎宝宝缺铜性贫血。因此，孕期不可忽视对铜的摄取，一定要注意补铜，以免对胎宝宝健康造成严重影响。

铜的主要来源：富含铜的食物有动物肝、肉类、豆类、麦胚粉、水果、坚果类、番茄、豌豆、马铃薯、贝类、紫菜和巧克力等。

宜补充硒

研究发现，硒可降低准妈妈的血压，消除水肿，改善血管症状，预防和治疗妊娠高血压综合征。此外，还能防辐射，预防胎宝宝畸形、流产、早产、死胎等。专家建议，每日400微克作为最大安全膳食摄入量。

硒的主要来源：含硒丰富的食物首推牡蛎、芝麻、麦芽和黄芪，其次是酵母、蛋类、虎爪鱼、金枪鱼等海产品和大蒜、蘑菇等。

宜补充锌

锌参与人体蛋白质、核酸及多种酶的合成。孕期缺锌，会导致准妈妈食欲缺乏、伤口恢复能力减弱，导致胎宝宝智力异常、生长缓慢等症状。

锌的主要来源：小麦、玉米、荞麦、花生、核桃、瘦肉、鱼类及其他海产品。多吃这些食物，可有效防治缺锌症状。

第8周

第6天 家居环境需精心打造

家居环境宜舒适

温馨舒适的家居装饰能使准妈妈的身心获得一个非常愉悦、美好的享受。首先，家居环境应以轻松、温馨为基调。房间墙壁的颜色可为粉色、浅绿色或浅蓝色等。这样的墙壁颜色能通过视觉给人一种幽静、轻松的感受，且有利于人们安静入睡和放松心情。同时，客厅可适当栽培一些绿色植物或小型花卉。绿色植物能够通过光合作用释放人们所需的氧气，使准妈妈减轻疲惫，并促进身体的健康。而花卉无论盆花、插花装饰，均以小型为佳，不宜用大红大紫，花香也不宜太浓。准妈妈在被花朵装饰得温柔、雅致的房间里，一定有舒适轻松的感觉。

准妈妈平时可以栽种绿色植物，使家居环境舒适。

悬挂图片

在房间内悬挂美丽的图片能使人产生许多美好的遐想，并能够通过心情的愉悦促使准妈妈的身体和腹中的胎宝宝更加健康。可用于家居装饰的图画非常多，准妈妈应选择有利于愉悦心情的风格和较为自然或活泼、可爱的图片，如婴幼儿照片或自然风景图片等，也可以是自己的一些画作。

打造家居环境的事项提醒

室内放几盆花草，可以改善室内环境，使人赏心悦目，也有益身体健康。但是，在准妈妈住的卧室里不要放松柏类植物。因为较浓的松香味会影响准妈妈的食欲，并会使其感到恶心、厌腻。

第8周 第7天

要培养睡午觉的习惯

在怀孕的初期阶段，许多女性会浑身乏力、疲倦，或没有兴趣做事情，整天昏昏欲睡，提不起精神。这是孕初期的正常反应之一，虽然在怀孕3个月后会自然好转，但当你白天精神不济、身体疲惫的时候，最好还是睡午觉吧！如果睡眠不足，不仅感到疲劳过度，还会导致食欲缺乏、营养不足、身体抵抗力下降、增加准妈妈和胎宝宝感染的机会，造成多种疾病的发生。

午觉必不可少

准妈妈的睡眠时间应比平常多一些，如平常习惯睡8小时，妊娠期睡到9小时左右为宜。增加的这1个小时的睡眠时间最好加在午睡上。即使在春、秋、冬季，也要在午饭后稍过一会儿，躺下舒舒服服地睡个午觉。

科学睡午觉

掌握正确的睡眠姿势

孕期睡觉的姿势与胎宝宝有较密切的关系。准妈妈采取右侧卧位或仰卧位时，由于增大的子宫压迫下腔静脉，引起回心血量减少，易出现低血压。这时，胎宝宝就会在准妈妈肚子里出现剧烈的躁动，若不及时纠正，胎宝宝会因缺氧而死。同时，准妈妈自己也会感到疲劳，严重者出现恶心、呕吐、出冷汗、胸闷等不适。而左侧卧位则可以供给胎宝宝较多的血液，这时胎宝宝在准妈妈肚子里就会更安逸。所以，从胎宝宝的健康出发，准妈妈最好选择左侧卧位。

把握午睡时间

一旦感到劳累，应马上休息，尽量睡个午觉。午睡时间长短可因人而异，因时而异，半个小时到一个小时，甚至再长一点均可，以休息好为主。

★ 准妈妈坚持睡午觉，不仅会让母子心情好，而且还有利于母子身体健康。

3月 胎宝宝脱“壳”而出了

本月日常生活调理

- 到妇幼保健站领取母子健康手册，并随身携带健康手册。
- 改穿不会让腹部受凉的内裤。
- 阴道出血或分泌物不正常时应尽快去医院检查。
- 通过超音波检查确认预产期。
- 勿穿紧身衣裤，可选择稍宽松、透气的衣服。可将已有的衣服修改为较宽松的样式，或者试着穿一下老公的衣服。
- 选择穿低跟及防滑的鞋子，以避免滑倒。
- 怀孕3个月以内是胎宝宝对致畸因素十分敏感的时期，这时无论是在精神、饮食、工作、生活等各个方面均应特别谨慎，尽量避免不良因素影响准妈妈和胎宝宝。
- 要擅用家电用品，如选择长柄吸尘器吸地，才可使准妈妈背脊伸直，不会造成腹部及腰部的压力（但要选择低噪声的）。

本月胎教提醒

- 胎教实际上是对胎宝宝进行良性刺激，主要通过感觉的刺激，发展胎宝宝的视觉，以培养其观察力。
- 发展胎宝宝的听觉，以培养其对事物反应的敏感性。
- 发展胎宝宝的动作，以使其出生后动作协调、反应敏捷、心灵手巧。

本月情绪调节

- 本期准妈妈情绪暴躁、易怒、容易激动，宜进行适度的户外活动或参加自己有兴趣的文艺活动，以调适心情。
- 应精心打扮自己，在让自己保持自信、乐观、心情舒畅的同时，也会使肚子里的胎宝宝很开心。
- 孕吐时期要注意转换情绪。

本月运动提醒

- 早晚平躺在床上，腹部放松，手指轻按腹部后拿起，让胎宝宝有所感觉，每次5～10分钟即可。
- 这段时间是最容易流产的时间，应停止激烈的体育运动、体力劳动、旅行等，日常生活中避免劳动过度，注意安静。
- 选择做轻松的家务活，一次不要做太多，以免劳累。
- 散步是最佳的运动之一，还可预防便

秘的发生，真是一举两得。

- 避免激烈性生活，也要减少次数。
- 通过做体操来维持身体平衡。
- 不宜拿过重的东西，也不要长时间站立。

本月饮食营养调理

- 用饮食法防治便秘或腹泻，多食用一些富含脂肪酸、DHA、牛磺酸等有助于胎宝宝脑部发育的食物。
- 多摄取铁元素，同时以3小时为间隔摄取有助于铁元素吸收的维生素C。
- 胡萝卜、松口蘑、莼菜（露葵）、甘蓝、可可果、黄豆芽等食物也有益于身体健康。
- 可以摄取绿豆、黄瓜、茄子等涩味食物。
- 多摄取蔬菜、水果，补充足够水分及均衡营养，切勿暴饮暴食。
- 从现在开始，胎宝宝的骨骼细胞发育加快，肢体慢慢变长，此时胎宝宝会从准妈妈体内摄取大量的钙。因此，准妈妈这个月补钙很重要。

本月不适症状罗列

- 阴道出血或下腹部产生疼痛。
- 孕吐症状严重。

本月准爸爸胎教任务

- 常打电话回家，减少应酬，并尽量早点回家。
- 常与妻子进行交流，要多关心、安慰妻子。
- 作为准爸爸要更关心准妈妈，最好能承担起全部家务。
- 要激发妻子的爱子之情，要引导她爱护胎宝宝、关心胎宝宝、期盼胎宝宝的情感。

本月职场准妈妈提醒

- 要穿一些低跟鞋和舒适的衣服，不要穿紧身的套装和高跟鞋。
- 在公司中午也可以午睡一会儿，在休息时间或空闲时间把腿抬高一点。
- 因肤色略微异于平常，所以可用粉底霜修饰。
- 发型的修剪原则以好整理为主。
- 服装应以棉质为主，呈A字形或许更好看。

本月孕事随记

第9周 第1~2天

进食酸性食物应适量

“酸食”益处可不少

增强抵抗力

维生素C被公认为可以增强抵抗力，它可以促进准妈妈对铁元素的吸收，以利于胎宝宝形成基本的细胞基质、产生结缔组织、健全造血系统，还能使心血管得以生长发育。富含维生素C的食物有柑橘、橙子、柠檬、柚子、猕猴桃等，而这些食物大都呈酸性。

有利消化

怀孕后的女性体内会分泌出一种特殊的物质——绒毛膜促性腺激素。这种物质会抑制胃酸分泌，使消化酶活性降低，影响肠胃的消化吸收功能，致使恶心、呕吐、浑身乏力！而酸性食物的作用和绒毛膜促性腺激素的作用恰恰相反，它可以刺激胃液的分泌，促进肠胃消化，以利于消化吸收，进而增加食欲。

增加营养

钙是构成骨骼的主要成分，怀孕初期，胎宝宝骨骼开始形成，因此这段时间最需要补钙。

钙容易在身体中流失，这时候适量吃酸，能帮助钙“安稳”下来，同时也补充了营养。

在胎宝宝脑细胞开始形成的这一阶段，建议准妈妈多吃酸味食物。同时，酸味食物有利于肝经的形成。酸味能刺激胃液分泌，提高消化酶的活性，促进胃蠕动，有利于食物的消化和各种营养素的吸收，减轻孕期反应，对准妈妈和胎宝宝的健康都有好处。

适量进食“酸食”

胎宝宝出生后易患的疾病及身体条件将在这一时期定型，因此怀孕前的健康状态将会影响孩子的一生。酸味食物有利于肝经的形成，但如果摄取过量，容易造成孩子脾胃虚弱。

吃酸有讲究

人工腌制的酸菜虽然有一定的酸味，但维生素、蛋白质、矿物质、糖分等多种营养在人工加工后已经被破坏得所剩无几。而且腌菜中的亚硝酸盐含量较高，这种物质可以致癌，过多的食用显然对准妈妈和胎宝宝无益。因此，准妈妈一定要认准了才能吃酸。

第9周 第3~4天 补充促进胎宝宝脑发育的营养

研究表明，胎宝宝如果在细胞增殖分化期营养不足，出生后即使喂养得再好，脑细胞数目也不能达到正常水平。所以说，孕期补充营养是改善胎宝宝生长发育条件的有效途径。

哪些营养素可帮助脑发育

脂肪、蛋白质、碳水化合物、维生素A、B族维生素、维生素C、维生素E、钙。若孕期能充分保证以上8种营养成分的供应，就能在一定程度上促进大脑细胞的发育。

哪些食物可以补脑

能益智的五谷杂粮

大米、小米、玉米、赤小豆、黑豆、绿豆、糯米、核桃、黑芝麻、花生等。

能益智的副食

红枣、黑木耳、黄花菜、海带、紫菜、鹌鹑蛋、牛肉、兔肉、羊肉、鸡肉、田螺肉、海鱼、草莓、金橘、苹果、香蕉、猕猴桃、柠檬、芹菜、菠菜、柿子椒、莲藕、番茄、胡萝卜等。

最佳补脑食谱推荐

核桃炒虾仁

材料 核桃仁、鲜虾仁各150克，荷兰豆75克，胡萝卜数小片，香菇4朵，荸荠肉5个。

调料 盐、白糖各适量。

做法 ❶将核桃仁放入沸水内加盐滚七八分钟，捞起晾干，放入小火油锅内，炸至呈浅金黄色时捞起。❷将鲜虾仁挑去沙线，用白糖、盐腌拌，稍后洗净，沥干水分。❸将荷兰豆、胡萝卜片、荸荠肉均洗净，炒熟；香菇浸开，切小块，先蒸熟备用。❹虾仁先行在油锅内炸熟，然后再另起油锅，将上述各料加盐炒熟即可。

第9周 第5天

让笑容在清晨绽放

在清晨用笑容与胎宝宝打招呼

新的一天开始了，忘掉昨天身体的痛苦和种种不快，走到窗前，看看远处的植物，深深地呼气，吸气，然后，发自内心地笑一笑，告诉自己：新的一天开始了，这一天会是很美好的，我和胎宝宝会顺利地度过这一天。

笑容调节心情的原理

美国科学家用实验证明了笑的神奇作用。实验是这样的：研究人员发给每位受试者一些卡通画册。这些卡通画册中有一些能引人发笑，有一些不能引人发笑。当受试者看到发笑的故事时，就按一下旁边的按钮。研究人员通过精密的大脑活动检测仪发现，当受试者发笑时，他的大脑中能引起愉悦和鼓舞的感应网会被启动。这个实验结果表明，笑能让人们有愉悦的感觉，还能唤起人们建立人际关系的欲望。笑一笑，还是人类身体对抗紧张和压力的有效武器。我们在笑过之后，发现心情会好很多，对身边事物的看法也会变得积极起来。而在生活中，那些不善言笑的人往往在人际交往方面会有很大的困难，他们觉得很难与人交往。这是因为在他们的大脑构成中，愉悦和兴奋感应不是很健全。所以准妈妈对自己微笑后，会发现那一瞬间自己的脸上充满光泽，整个人好像苏醒过来，充满了朝气和活力！

用你的笑容感染胎宝宝

准妈妈在清晨微笑时，可以和胎宝宝说说话：“宝宝，虽然妈妈现在要应付很多以前没有的困难，但我还是在微笑面对。妈妈希望你以后不管遇到什么困难，都要像妈妈一样，带着微笑去面对。你对生活微笑，生活最终也会回报给你微笑的。”在你这样和胎宝宝说话的时候，可以一边轻轻的抚摸肚子，一边在脑子里想象胎宝宝努力接收到你的信息后，他也在学你笑……

笑容胎教法小提醒

一日之计在于晨，早晨是一天的根基。每天醒来给自己一个微笑（也是给胎宝宝的哦！），为一天的好心情打下基础。为防止自己忘记，你不妨在彩纸上写上大大的毛笔字，内容为“今天你笑了吗？”贴于自己的床头上，这样每天睡醒睁开眼即可看到。

准妈妈进食坚果需谨慎

坚果种类繁多，有些坚果并不适合准妈妈吃，因此准妈妈在选择坚果时应了解坚果的功效，选择适合自己身体需要的坚果，并采取正确的吃法，这样补益效果会更佳。具体可参照下面的表格。

准妈妈食用坚果方法一览表

坚果种类	补益功效	食用方法
核桃	可补脑、健脑、镇咳平喘，促进造血和伤口愈合，是准妈妈冬季的首选零食	核桃可以生吃，也可以加入适量盐水，煮熟吃，还可和薏苡仁、栗子等一起煮粥吃
花生	含丰富的优质蛋白质和不饱和脂肪酸，易被人体吸收，花生皮还可补血	可以与黄豆一起炖汤，也可以和莲子一起放在粥里或是米饭里。最好不要用油炒着吃
杏仁	可降气、止咳、平喘、润肠通便，能有效预防孕期便秘	杏仁有小毒，不宜多食。市场上销售的多是袋装的杏仁，如不喜欢，可以尝试一下带杏仁的巧克力
瓜子	可补充母子所需的不饱和脂肪酸，利于胎宝宝脑发育，准妈妈嗑瓜子时，其香味可刺激味蕾，使其呈兴奋状态，加速胃液、唾液的分泌，有利于消化	大多是炒熟或煮熟后食用。不过在煮的过程中可以依据自己的口味加入香料或调味剂，可以是五香味的、奶油味的、椒盐味的等
松子	可补肾益气、养血润肠、滑肠通便、润肺止咳等，其所含的维生素A、维生素E及多种不饱和脂肪酸也是胎宝宝发育所必需的	生吃，或者做成美味的松仁玉米
榛子	可调节血压、开胃、明目、健脑等，并富含胎宝宝发育所必需的多种不饱和脂肪酸、矿物质及维生素	如果不想单吃榛子，可以压碎拌在冰激凌里或是放在麦片里一起吃

孕期发型也是不容忽视的环节

选择合适的发型

孕期由于体形发胖以及行动的不便，短发就成了最适合准妈妈的发型，不仅打理起来方便，而且给人感觉也比较清爽。更重要的是，由于坐月子期间需要经常卧躺，如果是长发的话也不好打理。发型上应以少许遮盖面部，以不贴在皮肤上为宜。如果舍不得剪掉长发，最好把头发扎起来，给人感觉会干净清爽一些，也让稍显臃肿的准妈妈更加利落。

进行发型设计时的事项提醒

烫、染头发是塑造发型时最常用到的两种手段。但孕前期是胎宝宝器官发育最关键的阶段，此时如果烫、染头发，可能造成胎宝宝畸形。

那么，不想冒险烫、染发的准妈妈如何在保证胎宝宝和自己安全的前提下，塑造漂亮的发型呢？

类似于卷得易、卷发器的DIY电动烫发器就是准妈妈们的选择，此类卷发器最大的特点就是不伤发，只需预热一下，然后取下卷在头发上，并用配套的发夹夹住头发，片刻后取下，发型就做成了。

总之，准妈妈是否有心，是孕期是否能继续保持漂亮、整洁的形象的关键。在用心去爱护胎宝宝的同时，准妈妈千万别忘了花点时间在自己身上哦。

为准妈妈特别推荐的发型

我们特别邀请发型师为准妈妈设计了一些发型，你可以根据自己的实际情况和审美需要来选择哦！

第10周 第3天

胎宝宝需要准妈妈有规律的生活

胎宝宝有区分昼夜的能力

在黑暗的子宫中成长的胎宝宝，是如何去感觉明暗程度的呢?事实上，胎宝宝和母亲的脑，可说是经过脐带，而紧紧地联结在一起。所以母亲所感觉到的事，也能直接传给胎宝宝。因此，“看”在胎宝宝的脑机能中特别重要，它能感觉明暗的程度。这种感觉明暗的能力，是通过脑中松果体所制造出的松果腺素产生的。它的特性是眼睛接触亮光，松果腺素会减少；接触到暗光源，松果腺素就会增加。这种作用也会经由胎盘传到胎宝宝脑中。也就是当母亲觉得亮时，她脑中松果腺素就会减少，这种状态会直接传至胎宝宝脑中。母亲觉得暗时，脑中松果腺素就会增加，又会把这讯号传至胎宝宝脑中。所以胎宝宝虽无法直接感受到外来的光线，但由于松果腺素或增或减的作用，胎宝宝能间接感觉到明暗程度。而且由于松果腺的关系，胎宝宝会在脑中记忆下来，而能分别白昼和黑夜。

胎宝宝得益于规律的生活

由于胎宝宝感知外界的明暗是通过母亲的脑来实现的，所以作为母亲，必须特别注意自己的生活方式。

人类“日出而作，日落而息”的生物性规律被称为“生物钟”。母亲会把感觉明暗程度的讯息传达至胎宝宝脑中，也就是会通知刻在胎宝宝脑中的这种生物钟。人类是自诞生以来，就有所谓“基因记忆”的规律性时钟变化。黑暗时睡觉，天亮时起床。

要如何在胎宝宝脑中“种植”这种生物钟，就要靠母亲在妊娠期间的规律生活。母亲在妊娠期间保持早睡早起的昼行性生活，胎宝宝也能获得有规律的正常生活。相反，若母亲持续过着昼寝夜不眠的夜行性生活，会严重影响到胎宝宝脑部的成长，从而使孩子的生物钟遭到天生的破坏，影响婴儿发育。

★准妈妈应该保持科学规律的作息，这样胎宝宝出生后才会培养正常而规律的作息习惯。

第10周 第  天

画下想象中胎宝宝的模样

在怀孕的这两个月里，准妈妈除了每天调整好自己的饮食和心情外，恐怕每天还会在想象胎宝宝长成什么样了？长得像我还是像他？眼睛是双眼皮还是单眼皮？鼻子会不会很挺？笑的时候嘴巴会翘起来吗？皮肤是白皙的还是黝黑的？腿够不够长？……虽然这些选择都还不知道，但准妈妈可以和准爸爸一起讨论，写下你们美好的祝愿，为胎宝宝画一幅你们希望的模样。

想象胎宝宝模样好处多

有研究表明，如果准妈妈经常想象胎宝宝的模样，那么胎宝宝出生后的样子与之前想象的样子在某种程度上将会较为相似。很神奇吧！这是因为准妈妈和胎宝宝具有心理和生理上的密切联系，平常所说的“准妈妈肚子里的蛔虫”就是这样的道理。而且准妈妈在想象胎宝宝模样的过程中，平和、静谧、甜美的心境会传输给胎宝宝，渗透到胎宝宝的身心之中。

另外，在准妈妈想象胎宝宝美好形象的过程中，心理会很愉悦，情绪会达到最佳状态，这时身体会促进良性激素的分泌，使胎宝宝的面部结构和皮肤的发育良好。

画画方法

如果你们之前从来没有拿过画笔，也不用担心，照这样做就行。

❶ 首先准备好画纸、铅笔等工具。

❷ 和准爸爸一起想象你们所希望的胎宝宝的模样，长脸还是圆脸？眼睛是大大的，还是迷人的小眼睛？是双眼皮吗？眉毛是浓密的还是细长的？是一字眉还是柳叶眉？双手是短促有力的还是纤细修长的……

❸ 开始画了，对胎宝宝说出你们所设想的模样：“宝宝，爸爸和妈妈希望你的眼睛是迷人的小眼睛，希望你的脸型是圆的，这样比较可爱。鼻子最好挺直一点……”在说的过程中，准妈妈要专心把这些刻画在自己脑海中，运用意念的力量传输给胎宝宝。

请在这里画出你脑中宝宝的样子吧！

维生素C为胎宝宝脑发育加分

维生素C的益处

这是胎宝宝的脑发育时期，需要摄取大量维生素C，以便通过血液输送清新的氧气。维生素C主要增加准妈妈对疾病的抵抗力，同时辅助治疗一些过敏性、中毒性、传染性疾病。此外，充足的维生素C还可以防止准妈妈牙龈萎缩、出血。

所以，要每天补充维生素C，给准妈妈和胎宝宝的健康保驾护航。

哪些食物富含维生素C

富含维生素C的常见食物有橙子、柠檬、樱桃、番石榴、猕猴桃、红椒、黄椒、柿子、草莓、柑橘、芥蓝、菜花等。

补充维生素C的事项提醒

◎ 水果、蔬菜储存越久，维生素C损失越多，因此应尽可能吃最新鲜的水果、蔬菜，若要保存，请尽可能储存在冰箱里。

◎ 水果、蔬菜不要切得太细太小，切开的果蔬不要长时间暴露在空气中，应现吃现切、现切现烧，以减少营养的损失。

◎ 烧煮富含维生素C的食物时，时间尽可能短，并盖紧锅盖，以减少高温对营养的破坏。

◎ 维生素C喜欢酸性环境，所以烹调时应该适当地放点醋。

◎ 维生素C怕待在水里，蔬菜买回后，处理干净切好后就不要再放进水里浸泡，也不要搁置太久。

提供丰富维生素C的食谱

水果聚会

材料 小番茄750克，草莓120克，柑橘100克，苹果块50克，香蕉40克。

调料 白醋、橙汁、柠檬汁、冰糖、奶片各适量。

做法 ❶将草莓、小番茄洗净切成两半，摆放在盘边；柑橘、香蕉去皮，切成滚刀块，摆放在盘子中间。❷锅置火上，加入白醋、橙汁、冰糖、柠檬汁、奶片，小火熬半分钟，起锅浇在盘中的水果上拌匀即可。

第10周 第7天

坐式瑜伽可缓解压力

坐式瑜伽包括“正坐姿势”、“蝴蝶姿势”、“前屈姿势”和“拍打全身”。准妈妈感到心情不畅或有压力时，做做坐式瑜伽吧！

蝴蝶式变体

❶ 坐姿，背部挺直，双腿并拢，屈双膝，双手放于膝部（下页图①）。

❷ 双脚脚掌合拢，尽量使脚跟靠近会阴处（下页图②）。

❸ 将双手放于膝部，双膝轻轻向上抬起（下页图③）。

❹ 吸气，双肘与前臂协力向下推压双腿，使大腿外侧贴近地面（下页图④）。

❺ 呼气，上半身前倾，头部尽量触地（下页图⑤）。如果准妈妈无瑜伽基础，请不要勉强自己做此动作。

球上芭蕾保健操

具体步骤

❶ 坐在健身球上，双腿叉开，保持身体平稳，双手呈抱球状抬起，与地面保持平行（下页图⑥）。需注意，准妈妈要充分收紧腰腹部才能在健身球上保持平衡。

❷ 左手臂不动，缓慢抬起右手臂，抬至高于头部的位置（下页图⑦）。

❸ 放下右手臂，缓慢抬起左手臂，抬至高于头部。反复操作6～8次（下页图⑧）。

❹ 最后，准妈妈可将双手同时上举，高举至头顶（下页图⑨），然后全身放松，休息片刻。

事项提醒

◎ 准妈妈宜坐在健身球中偏前的位置，以便最大限度地保证自己的安全。

◎ 在做这套动作时，肩膀与肘关节要注意保持放松。

运动功效

可以增强准妈妈的体力和身体的平衡感，增加血液含氧量，锻炼胸部肌肉，预防胸部下垂。

散步保健操

具体步骤

准妈妈可以经常做做散步保健操。注意，在散步时应保持身姿的挺拔，肩膀要放松；手臂要自然地前后摆动，略微收腹；脚步轻快，由慢速逐渐过渡到中等速度，保持流畅的呼吸。在日常生活中或上下班的途中，如果路面条件比较好，也可以采用这样的姿势步行（图⑩）。

事项提醒

此保健操也适宜准妈妈在孕中期、孕晚期练习。但应注意，准妈妈的肚子会一天天变大，身体负担也越来越大，许多准妈妈喜欢把手扶在后背（图⑪），这样可能会舒服一些。但是，久而久之就养成了习惯，导致形成"前挺式"行走姿势，不但对身体不好，而且还会有损准妈妈的美好形象。

运动功效

经常练习散步保健操，可以改善准妈妈的体态，活化其全身关节。

①

②

③

④

⑤

⑥

⑦

⑧

⑨

⑩

⑪

选好胎教音乐，胎教事半功倍

孕期进行音乐胎教，不仅能平缓心情，也提前培养了胎宝宝对音乐的敏感，增加了艺术细胞。在进行音乐胎教时如果不注意以下事项，将会毁坏你的胎教计划，甚至影响胎宝宝健康发育。建议你在进行音乐胎教时，参照以下守则，这样会让你的胎教效果事半功倍。

选择合适的音乐类型

作为胎教音乐，要求在频率、节奏、力度和频响范围等方面，应尽可能与宫内胎音合拍。专家指出，若频率过高会损害胎宝宝内耳螺旋器基底膜，使其出生后听不到高频声音；节奏过强、力度过大的音乐，会导致听力下降。因此，在选购胎教磁带时，不是听一听音乐是否好听，而是看它是否经过了医学、声学的测试。

准妈妈进行音乐胎教时应选择合适的音乐。

音乐胎教方式要得当

胎宝宝的耳蜗尚未发育成熟，尤其是内耳基底膜上面的短纤维极为娇嫩，当受到高频声音的刺激后，很容易遭到损伤。轻者，婴儿出生后可能听到说话声，却听不见高频的声音；重者将会给胎宝宝造成一生无法挽回的听力损害。因此，准妈妈千万不能将传声器贴在腹部进行胎教。

音频高低应适宜

为了避免高频声音对胎宝宝的伤害，胎教音乐中2000赫兹以上的高频声音应低到听不到的程度，这样才能对胎宝宝比较安全。在国内市场上出售的胎教音乐，经一项随机抽查表明，11种胎教音乐中竟有9种不合格，有的音频最高达到5000赫兹以上，这对胎宝宝的健康是有害无益的，会损伤胎宝宝的大脑和听觉等。故在选购胎教磁带时应慎重，最好请专业人员帮助选购。

孕早期开始让胎宝宝与英语相识

我们之所以觉得汉语简单，就是因为身边汉语环境的影响。那么，现在也为胎宝宝打造一个英语环境，让胎宝宝以后的英语也像汉语一样棒！

提前做好实施计划

与其带着对外语的负担感和压力感勉为其难地实施胎教，不如带着欢快的心情制订计划，每天按计划认真实施。有了计划后，英语胎教会比较容易成功。

为胎宝宝打造英语环境

多“听”

为胎宝宝打造英语环境，准妈妈平时可以多听些原版的英文歌曲、英文朗读，让耳边萦绕着英语的氛围。建议准妈妈每天坚持听20分钟。

多“看”

这一时期多看些原版的英文电影，看演员表达英语时的神态，想想跟我们中国人表达同样的意思时有什么不同。也可以多看些精美的儿童英语读物，看英语如何遣词造句。

多“表达”

比如你想胎宝宝了，就轻抚肚子，温柔地说：“I miss you，baby.”或者也可以把自己听到、看到的英语复述给胎宝宝听，边复述边在脑海中想象句子的意思，胎宝宝也会得到感应的。建议准妈妈每天抽20分钟对胎宝宝说英语。

用英语短句与胎宝宝交流

这一时期，由于直接开口说英语比较困难，可以尽量多听多练，以消除对英语的陌生感。在每天早上起床后，对胎宝宝说：“Good morning，my baby.”在晚上睡觉前，对胎宝宝说：“Good night，sweetie.”当自己很开心的时候，别忘了对胎宝宝表达自己的心情：“I am so happy!”

你可以用这些英语句子表达对胎宝宝的爱

❶ Be a good boy/girl! 好孩子，乖！

❷ Sweetie，mommy is really happy to have you! 宝贝，妈妈多么高兴能拥有你！

❸ I can’t stop thinking about you，Baby! 我一直在想你，宝宝！

第11周 第4天

准爸爸要做好妻子情绪的“调节器”

在准妈妈怀宝宝期间，准爸爸们也会非常辛苦。不仅要挣钱养家，还要放弃自己以前在家里养尊处优的“大爷”做派，面对妻子随时可能引发的“暴风骤雨”，要扮演好调整妻子情绪的角色。

适时开导妻子

对于妊娠期间准妈妈的不良精神状态，准爸爸的适当引导和开导工作可是必不可少的。由于生理上和心理上的变化，准妈妈在妊娠期的脾气和性格会发生一定程度的变化，常会出现烦躁、易怒、紧张、抑郁等情绪波动。面对准妈妈的不良情绪，准爸爸要做好开导工作，在准妈妈发脾气、愤怒的时候，准爸爸则应以最宽大的胸襟面对准妈妈，不仅不可随性地与准妈妈吵架，还要以讲道理、摆事实、换角度的方法调节准妈妈的情绪，而且要提醒准妈妈，发脾气会影响胎宝宝的健康。准爸爸还可以开动脑筋创造一些小惊喜，帮助妻子缓解不良情绪。

时刻照顾妻子

准妈妈在妊娠期间会出现一定程度的妊娠反应。如果调理得当，则能安心度过令人厌烦的孕早期。相反，如果准爸爸没有照料好准妈妈，很可能会加重妊娠反应，也可能令准妈妈出现不良情绪，从而影响准妈妈自身及胎宝宝的健康。那么，准爸爸应该怎样照料准妈妈呢？照料事项大体可分为精神和物质两方面。在精神方面，准爸爸不要与准妈妈斤斤计较，一切考虑都应从准妈妈的角度出发。在物质上，准爸爸应保证准妈妈有充分的营养摄取，同时，针对恶心、呕吐、食欲缺乏等妊娠反应，还应提供一些口味清淡、易于消化的可口食物。妻子在家的时候，丈夫应给母子创造最安静、温馨的家庭环境，以避免不良环境对胎宝宝的不利影响。

经常陪伴妻子

准爸爸对准妈妈的帮助对于母子双方都是非常重要的。这个时候的准爸爸，应该义不容辞地承担起照顾母子、为妻子创造最佳养胎环境的重任。例如，妻子出门的时候，丈夫应陪伴在其身边，照顾她的出行，避免腹部遭受碰撞。总之，在日常起居的各个方面，照顾和帮助妻子都是准爸爸不能推卸的重任。

巧用烹调技巧留住所需营养

孕期的准妈妈“一人吃两人补”，需要大量的营养物质。如何把日常食物中的营养锁住，最大限度地输送给准妈妈和胎宝宝呢？在烹饪过程中不妨使用以下的小窍门，可让你轻松锁住营养！

烹调技巧留住钙

◎ **含草酸的蔬菜先汆烫** 对于菠菜、苋菜等含草酸比较多的蔬菜，要先汆烫一下再炒，这样可以减少草酸摄取，从而避免草酸钙的生成。

◎ **多利用醋** 炒豆芽、炖排骨、做小酥鱼等食物时加点醋，会帮助钙被身体更好地吸收。

◎ **食材搭配要“强强联手”** 豆腐富含钙质，鱼富含维生素D，而维生素D可以帮助“锁”住钙质。不妨做道鲫鱼炖豆腐，让它们强强联手，增加体内的钙。

烹调技巧留住维生素B_1

◎ 用煮米饭的烹制方法，维生素B_1仅仅能保存33%；用碗蒸的办法，维生素B_1的保存率就提高到了62%。

◎ 标准面粉，炸成油条，维生素B_1基本全部“溜走”。但如果制成烙饼，维生素B_1的保存率就可达到79%。

◎ 粗粮含有丰富的维生素B_1，却不好消化。嚼吃整粒的玉米，消化吸收率就打折扣了。但如果把鲜玉米粒磨成糊状，再制成饼，那就好消化多了。

烹调技巧留住胡萝卜素、番茄红素

这两类营养素是抗氧化剂，有助于提高人体的抵抗力。但它们喜欢和油搭档，所以它们溶解在脂肪里时才易被我们人体吸收。因此，下次吃番茄、胡萝卜时记得用油烹食。

为准妈妈烹制食物时，要注意最大限度地保存食物中的营养。

第11周 第6天

维生素A促进胎宝宝眼睛发育

维生素A的重要性

准妈妈在妊娠期缺乏维生素A，可引起流产、胚胎发育不良、骨骼发育畸形、视觉障碍。容易发生早产、胎宝宝无眼、小头畸形等现象。

哪些食物含有维生素A

含维生素A最丰富的是绿叶蔬菜。另外，西蓝花、胡萝卜、黄南瓜、红薯、豌豆、番茄等也含有丰富的维生素A。

过量摄入维生素A可能会适得其反

准妈妈需特别注意维生素A的安全用量，以免产生畸形儿。美国波士顿大学医学院的医学家们认为，一些婴儿畸形中存在着维生素A摄入过量的因素，如兔唇、脑积水和严重心脏缺陷等，这些畸形在每57个新生儿中就有一例。而现在的一些维生素补充剂中，一片所含的维生素A就超过1万国际单位。过量服用维生素A的害处还在于它能使胎宝宝在胚胎早期受到损害，而在这个阶段，母亲可能还不知道自己已经怀孕。所以，准妈妈补充维生素A应适量。

提供维生素A的营养菜谱

糖醋萝卜

材料 白萝卜、胡萝卜各1根，红辣椒1个（也可不放）。

调料 盐1小匙，白糖、白醋各1大匙，香油少许，花椒粒1大匙。

做法 ❶白萝卜和胡萝卜去皮切丁，放入滚水中煮熟，捞起、沥干，待凉装在碗中加盐抓拌，并腌渍1小时，以冷开水冲净，沥干，加入白糖、白醋、花椒粒，搅拌均匀，并放进冰箱腌一个晚上；红辣椒洗净切圈。❷第二天取出，淋少许香油，撒上红辣椒圈即可端出食用。

第7天 准妈妈得益于舒适的家居环境

孕期的准妈妈一天中大多待在居室里，居室环境的好坏间接影响着准妈妈和胎宝宝的心情、健康。打造一个舒适、优美的居室环境，刻不容缓！那么，什么样的居住环境才是舒适的呢？

室温有讲究

不要过冷或过热。温度不合适，准妈妈的血液循环就会受影响。冬天室内的暖气有可能过热或过冷，都会使人感到不舒服。准妈妈要根据暖气的情况，随时增减衣服。

湿度要适宜

室内最佳的空气湿度为50%；若相对湿度太低，会使人觉得口干舌燥、喉痛，甚至流鼻血等。调节的方法是在火炉上放水壶，暖气上放水槽，室内摆水盆，或地上喷洒水等；如果湿度太高了，则室内空气潮湿，衣褥潮湿，容易引起消化功能失调，食欲降低、肢体关节酸痛、水肿等，调节的办法是：移走室内潮湿的东西及沸腾的开水，或打开门窗，通过换气以散发潮湿的气体，尽量做到湿度适宜。

保证足够的居室空间

准妈妈卧室内的家具要尽可能地靠墙放，棱角不要突出太多，要使卧室内的空间相对地增大，便于准妈妈在室内活动。

确保空气流通

因准妈妈对缺氧是非常敏感的，轻微的缺氧就会导致头昏眼花，同时会造成胎宝宝缺氧，因此，准妈妈居室内应保持空气流通，每天开窗通风，使居室内有充足的氧气。

居室卫生要保持

室内应窗明几净，院内整洁，防止蚊蝇滋生。居室内禁止吸烟，防止厨房内油烟进入居室。不使用油漆不久的家具。夏季尽量不使用蚊香。

卧具安排应舒适

被褥用具既要松软、保暖、清洁，又不能过重，以免压迫准妈妈的腹部而造成不适。准妈妈的床最好不要选用席梦思之类的弹簧软床。

第12周 第1~2天 准爸爸心情快乐，准妈妈不再烦恼

当你知道妻子怀孕的一刹那，可能心情会立刻飞扬起来，看着妻子日渐大起来的肚子你可能也会不知所措，尤其是过了一段时间后，你刚开始的激动心情便会被每天的琐事消磨得烦躁不安，甚至偶尔会有点闷闷不乐，这时的你该怎么办呢？

准爸爸烦恼多

烦恼一：要戒烟戒酒

为了妻子和胎宝宝的健康，你不得不忍受没有烟酒的日子。实在忍不住想抽烟了，还要偷偷地躲在卫生间里过瘾……

烦恼二：要忍受妻子的坏脾气

以前挺知书达理的老婆，现在怎么无缘无故地乱发脾气？一点小事就吵个不休，她嚷出来心里好受了，自己却要调节一整天。

烦恼三：压力增大了

有了胎宝宝后，妻子可能不工作了，整个家要靠自己的工资独撑起来。而且妻子怀孕后，要买很多营养品、孕妇用品，开销也大了。除了这些物质压力外，还有精神上的压力：要当准爸爸了，感觉自己的肩膀更沉重了。要为胎宝宝挣够奶粉钱、入托钱、小学、中学、甚至大学钱，还要精心计划胎宝宝的教育，树立好一个高大的父亲形象。

抛却烦恼与妻子同乐

快乐的情绪会传染，同样，忧愁也是会传染的。当你因为上述的种种原因愁眉不展的时候，准妈妈在一旁也会受到影响。她会想你为什么不说话了？为什么不开心了？当她有了不安时，血液中压力激素的浓度就会升高。压力激素有可能通过胎盘对胎宝宝脑组织的发育造成影响。而胎宝宝并不是一直沉睡，毫无知觉的。准妈妈的情绪变化（尤其是剧烈变化），会通过多种通道冲击到胎宝宝。所以，你一定要让自己快乐起来，否则会影响准妈妈的情绪和胎宝宝的健康。

胎教小天地

研究发现，胎宝宝在子宫里时，就能对母亲十分细微的情绪变化做出反应。如果准妈妈不开心，胎宝宝也会跟着不开心。一般来讲，胎宝宝在第1个月时就会对周围的刺激有反应，在第2个月受到刺激时会通过蹬腿、摇头等动作，来表达自己高兴还是不愉快，到了第6个月时会因母亲不高兴、与别人争执、哭泣等而不满，并且发脾气。

职场准妈妈，胎教有一套

在怀孕早期，很多准妈妈会选择辞职在家，也有部分准妈妈仍会尽职尽责地守在工作岗位上。其实怀孕后坚持工作是有好处的，比如准妈妈积极的思考会间接影响胎宝宝的做事风格，培养他以后做事的能力，可以说也是胎教的一种。下面就一些常见工作类型为准妈妈做一些分析及诊断。

设计类工作

缺点： 经常对着电脑设计图纸，并长时间保持一个姿势坐着不动。

应对： 经常提醒自己起来活动活动，看看窗外的大树和飞翔的鸟儿，揉揉肩膀。

胎教作用： 会经常接触到美好的事物，比如美的人物、美的风景、美的色彩、美的服装饰物，胎宝宝也会受到感染，让他在鉴赏力上从小就更胜人一筹。

编辑类工作

缺点： 休息时间非常不稳定，经常加班到半夜。

应对： 学会偷懒，工作是次要的，注意保护好胎宝宝，毕竟胎宝宝才是“人生工作”的重中之重。另外，多和同事聊天，可以暂时把不开心的事情忘掉，疏解心情。

胎教作用： 编辑的工作环境都是比较安静的，而这份安静的氛围对胎宝宝性格的养成有很大好处。而且编辑工作需要常动脑筋，逻辑思维能力比较强，能多角度思考问题，适应新思维、新观念的能力特别强。这对孩子以后的智力开发也是有很好的帮助。

销售类工作

缺点： 压力大，工作弹性不大。

应对： 降低自己的目标，适当地给自己减压。

胎教作用： 接触的人很多，和客户的唇枪舌剑往往会带来一场“头脑风暴”，活跃的思维会影响胎宝宝的思维能力。

给职场准妈妈的提醒

◎ 给自己一份营养丰富的早餐。

◎ 尽量多运动。下午3点左右可以去休息会儿，尽量选择到有绿色植物的草坪或公园散步，和同事聊天，晒晒太阳，这样对你和胎宝宝都会很好。

第12周 第4~5天 胎教卡片帮助胎宝宝认识世界

利用卡片进行胎教，能够让胎宝宝更直观地了解这个世界，增强胎教效果。现在，教大家制作胎教卡片，并告诉你利用卡片进行胎教的方法。

卡片内容随心定

找来一些白色的硬纸片，剪成合适大小，然后用彩色画笔在上面写上文字、数字、图画、音符等内容。

制作卡片应提早

虽然只是制作卡片，但要考虑胎教的内容，还要考虑内容相互间的色彩搭配，所以最好是在妊娠前期或是妊娠早期，把它们一点点写出来并准备好。

用卡片帮助胎宝宝认识世界的方法

胎教成功的诀窍就是将三维要素（即具体的、有立体感的形象而不是平面的形象）导入胎教中去。所以在进行卡片胎教时，要学会运用自己的声音和自己丰富的想象，把内容传输给胎宝宝。比如在教阿拉伯数字“1”时，不能决定自己看到了就等于胎宝宝也看到了。要集中自己的注意力在“1”上，观察它的形状和颜色，当它的形象已经在脑海中很鲜明时，再做些有意思的想象：想象有一只鸭子浮在小河上，有一棵大树矗立在草原上，有一只大雁飞过了天空……这些想象可以用来表示数字“1”的含义。也可以想象一根电线杆的形状，一支铅笔的形状，一个手指头的形状……这些想象可以加深胎宝宝对“1”的“外貌”的理解。当然，在想象这些有意思的情景时，别忘了发好“1”的读音。如果教英文字母，比如教“E”时，我们可以先清晰地发出“E”的读音给胎宝宝听。然后开始想象“E”飘在平静的湖上，想象过了一会儿它像沉入水底一样牵引到了自己的肚子中。在这时告诉胎宝宝，它左边是一条竖杠儿，右边有三条横杠，正好把竖杠等分为三等份，让胎宝宝了解“E”的形状。多重复几遍字母的发音，再讲给胎宝宝几个以“E”开头的单词，并解释这些单词的意思，写在纸板上来加深记忆。

孕期饮水讲究科学

科学饮水的细节

准妈妈不要等渴了才喝水

口渴是大脑中枢发出要求补水的紧急信号。这时身体内的水分已经失衡，脑细胞脱水已经到了一定程度。准妈妈们不要等渴了再喝水。

为了自身和胎宝宝的健康，准妈妈应每隔2小时喝一次水，每天喝8次，保持日饮水量在1600毫升左右。

起床后，先喝杯水吧

研究证明，早饭前30分钟喝200毫升25～30℃的新鲜开水，可以温润胃肠，使消化液得到足够的分泌，以促进食欲，刺激肠胃蠕动，有利定时排便，防止孕期发生痔疮、便秘。

适宜的饮用水

◎ **矿泉水**　长期饮用矿泉水，对人体的确有较明显的营养保健作用。以我国天然矿泉水含量达标较多的偏硅酸、锂、锶为例，这些元素具有与钙、镁相似的生物学作用，能促进骨骼和牙齿的生长发育，有利于骨骼钙化，防治骨质疏松；还能预防高血压，保护心脏、降低心脑血管疾病的患病率和死亡率。

◎ **蜂蜜水**　每天清晨喝一杯淡蜂蜜水可以预防便秘的发生。蜂蜜含有维生素、铁、钙、铜、锰、钾、磷和多种无机盐，是最常用的滋补品之一。

◎ **淡茶水**　茶多酚有很好的抗菌、抗病毒作用，含有多种维生素和氨基酸，有很强的抗氧化功效，有助于补充皮肤和身体的营养。但最好喝冲第二杯后的茶水。俗话说："一杯水，两杯茶"，可见只有第二杯才是真正意义的好茶。

禁止饮用的水

◎ **没有烧开的自来水**　自来水中的氯与水中残留的有机物会相互作用，产生致癌物质"三羟基"。另外，即使烧开，也不能喝在热水瓶中储存超过24小时的水！

◎ **反复煮开的水**　水在反复沸腾后，水中的亚硝酸银、亚硝酸根离子以及砷等有害物质的浓度会相对增加。喝了久沸的开水以后，会导致血液中的低铁血红蛋白结合成不能携带氧的高铁血红蛋白，引起血液中毒。

◎ **冰水**　冰水可能会使准妈妈胃部痉挛，使胎宝宝的免疫力低下。

变得有模有样了

本月日常生活调理

- 由于分泌物增多，容易流汗，为了保持身体清洁，要勤洗澡，勤更换内裤。
- 注意预防妊娠纹。
- 准备准妈妈用的内裤。
- 要花费力气的事情找老公帮忙。
- 每天用温水洗澡，促进血液循环。
- 腰腹部位渐感沉重，甚至会引起酸痛不适，要穿着平底鞋及不要一次走太多路。晚上睡觉时腰部垫一小睡枕，可帮你改善腰腹不适。
- 清洗浴厕或下雨天外出时，走路要格外小心，踏稳每一步，以避免滑倒。
- 安排时间接受产前例行检查（满16周），最好由丈夫陪同一起前往。

本月胎教提醒

- 可做一些联想胎教，如我看着纯真的胎宝宝，正在温暖的羊水中翻动、圆满地发育、成长。
- 可以根据准妈妈的性格来选择适合的胎教音乐。
- 此时由于胃口开始好转，食量增加，过度饮食体重可能会快速增加，因而本月应注意开始控制体重。
- 如果妊娠反应时间过长或过重，可能会影响母亲和胎宝宝的健康，应到妇科门诊就诊，对症治疗，而不要过于紧张。
- 这时胎宝宝脑发育很快，准妈妈应积极给予胎宝宝各种良性刺激，如唱歌、朗诵等。有些胎教磁带，收录了一些儿歌、小诗等，可选择给胎宝宝播放。

本月情绪调节

- 适当多听抒情的音乐或哼唱自己喜欢的歌曲。
- 你在摄入食物时，可以想象胎宝宝也在开心地就餐，心情一定会格外开朗。
- 做睡前潜意识祈祷：我的心神，现在感到安详、寂静，完全松弛了。身体柔软、松散地漂浮在水面，随波而晃。
- 本月是胎宝宝产生喜悦、不安等情感的时期，准妈妈保持愉快的心情很重要。
- 美好的大自然能给母子带来难得的精神享受，应多接触。

本月运动提醒

- 仍然要经常散步。
- 抚触肚子，做胎宝宝体操。

● 外出购物，不要提过重物品，可以单手提物的分量为参考依据。

● 可以恢复夫妻性生活，但应避免选择压迫腹部的姿势体位。

● 准妈妈适当做些家务，参加劳动，对母子都是有益的。

本月饮食营养调理

● 避免偏食的同时，也应注重食物的质而不是量。

● 避免吃过咸的食物和减少调味料的使用。

● 妊娠反应得到改善，食欲增加，应注意均衡饮食，摄取足够的营养，如叶酸、钙质。

● 适当摄取有益于三焦经发育的食物，如马铃薯、蕨菜、蔓藤茶、蜂王浆、萝卜、芦荟、玉米、牛蒡、竹笋、芋头等。

● 本月是胎宝宝飞速成长的时期，应多食富含B族维生素和镁、铁的食物，如豆腐、无花果、豆粉等。

● 孕吐结束后也不要吃过多。

● 适当吃一些能够补充不饱和脂肪酸的食物，如坚果等，可以食用榛子和核桃粥。

● 怀孕中期是胎宝宝的脑细胞迅速发育的时期，应多摄取有益于脑发育的食物。

本月不适症状罗列

● 会有因贫血等所引起的晕眩。

● 发生脚抽筋。

● 分泌物增加。

● 骨质疏松症。

本月准爸爸胎教任务

● 抚摸妻子的腹部，并唱摇篮曲给胎宝宝听。

● 丈夫可将报纸卷成筒状，与胎宝宝轻声说话或念一些诗文。

● 丈夫可陪妻子多看一些幽默书籍，以活跃家庭气氛，增进夫妻情趣并使妻子心身愉悦。

● 就算夫妻之间有争执，也要体谅和包容妻子。

本月胎教箴言

胎教不仅是准妈妈一个人的事情，家人要体谅准妈妈，不应对准妈妈说凶恶、着急的事情。

本月孕事随记

第13周

第1~2天 准妈妈服装勿随意

很多准妈妈都认为怀孕是特殊时期，不需要精心打扮，穿衣装扮方面随随便便即可。其实，在孕期不妨装扮一下自己，可以为你和腹中的胎宝宝带来一份好心情。准妈妈的服装具有特殊性，只要把握几个原则，就能在孕期穿着舒适，穿出自信，做一个漂亮、美丽的准妈妈！

衣服应舒适

衣服最好为前开襟，避免紧束腰腹部和胸腹部，肩部与腋下尺寸要宽松。布料要柔软，少装饰。裤带和袜子不可过紧，以免影响下肢血液流通。

适当的装饰可取用

准妈妈可能觉得怀孕后身体变形，失去了女人的线条就不美了。但是，准妈妈可以在头部和颈部戴上一些漂亮的装饰，比如头上戴上一个非常美丽的发卡，或是胸前戴上一串美丽的珍珠项链，这样可以分散他人对臃肿腹部的注意。

合适的鞋子不可少

准妈妈的鞋子除了前面所说的不能穿高跟鞋外，也最好不要穿合成皮鞋和尼龙鞋，这类鞋因透气性不好而容易加重双脚水肿，应选择宽松、轻便、透气性好的鞋子，同时准妈妈还要选择比自己双脚稍大一点的鞋，但也不要过于宽松，以防走路时不跟脚。

整体搭配很重要

为了适应准妈妈的身体变化，孕妇装都属于宽松型，不过，准妈妈们不要以为穿上宽松的服装就不美了，其实，只要重视整体式样和颜色的搭配，一样能穿出自然美。

准妈妈要挑选合适的孕妇装，穿出自然美。

第13周 第3~4天

为出生后的宝宝制作用品

许多准妈妈在家待着无非就是睡觉、看电视、看书、上网……其实，准妈妈是大可以给自己找一些事情来做的，比如为胎宝宝亲手制作一些出生后的生活用品，这样做既经济实惠，又能消耗准妈妈多余的时间，还能体现准妈妈对胎宝宝的关爱之情。

制作衣物事项

新生儿的皮肤十分娇嫩，神经调节中枢尚处于发育、完善阶段，若贴身衣物选择不当，极易引发过敏反应，如果不够清洁卫生，还易引起感染。准妈妈自己给婴儿制作一些衣物用品当然再好不过了。

婴儿的用品第一个要求是用纯棉制作，纯棉针织布具有柔软、吸水、保温等多种功能，十分适合婴儿的皮肤特点，千万不要选用化纤用品。准妈妈们在购买制作材料的时候也要注意假冒伪劣的非纯棉材料，尽管它们价格低廉，但也不应选购。

婴儿的衣物样式最好是连体系带的衣物，非常可爱，穿着起来也方便。布料颜色要浅而柔和，最好是白色的，这样可以防止染色造成的影响。在婴儿的衣服上可以有一些印花，但不要有绣花，以免绣花摩擦婴儿的皮肤。

一般衣服准妈妈只需制作准备当季的4～5套就可以了，并且要考虑到婴儿的尺寸。有时候准妈妈对婴儿生长发育估计不准确，制作太多或是大小不合适就会造成浪费。

如果准妈妈有足够的时间和精力，还可以多制作一些婴儿的小包被、帽子、小鞋子、袜子、手套、脚套、口水巾等。

制作床上用品事项

准妈妈可以为婴儿制作四季的替换床品各2～3套，一般有垫被、床单、盖被三样就足够了，床上用品的内芯以棉花胎的为好。

至于床围，准备一个就够。准妈妈可以选用比较柔软的毛巾精心地给婴儿制作一个小枕头，也可用纱布为婴儿制作一个小蚊帐，这样在夏天能有效地起到防蚊的作用。

别忘了制作冬天的睡袋，在婴儿三个月以后就可以使用了。

职场准妈妈适宜做的运动

本月为职场中的准妈妈设计了2套有氧健康操，让准妈妈随时随地都可以运动一下，以帮助准妈妈活动筋骨、促进下半身血液循环。

臀部运动

具体步骤

❶ 准妈妈双腿站直，然后把重心放在右脚上（图①）。

❷ 收紧臀部，抬起左腿，画圈，膝盖绷直，不能弯曲（图②），做10次后换脚，重复同样的动作。

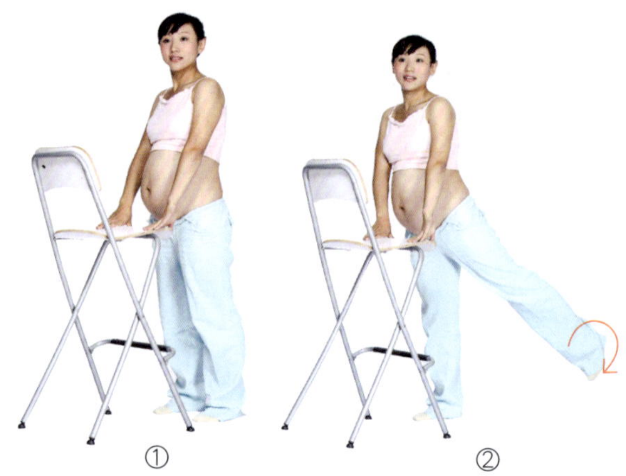
①　②

运动功效

加强臀部及腰部肌肉功能，改善腰部酸痛，预防臀部下垂。

腿部运动

具体步骤

❶ 准妈妈坐在椅子上，全身自然放松，腰脊挺直，小腿与地面保持垂直；避免坐得太深而影响下肢的摆动（图③）。

❷ 然后右脚抬起，脚踝上下摆动30秒。也可以将抬起的脚踝按顺时针或逆时针方向转动，再换脚做相同动作（图④）。

③　④

运动功效

活化踝关节，让准妈妈走路更平稳。

职场准妈妈的饮食调理

许多怀孕的准妈妈在孕期内依然坚持去工作，那么，准妈妈在吃工作餐时怎样保证自己和腹中胎宝宝的营养呢？要注意一些什么问题呢？接下来就为准妈妈带来一些参考。

进食工作餐的饮食细节

注意选择适合自己的食物种类

准妈妈在怀孕期间由于是一个人要保证两个人的营养，更应该讲究食物的搭配，平衡膳食营养。准妈妈在吃工作餐时，要特别注意在工作餐中挑选正确的食物，避免吃到那些对孕期不利的食物。

慎吃油炸食品

工作餐中难免会有很多油炸食品，但是餐厅厨师在制作过程中使用的食用油很可能是已经用过若干次的回锅油。这种反复沸腾过的油中有很多有害物质，准妈妈最好不要食用工作餐里的油炸食品。

拒绝味重食物

工作餐的菜往往会味道过重，那是因为里面添加了太多的盐和调味料。

准妈妈应少吃太咸的食物，以防止体内水钠潴留，引起血压上升或双足水肿。其他辛辣、调味重的食物也应该明智地拒绝。

挑选饮料要慎重

准妈妈别忘了慎重选择健康饮料。健康饮料包括矿泉水和纯果汁，而含咖啡因或酒精的饮料则对孕期不利，这是准妈妈要注意避免的。

注意补充水果

为了弥补在工作餐中新鲜蔬菜不足，准妈妈在午饭前30分钟可以吃点水果，以补充维生素的缺乏。

自带食品的细节

怀孕的准妈妈可以自己带食品到办公室去，这样不仅可以为经常发生的饥饿做好准备，还能适当补充工作餐中缺乏的营养。

◎ 准备能充饥的“准饱腹食物”。

◎ 在办公室内经常储备一些新鲜水果，如苹果、香蕉等水果，这对准妈妈来说都是不错的选择。

◎ 吃工作餐的职场准妈妈特别需要额外补充一些含钙食物。可准备一些袋装牛奶，可随喝随开。

第14周 第1~2天 手指操还脸部完美线条

双手大拇指按摩操

具体步骤

准妈妈闭上双眼，用双手大拇指轻轻按住面部两侧的太阳穴，按揉至局部酸痛为宜，持续五六秒钟即可（图①）。

按摩要领

按压时，准妈妈可以先向太阳穴的斜上方按压，然后朝外侧慢慢推移。

按摩功效

可以有效地消除双眸水肿，并还准妈妈一对迷人的大眼睛。

双拳敲打按摩操

具体步骤

准妈妈两只手握拳，轻轻放置在太阳穴处，然后从太阳穴一直敲打到脸颊（图②）。

按摩要领

双拳来回敲打时，准妈妈要掌握好敲打力度，不可太过用力，尤其不要用力按摩太阳穴。

按摩功效

可以调整、美化准妈妈的脸部线条。

三指指尖按摩操

具体步骤

准妈妈用示指（食指）、环指（无名指）、中指的指尖，轻轻按摩整个脸部，重点按摩从嘴角到太阳穴的各个部位（图③）。

按摩要领

按摩时，可以采用轻轻揉按式，也可以采用画圈式。

按摩功效

能有效改善面部水肿，舒缓肌肤。

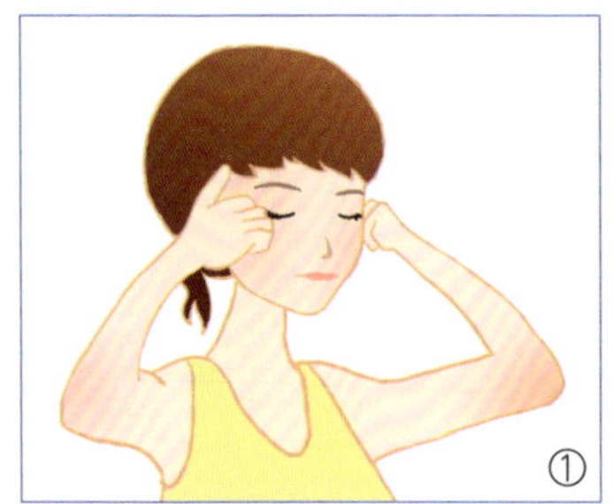
①

②

③

不可不提的一种胎教方式——气胎教

进行气胎教的好处

怀孕时期，平静准妈妈的内心，启发胎宝宝的性情和头脑的气胎教是与胎宝宝进行交流的最好方法之一。

气胎教又被称作“清净功”，是借鉴以准妈妈体内的元气洗灌身体和心灵的气功修炼法创造出的胎教法。

这里所谓的气胎教就是利用准妈妈体内能源——气的脑运动法，是管理肉体的身心修炼法。通过脑呼吸与胎宝宝进行交流，把准妈妈的爱传达给胎宝宝。

通过脑呼吸，如果进入深层的冥想状态，脑波会变成心理上最安定的状态，会更加安定，具有平静的心态。在怀孕期间，准妈妈的内心如果一直维持平静与安宁的状态，那么，胎宝宝也会受到此影响。准妈妈了解腹中的胎宝宝，并且努力去感觉时，将来出生的胎宝宝头脑会发达，而且具有温柔的性情。

准妈妈在孕期实施气胎教，可以减少由怀孕和分娩带来的恐惧心理，增强自信心，缓解其他各种不适症状。

许多实践过气胎教的准妈妈皆表示，在分娩时的疼痛感有所减轻，分娩非常顺利。

气胎教的要点

气胎教的基本动作

准妈妈应首先观察脑部，感觉脑部，熟悉脑的各个部位的名称和位置，闭上眼睛，在心里按次序感觉大脑、小脑、间脑的各个部位，想象脑的各个部位并叫出它们的名字。

然后用手感觉。准妈妈在安稳地坐下后，两只手放在距离胸前5厘米左右的地方，然后闭上眼睛，用心感觉双手的部位，这时感觉一下充斥在双手间的气息，先合掌，然后再慢慢地张开双手。

最后，准妈妈可以通过脑呼吸与胎宝宝进行一番甜蜜的对话，并且想象一下肚子里的胎宝宝，想象胎宝宝身体的各个部位，从内心深处慢慢感觉自己的孩子，与他进行心的交流。

气胎教的注意事项

准妈妈刚开始做脑呼吸时，可以先在安静的气氛下简短做5分钟左右，在逐渐熟悉方法后，可以逐渐增加时间。

准妈妈最好是在吃饭前做脑呼吸，这时准妈妈的身体处于轻快的状态下，胎教效果会更好。

皮拉提斯运动益于准妈妈

皮拉提斯运动的介绍

皮拉提斯是国际上最风靡、最受推崇的一种健身、修身方式。其动作缓慢，且每个姿势都必须和呼吸协调，所以皮拉提斯非常适合怀孕期间的准妈妈，不仅能增强身体柔韧性和力量，还能防止肌肉松弛，使身心得到完全的放松，达到修养身心的目的。

皮拉提斯运动中呼吸很关键

准妈妈可以一边深呼吸一边放松身体；一边有意识地呼吸，一边仔细地完成每个姿势。准妈妈可以缓慢地吸气、吐气，应注意不要让肚子鼓起来，而是让胸口和背部有鼓起的感觉。另外，准妈妈需注意的是吸气时肩膀不要往上提，吐气时身体不要往前倾。

★ 准妈妈孕期常做皮拉提斯运动，不但有利于胎教而且可以锻炼肌肉的收缩能力，有助于分娩。

皮拉提斯运动的动作要点

◎ 准妈妈轻轻地盘腿坐着，手放在膝盖上，或者坐在椅子上，双脚打开同肩宽，微闭双眼，由鼻腔缓慢地吸气。这是呼吸的诀窍，不让肚子鼓起，可以感觉到空气进入胸口和背部。

◎ 准妈妈举起单臂，一边吐气一边将身体往侧边弯，一边由嘴巴吐气，一边将右手腕朝天花板举起，并且往身体侧边伸展，而身体慢慢地向左侧倾斜。然后再恢复为原来的姿势。

◎ 把抱枕夹在大腿中间，坐在地板上，两手放在膝盖外侧。大腿内侧施力，接着放松，如同要拉提骨盆腔底部的肌肉，并用大腿的力量把抱枕夹住数到“50”。在做此动作时正常吸气、吐气但要注意不让抱枕落下，数到“50”后，再放松大腿的力量。准妈妈一旦发生身体不适要注意停下。

做个勤快的准妈妈

十月怀胎异常辛苦，在妊娠期，许多准妈妈可能因为身形不便而变得有些嗜睡懒动。其实，在妊娠期，准妈妈要做到以下“四勤”，就可以在一定程度上全面提升胎宝宝的能力。

勤吃助胎宝宝身体发育

从第4个月起，早孕反应消失了，准妈妈的胃口会越来越好，每天除了定量的一日三餐之外，还要多吃营养丰富的食品，包括水果、坚果类、粗粮等，以保证胎宝宝的营养所需。

勤运动助胎宝宝心情愉悦

胎教，一个非常重要的方面就是运动。准妈妈要经常散散步，最好是在准爸爸的陪同下，可以边走路边看看路边的风景，看看小鸟在飞，汽车在开，还可以到路边的小店去看看小婴儿的衣服，或者一边走一边给胎宝宝讲讲外面的世界，在愉快的心情中，身体也得到了锻炼，也给胎宝宝提供了更多的氧气、更多的快乐。

勤学习助胎宝宝头脑发达

怀孕后，很多准妈妈可能会选择在家休息，什么也不干，什么也不学。其实准妈妈可以在妊娠期学习很多东西，可以多看些胎教方面的书籍。如果身体允许，准妈妈还是应该学而不倦。现代胎教学认为，准妈妈和胎宝宝之间的信息传递可以使胎宝宝感知到母亲的思想，如果怀孕时母亲既不思考也不学习，胎宝宝也会受到感染，变得爱偷懒。

倘若母亲保持旺盛的求知欲，则可使胎宝宝不断接受刺激，促进大脑神经细胞发育，将来宝宝也会成为一个爱学习的好孩子。

勤交流助胎宝宝性格良好

准妈妈要注意和外界交流，给自己营建一个和谐、温暖、慈爱的氛围。其实胎宝宝也会有听觉，对外界的气氛有着非常敏锐的感觉。准妈妈可以和周围的其他准妈妈在一起讨论一些胎教和育婴的知识，还可以多向周围的长辈们请教一些这方面的知识。

如果胎宝宝体验到准妈妈周围欢乐、融洽和温暖的环境氛围，那么就会形成开朗、乐观、健康、外向的性格基础。

第14周 第7天

进行森林浴和风浴

大自然的美妙和自由能让准妈妈心情开朗，身体放松，对胎宝宝的胎教和发育都有很好的作用。那么，就让准妈妈们和胎宝宝一起去进行森林浴和风浴吧。

闲暇时间，准妈妈应该到森林中去充分享受一下清爽宜人的林间空气。森林浴包括登山观景、林中逍遥、荫下散步和郊游野餐等广泛接触森林环境的健身活动，风浴则是在森林里感受风的柔和，放松身体和心情。最为重要的是，森林中的空气清洁、湿润，氧气充裕，可让准妈妈呼吸到森林里的新鲜空气，从而避免因氧气不充足、空气污浊而引发的呼吸道疾病，并减轻心脏负担。与此同时，森林的隔音效果会使人感到一种远离都市喧闹嘈杂而特有的宁静，绿色的环境和优美的风景能给人以安谧舒适的感觉，尤其是森林中的负离子，对人体健康有益，且含量要比市内多得多。

当准妈妈在森林中散步时，血压和抑郁激素的含量都会降低。除了木质发出的香气之外，林中小溪的流水声，触摸树皮时的感觉，微风中的触摸，仿佛温柔的手在抚摸人体，能让准妈妈们忘记自身的烦恼，让人感觉自身的重量都在减轻，也让准妈妈心旷神怡。

进行森林浴和风浴时，最好选择这样的环境：首先，森林或周围的空气清新，不含有毒物质，无菌，无灰尘；最好是绿树成荫，林中凉爽，气候宜人；林中道路平坦，或地下有厚厚的地皮、草、叶等，给准妈妈形成一个自然和谐的气氛。

准妈妈去森林或是树木多的地方呼吸新鲜空气吧！

“痘妈妈”轻松“战痘”

少数准妈妈的脸上，因毛孔阻塞、细菌增生而产生恼人的青春痘。由于是在怀孕期间，准妈妈又不能随便吃药或是使用祛痘化妆品，这让一些爱美的准妈妈更加苦恼，而不良的心情又转而影响腹中的胎宝宝。那么，当准妈妈出现青春痘时，该怎么办呢？下面为长痘痘的准妈妈们，提供一些有效的建议。

◎ 保持脸部及全身的清洁，使用适合自己肤质的清洁剂洗脸。洗脸时，用手轻轻按摩患处，以利于毛孔畅通。

◎ 早睡早起，养成良好的起居习惯，因为熬夜对肌肤的伤害很大。

◎ 平时多喝水，尤其是在早上起床没有进食前喝一大杯水，可以清肠润胃。

◎ 排便要有规律，最好一天一次，并坚持这一习惯。

◎ 定期清洗床上用品，以免滋生很多螨虫、细菌，感染到准妈妈。

◎ 容易起痘的准妈妈睡前最好把刘海夹起来，这样不容易造成前额长痘痘。

◎ 准妈妈要注意饮食，多吃蔬菜、水果，少吃油炸、高热量及辛辣食物。青春痘长得厉害的准妈妈，尤其不要吃油腻食物。还有不能吃湿气重的水果，因为湿生热，极易造成青春痘。准妈妈应多吃平性和温性食物，忌吃寒凉食物，调整自己的饮食习惯。

★ 如果孕期出现青春痘，准妈妈要适时清洁脸部。

◎ 正确安排使用电脑的时间，手机也不要开着机放在床头，以防辐射对准妈妈和胎宝宝造成伤害。

◎ 使用不恰当的化妆品会引发青春痘，或是让青春痘更加恶化。常可见到准妈妈们为了掩饰脸上的青春痘，擦了很厚很厚的粉底，一层又一层的遮瑕膏。其实，这么做，只会让毛孔阻塞得更严重，而加重青春痘症状，且化妆品有可能还对胎宝宝不利。

◎ 把目前使用的药品、保养品和化妆品带给皮肤科医生过目。一旦发现对胎宝宝不利，一定要停用，毕竟胎宝宝的安全才是最重要的！

第3天 舒适温床助胎宝宝好眠

也许，许多准妈妈都不知道，胎宝宝在自己的腹中也会睡觉，也会做梦。准妈妈温暖的子宫是胎宝宝舒适的温床，准妈妈有必要给胎宝宝一个宁静的温床。

打造舒适的子宫内环境

准妈妈要注意休息，避免经常下蹲劳动或干重活，使腹压增加。

准妈妈也要注意避免饮食刺激温床，要减少高脂肪食物的摄入，高脂肪食物会促进某些激素的生成和释放，而子宫肌瘤的形成与大量雌激素刺激有关，因此要坚持低脂肪饮食，同时要多喝水、保持膳食结构合理。

充足睡眠保证胎宝宝好眠

准妈妈在怀孕期间保持良好的睡眠，也有利于给胎宝宝创造一个良好的温床环境。如果准妈妈晚上在床上翻来覆去睡不着，肚子里的胎宝宝也不能安稳地进入梦乡。

专家建议，准妈妈每天除了保证8小时的夜间充足睡眠外，还应该在白天至少有1个小时的休息时间，准妈妈要非常注意自己的睡眠数量和质量。准妈妈有高质量的睡眠，腹中的胎宝宝才能睡得香。

准妈妈要确保有充足的睡眠，以使胎宝宝安然入睡。

确保胎宝宝安定情绪

胎宝宝在母亲的腹内，会因为各种原因导致紧张程度升高，母亲应该懂得注意胎宝宝的情绪安定，而让胎宝宝得到良好的睡眠。准妈妈应注意，尤其不要让胎宝宝听到噪声。如在生活之中，避免去噪声多的公共地方；或是在家里让家人说话声音放轻；看电视或是听广播的时候尽量把音量调小一点。

催眠曲助胎宝宝好眠

如果准妈妈在休息时，能够在旁边放上一些轻柔舒缓的催眠曲的话，那么胎宝宝就会更加容易入眠。

胎教要符合胎宝宝的生物钟

胎宝宝的生物钟影响胎教

我们人体内掌管时间的遗传因子名为“生物钟”。“生物钟”是如钟表一般安排着我们人体时间规律的遗传因子。

我们人体的生物钟在安排和指挥着我们的行动。它会让我们的生活变得多姿多彩。

虽然每个人的生物钟都存在一些差异，但任何生命体体内都存在犹如钟表一样准时的遗传因子。即便那些刚形成脑神经的胎宝宝也不例外。

了解了生物钟后，人们会根据自己的生物钟，对生活规律进行相应的调整。准妈妈也应根据胎宝宝的生物钟来进行胎教，这样才能收到更好的胎教效果。

生物钟胎教计划方案推荐

胎宝宝的胎教应该充分运用人体生物钟的规律，下面的“生物钟胎教计划”可给准妈妈和准爸爸们一个参考。

◎ 7：00　体温上升，脉搏增加。准妈妈可以自我感受一下身体状况。如果要去妇产科检查，准妈妈可以选择在这个时间段出门。

◎ 10：00～11：00　这个时间段内人体可以最大限度地承受各种疼痛，应付不安情绪。

◎ 12：00　人们的视力处于最佳状态。此时，准妈妈为了腹中的胎宝宝可以欣赏一些优美的绘画作品来给胎宝宝做胎教。

◎ 13：00～14：00　记忆力会有所减弱。准妈妈在这个时间段小睡片刻，保证每天大约30分钟的午觉。

◎ 15：00　各种机能处于最高运作阶段。准妈妈可以在这个时间段内做一些烦琐的家务事。

◎ 16：00　人体运动细胞处于最活跃的状态。准妈妈可选择离家比较近的公园或其他幽静的地方散步。

◎ 17：00　食欲最旺盛的时间。如果准妈妈想吃东西的话，可适当地吃一些点心或其他爱吃的食物。

◎ 20：00～23：00　这个时间是听神经最敏感的时间，也是最佳胎教时间。准爸爸、准妈妈可以共同进行胎教。

◎ 次日1：00　这个时候是准妈妈最容易感受到阵痛的时间。若准妈妈处于妊娠最后一个月，准爸爸和家人必须在这个时间段保持高度警惕。

欣赏雕塑《抱鹅的少年》

《抱鹅的少年》出自希腊哈尔基顿的雕刻家波厄多斯之手，他擅长以风俗题材进行雕塑，是当时因专门雕刻儿童形象而闻名的艺术家。他的这件《抱鹅的少年》体现的是一个天真活泼的小孩和一只大鹅一起嬉戏的情景。

波厄多斯生活在公元前3世纪，那个时期是希腊化风俗性雕塑发展的时代，几乎触及到生活的各方面，从超凡脱俗的神性，开始表达最普遍的人性，特别重视真实地塑造人物形象。在这幅作品中，作者将儿童的形象塑造得活灵活现，他正使劲想把往前走的鹅扳回来，而这只鹅则直蹬着叉开的双腿，张开嘴来拼命与儿童抗衡，而这个儿童似乎也乐在与大白鹅的对抗之中，他那顽皮的笑容充分体现出一个儿童固有的天真无邪与活泼开朗的天性。另外，作者还对儿童的体态、动作、皮肤进行了精心雕刻，使该雕塑看起来十分真实、自然，孩子头部的发型有很强的韵律节奏感，头顶上的小发卷则更显得可爱逗人，使整个雕塑看起来富有极其浓厚的生活气息，使观赏者们看到了那蓓蕾初放的生命力，仿佛又回到了色彩斑斓的童年时代。

欣赏完这幅雕塑后，身为准妈妈的你是否也回到了童年时代？是否幻想过你的宝宝长大后也能与这个孩子一样活泼可爱、充满活力呢？

充满感情地与胎宝宝对话

胎宝宝可以听到准妈妈的声音

准妈妈对胎宝宝的轻声细语就是胎宝宝听到的最美妙的音乐。

当胎宝宝成长至六周左右时，耳朵已逐渐形成。先是半规管，其次是外耳、中耳及内耳等重要部分。

到了第四个月，胎宝宝的脑就会形成。此时的胎宝宝，会把声音当做是一种感觉。

进入第五个月，内耳部分的蜗牛壳管发育完成，它具有传达声音的作用。此时胎宝宝耳朵的构造已和成人相差无几。

随着胎宝宝的不断成长，他（她）的耳朵的各种功能也会继续不断地成长、发达。准妈妈应该多让胎宝宝聆听一下自己的轻声细语，让他（她）对母亲更加的亲密。

胎宝宝对声音有喜恶

胎宝宝比较喜欢介于200～1000赫兹之间的声音高度，这音高程度刚好和母亲说话的声音一致。胎宝宝不但听得清楚，而且觉得很舒服。

腹中的胎宝宝能依母亲声音的强弱，敏锐地感觉外界。当胎宝宝成长至四五个月时，就会开始记忆母亲的声音。

胎宝宝对母亲的声音，会有非常敏感的反应，不好的声音对胎宝宝的成长有相当不好的影响。如果母亲有歇斯底里的情形，那么胎宝宝的血压会呈激烈上下浮动状态，有时甚至会引起贫血，甚至会影响胎宝宝的脑发育或性格的养成。如果在胎内，胎宝宝是伴随着噪声而成长的，出生后，会觉得无安全感，有强烈的情绪不安反应。

准妈妈的声音对胎宝宝有安抚作用

随着不断的成长，胎宝宝逐渐能记忆各类的声音。声音也会经由母亲的骨、皮肤或身体，变成一种振动，传达给胎宝宝。

婴儿在胎内就记忆了母亲的声音，而且胎宝宝对母亲温柔的话语及母亲心脏的跳动，也会觉得安心、舒服。人们常说：“母子连心”，应该就是这个道理。

腹中的胎宝宝对于外界一切声音没有选择的能力，所以作为母亲就应该特别的注意，用自己的轻声细语给予腹中的胎宝宝舒服的声音，安抚他的心情。

第16周 第3天

零食——职场准妈妈的必需品

职场准妈妈除了在正常用餐之外，最好在办公室备上一些有益的零食。吃零食也要注意遵循以下原则。

在正确时间进食零食

在每天10点或15点左右，早餐、午餐已消化得差不多了，可是还没有到开饭的时间，此时，零食就成了办公室准妈妈的选择。其实，零食作为准妈妈的充饥食品，如果合理选用，不但能给胎宝宝及时补充能量，还有利于准妈妈在职场中更好地工作。准妈妈吃零食的时间很关键，午餐和晚餐之间是吃零食的最佳时刻，因为这样既补充了营养，又没有耽误正常的午餐、晚餐。

巧妙搭配零食种类

8：30～9：30

可选择一些麦片和牛奶饮品。在选择麦片方面，要选择低糖的，并且在冲泡时适量加入一些牛奶，保证营养的同时还改善了味道。

9：30～10：30

准妈妈可以选择一些苏打饼干，苏打饼干所含的油脂相对少一些，因此食用起来更健康。

12：30～13：00

夏天，准妈妈在午餐后半小时喝一些酸梅汤等饮品，既可消渴又能解暑。

14：00～14：30

可吃一些新鲜水果，它是准妈妈不可缺少的健康零食，因其含有丰富的维生素C、矿物质和膳食纤维，既能补充营养还可提高身体的免疫力。同时，还可增进准妈妈的食欲，有助消化，解决怀孕期间的便秘等疾病。

15：00～16：00

可食用一些经过脱水处理制成的蔬果干，如菠萝干、萝卜干等，这类零食不但低热量，而且对准妈妈身体健康非常有益。

选择营养零食

准妈妈的办公室零食选择还有一个重要的指标，那就是选择能补充各种营养成分的零食，以保证营养的均衡摄取。

带着胎宝宝享受旅行的乐趣

十月怀胎，准妈妈们不必足不出户一直待在家中，有时间的话，可以考虑一下外出旅行，这对放松心情很有帮助，而且还有利于胎教，并让胎宝宝也一起享受旅行中的快乐，有益于胎宝宝的健康发育。

把握旅游的最佳时机

由于准妈妈的特殊身体性质，在外出旅游时难免会有一些风险。

但是孕期旅游并不那么可怕，怀孕13～27周是准妈妈出游的最佳时机。

提前计划，确保旅行安全、轻松

首先，准妈妈要避开高峰时期，如国庆节或春节等。同时准妈妈应注意不宜过度疲劳，尤其是旅游团队行程紧凑，不宜参加，最好还是自助游或者半自助式。

此外，准妈妈出发前必须查明旅游地区的天气、交通等状况。

旅行前产检很重要

如果准妈妈要长途远游，最好先接受常规的孕检。哪怕准妈妈已经在出游的不久前做过检查，但在出游的前1～3天还是要重复检查一次。

另外，准妈妈外出时病历最好随身携带，万一不幸在途中出现什么事情，准妈妈的病历记录将会更方便当地医院和医生做出准确诊断并有针对性地进行救护。

全面考虑出行细节

准妈妈出游，衣食住行不能不注意。准妈妈所带衣物要适当，多备无患。旅游景点多依山傍水，气温稍低，要注意预防感冒；准妈妈的鞋最好是平底鞋，轻便并适于走路；准妈妈不要忘记携带腹带与弹力袜，可减轻旅途中的不适。

在饮食方面，准妈妈应避免吃生冷、质量无保证的食物，以免造成消化不良、腹泻等身体不适；最好随身携带暖水杯，多喝开水，多吃水果；在住的方面，最好提前预订房间，注意酒店室内清洁，保证良好的通风。

当准妈妈在风景区游玩时，准爸爸一定要注意了解离准妈妈最近的洗手间，因为准妈妈容易尿频，而且憋尿对准妈妈是没有好处的。

给宝宝起名之事不可不重视

准妈妈、准爸爸在与胎宝宝进行语言胎教时，首先可以从给胎宝宝起名字开始以巩固情感。

准妈妈和准爸爸经常充满爱意地呼唤胎宝宝的乳名，胎宝宝会记忆深刻。胎宝宝出生后，当父母呼唤其乳名时，他听到曾经熟悉的名字时，会产生一种归属感和特殊的安全感，烦躁、哭闹等情况会明显减少，有时会露出高兴的表情。

因此，给胎宝宝起名字很重要，下面就为正在为胎宝宝名字烦恼的准妈妈、准爸爸们提供一些建议。

◎ **起名不选多音字**　名字中的多音字让人读起来无所适从，更会让小孩有被人取绰号的可能，所以最好避免。

◎ **名字中勿用生僻字**　由于名字中的生僻字大多都无法使用计算机录入，因此在户口登记、办理证件、银行存款等业务时，会屡屡遇到麻烦。不仅如此，名字中滥用生僻字、不规范字，也会影响交际，容易被别人叫错名字而导致尴尬。

◎ **起个双字名不易重**　根据国家语言文字工作委员会对第三次全国人口普查资料进行的抽样调查，单字名重名率为67.7%，双字名重名率为32.4%，所以父母最好不要给孩子起单字名。

◎ **名字不要同声调**　名字中几个字的音调不要全同，名字的尾音最好是平声，因为上声字响亮程度相对差一些。

◎ **声韵选择要讲究**　起名时，最好选用不同的声母，韵母也最好不要相同。要想名字响亮动听，名字带有含鼻音的韵母读起来响亮，在非鼻音韵母字中，韵腹即主要元音开口度大的，响亮程度较高。

◎ **字形结构有变化**　名字选用的字结构不要太单一。像“林杨桦”、“国园园”、“吕昌晏”这些名字写起来略显单调，缺乏变化的美感，还可能影响人们对签名的识别。

◎ **避免谐音不美**　起名时如果谐音运用得巧妙，会使人感到含蓄，不落俗套。像“范婉”（饭碗）、“侯岩”（喉炎）之类谐音不美或者容易造成歧义的名字，起名时应该避免。

◎ **国人姓名勿崇洋**　现在越来越多的父母想给孩子起四字名，这不失为一种尝试。但也要注意中国人的名字最好具有中国特色。

第16周 第7天

培养胎宝宝的情操

在日常生活中，准妈妈要学会培养自己高尚的情操，调节自己的身心，保持孕期心态平和，这可是胎教中的一项重要内容。准妈妈要为胎宝宝营造一个优化的生长发育环境。以下是陶冶胎宝宝情操最好的手段，你不妨试一下。

读书有助于培养情操

准妈妈平时应注意提高自己的文化修养，经常阅读一些高雅书籍。我们经常说：养心莫如静心，静心不如读书。书籍是知识的源泉，是前人思想和文化的沉积。准妈妈热爱读书，经常读书，不仅可以增长知识，提高个人的综合素质，而且读书也对健康有益，能使孕期生活轻松，还可以帮助准妈妈了解纷繁复杂的思想、情感和事件，还能教育胎宝宝将来尊重别人和自己。一本好书，能帮助准妈妈调节情感，解除烦恼，淡化忧郁心情。

从胎教的角度考虑，准妈妈宜选择一些格调高雅、趣味盎然的图书。一本好书，可以让准妈妈从中汲取丰富的精神食粮，使人精神振奋，同时也使自己的情趣变得高雅起来，成为一个高尚的人，这些对于准妈妈腹中的胎宝宝，也是一种非常特殊的教育。

另外，准妈妈还可以欣赏一些电视中的喜剧、小品表演，或收听一些相声。准妈妈观看的文娱节目，如电视和电影，情节需要选择，最好能够反映真善美，主题和内容都是积极向上的。

良好的生活习惯有助于培养情操

准妈妈良好的日常生活习惯，对于胎教来说，也是非常重要的一件事情。良好的生活习惯既是一位女性良好精神修养的外在表现，也体现了一位现代女性应该具备的高尚形象。

准妈妈应该从生活的点滴做起，如待人接物要礼貌诚恳；为人处世要磊落大方；多一些怜悯、恻隐之心，少一些刁蛮、邪恶之意等。切记平时不可有说话粗鲁、举止骄横、我行我素等坏习惯。

准妈妈应该按照一位现代文明女性的形象来规范自己的言行。当进入孕期后，就要时时刻刻想到自己将要肩负的母亲责任。为了下一代的健康成长，自己先做一个表率，也就是先从自己做起，成为一个具有高尚道德修养的人。

5月 妈妈肚子里的小小窃听者

本月日常生活调理

- 准妈妈应避免长时间站立并注意身体保温。
- 洗澡时可以用温水泡澡，慢慢地进入浴缸时可把脚抬高休息一下。
- 应尽早使用医疗用的预防静脉曲张的丝袜。
- 乳腺开始发达且乳房增大，有时甚至会出现乳汁分泌的现象，要注意保持乳头清洁。
- 熨衣服时所使用的熨衣台最好与准妈妈的腰部同高，同时应注意站着烫，以免增加腰部负担。
- 晾晒衣服时，宜将竹竿降到准妈妈腰部的高度，切勿做踮脚或弯腰的动作。
- 若发生小腿抽筋，宜尽快按摩小腿肚或一手压住膝盖一手将脚趾往上用力扳。
- 宜梳清爽样式的发型，避免烫发及染发。
- 开始作育儿用品和产妇用品的计划安排。

本月语言胎教锦囊

- 多跟胎宝宝说童话故事，也可以在散步的过程中，把所见所闻说给胎宝宝听。
- 每天早、晚与胎宝宝打招呼："宝宝，早上好！""宝宝，晚安！"等。
- 将报纸卷成筒状，与胎宝宝轻声说话或念一些诗文。
- 呼叫胎宝宝，摸摸肚子，轻柔地诉说妈妈、爸爸对他（她）的爱。
- 准妈妈唱歌（童谣、民谣）给胎宝宝听。朗读优美的童诗、小诗给胎宝宝分享。
- 发现有胎动时，要积极地与胎宝宝进行交流。

本月情绪胎教提醒

- 做睡前潜意识祈祷：我的心神，现在感到安详、寂静，身体完全松弛了，身体柔软地漂浮在水面，随波而晃；微风轻柔地吹拂着全身的毛孔，细细地按摩着我与胎宝宝的每一个细胞，使我们充满着生命的活力。
- 多到户外呼吸新鲜空气，多参加社会活动、出外游玩，使精神得到放松，心情愉悦。
- 平时多在生活中寻找乐趣，多做一些适当的文体活动，如下棋、唱歌、欣赏优美轻松的音乐，多和乐观开朗的人接触，交流思想，敞开胸怀。

本月运动提醒

- 此期间身体状况良好的准妈妈可以安排一些轻松的旅行，但一定要有家人在旁边。
- 可恢复平日喜欢的运动，如游泳、打桌球、保龄球等，但不可参与激烈的比赛。

本月饮食营养调理

- 多食用富含DHA、EPA的海鲜。
- 多摄取富含有助于血液生成的铜元素、维生素B_6、维生素B_{12}、锌、叶酸、钴等营养素的食物，如红薯、蜂蜜、海带、红枣茶、豆类、葡萄、南瓜等。
- 这个期间要少食多餐，并注意勿过量饮食，体重以一个月增加1千克为宜，以免过胖。

本月不适症状罗列

- 会感到心悸或气喘。
- 开始感觉到胎动。
- 会从乳头流出黄色分泌物。
- 下半身循环变差，可能会出现静脉瘤或静脉曲张。

本月准爸爸胎教任务

- 就算夫妻之间有争执，准爸爸也要体谅和包容准妈妈。
- 准爸爸经常给准妈妈做按摩，以促进准妈妈下半身血液循环。
- 准爸爸可以把手放在准妈妈的腹部，和胎宝宝说话等。
- 尽量让准妈妈多休息，避免过度劳累。
- 尽量开车送准妈妈外出，最好不要让准妈妈自己开车。
- 帮准妈妈测量宫底高度。

本月职场准妈妈提醒

- 在赶车的过程中，不妨把行走当做运动，不贪快，放慢脚步。
- 长时间坐办公室的准妈妈不要长时间坐着，以免骨盆、大腿、背部无法伸展，可做一做伸展操，这样就可以小补一下运动量。
- 在公司要避开烟雾缭绕的环境，如果有同事吸烟，可请他离开。
- 在工作的时候尽量不要让自己感到疲劳。

本月孕事随记

第17周 第1~2天 带上胎宝宝投入到大自然的怀抱中

大自然助母子身心健康

大自然中新鲜的空气有利于胎宝宝的大脑发育。大自然给胎宝宝提供了充足的氧气，大自然中对人身心健康极其有益的负离子含量很高，可达数千，甚至上万个。当准妈妈经常到大自然中去时就能有机会获得这种“空气维生素”。

大自然中的太阳光可以促进准妈妈的血液循环，杀灭麻疹、流脑、猩红热等传染病的细菌和病毒，还能促使母体内钙的吸收，促进胎宝宝骨骼的生长发育。大自然无限美好，它使我们大开眼界，增长知识，陶冶情操，同时得到娱乐和休息，非常有利于母子身心健康。

准妈妈带着胎宝宝与大自然亲密接触不仅能陶冶情操，更有利于母子健康。

经常投入大自然

准妈妈可以在早上起床之后，到有树林或者草地的地方去做操或散步，呼吸那里的清新空气。在职的准妈妈除了早晨外，在中午休息时也应到树木、草坪或喷水池边走走。

我们常说：“一日之计在于晨。”对于准妈妈来说就更是如此。每位准妈妈都应该克服自己的懒惰情绪，多花一些时间去欣赏大自然清晨的美景，也使腹中的胎宝宝受到熏陶。

假日里与准爸爸一起去郊外游玩，这也是一种呼吸新鲜空气的好方式。在欣赏秀丽的大自然田园景色的同时，大自然中丰富的氧气会让胎宝宝在准妈妈的腹中手舞足蹈。

春天风和日丽，万物争荣；金秋季节，天高气爽，硕果累累。只要有了审美的眼光，一切都能使准妈妈赏心悦目。

为了胎宝宝，为了下一代的聪明、活泼和可爱，准妈妈一定要多到大自然中去，接受大自然对母子的熏陶。

第17周 第3~4天 与胎宝宝交流有助于培养感情

将自己的所见所想告诉给胎宝宝

准妈妈尽可能地将自己看见的事物和生活中的琐事告诉胎宝宝，胎宝宝会慢慢地接受这些信息。在准妈妈打扫房间、洗衣服、做饭、买东西、去医院、去银行，或者织毛衣、看电视、洗澡等时，都可以对胎宝宝叙述，这是胎教中最重要、最基本且不可忽视的环节。准妈妈通过和胎宝宝一起感受、思考日常的生活，使母子间的感情纽带更牢固，并培养胎宝宝对母亲的信赖感及对外界感受力和思考力，同时还能非常有效地刺激胎宝宝的大脑。准妈妈可以告诉胎宝宝自己一天的生活。从早晨起床到晚上休息，在今天工作上做了什么，遇到些什么事情和人，想了些什么，这些都可以说给胎宝宝听。早晨起来，可以向胎宝宝描述一下天气情况，比如告诉胎宝宝："宝宝，今天太阳公公出来了哦，天空蓝蓝的，一朵朵白云像棉花糖，我们今天可以出去散步了。"准妈妈还可以将穿衣时的衣着装扮告诉胎宝宝，今天穿的衣服是什么样式，什么颜色的，这件衣服是自己非常喜欢的。准妈妈还可以将自己的早餐情况告诉胎宝宝，比如可以这样说："宝宝我们今天早上吃好吃的哦，这是稀饭，很香的哦，还有面包，这些都是妈妈和宝宝爱吃的，宝宝要长得壮壮的。"

其他与胎宝宝交流的方式

准妈妈还可以给胎宝宝讲一个有趣的故事，准妈妈在讲述时必须把腹内的胎宝宝当成一个大孩子，它会有思想和喜好，娓娓动听地述说给他听。讲故事时，准妈妈可以依靠在沙发上或是取一个自己感到舒服的姿势，精力要集中，吐字要清楚，声音要和缓，应以极大的兴趣绘声绘色地讲述故事的内容。内容不宜过长，应有趣，切忌出现引起恐惧和悲伤的情节。除此之外，还可给胎宝宝朗读一些轻快活泼的儿歌、诗歌、散文以及顺口溜等。

胎教小天地

在1979年，美国加利福尼亚州的凡德卡尔医生首创了一所"胎儿大学"，精心指导愿意合作的准妈妈进行胎教。结果，经过胎教训练的新生儿两周后就会喊"爸爸"、"妈妈"。苏格兰一位叫埃伦·罗伊的女教师，用一个袖珍耳筒式录音机作英语胎教，7年中她使数百个孩子又快又好地学会了法、英两种语言。经过胎教的孩子学英语十分轻松。

第17周

第5~6天 健走有助于锻炼骨盆肌力

当准妈妈进入稳定期后，应该视自己的身体状况，从事适量的运动，以达到安产的目标。尤其在这个时期，你不妨做一些能够锻炼骨盆肌力的运动，下面就介绍一下最为简便有效的健走法。

健走法的姿势要点

进行健走法时，准妈妈的视线不要留意腹部或脚尖，如果视线往下，身体也会前屈，就无法维持正确的基本姿势，所以，准妈妈视线要朝向正前方10米处，这样可扩大视界。

准妈妈在行走时应紧缩体侧，手肘弯曲，大幅摆动手臂，摆到胸的高度左右。如果手肘向外侧张开，手臂的摆动就会变小，所以不可以向外侧张开。

此外，准妈妈应该大步踏出并伸直背肌，收下颌，有节奏地行走。走路时，准妈妈的步幅一定要比平时大一些，并从脚尖踢出，注意用脚跟着地，这样能更顺利地移动身体。准妈妈在孕中期可经常进行。

健走的事项提醒

准妈妈最好订立一个健走的计划。以平常一样的走法开始，尽量放松肩膀力量，手肘保持轻松。

准妈妈可以边看周围景色，边以平常的步幅走约5分钟。注意在开始之前必须补给水分，然后保持基本姿势以轻快的步调锻炼，大幅摆动手臂并加大步伐，慢慢接近基本姿势。

准妈妈还要记住健走要配合自己的呼吸节奏，如果准妈妈感到呼吸急促、难受时，就不要勉强，稍微放慢速度。在健走的过程中应该慢慢加快速度，慢慢加大步伐，增加速度，并改变手臂摆动的幅度。

此外，在健走的过程中，准妈妈还要注意身体状况是否有变化，最好是在准爸爸的陪同下进行。

★准妈妈掌握正确的姿势、了解健走的注意事项很重要。

第17周 第7天

自制小玩具

自制玩具益处多

准妈妈可以试着动手设计些能和婴儿一起玩的玩具。在尝试的过程中，不仅可以让准妈妈忘却身体与心理的不适，还能训练耐心与爱心。在设计制作时，准妈妈的心情是欢乐的，想象着将来胎宝宝出生后，可以与自己一起玩这些玩具，那种喜悦与成功感是很温馨的。而且这种设计看似简单，但却能促进腹中胎宝宝的脑部发展。

开动脑筋自制玩具

关于制作什么，准妈妈要自己好好动动脑筋，要考虑到实用性与趣味性，还要注意胎宝宝的安全。

例如，可以用挂历制作纸风铃，涂上鲜艳的颜色，再穿上几个小铃铛，并做个挂钩，以便日后挂在胎宝宝的床边。准妈妈也可以在蛋壳上面画一些好看的图案，也可以是一些搞怪的脸谱，再用上一些鲜艳的颜色，也很有意思。

这种设计制作活动是多种感官配合的活动，既有手的动作，又有颜色的搭配，准妈妈不仅可以动手，还可以运用想象创造，很适合准妈妈来做。

自制布娃娃

准妈妈可以自己动手做一个娃娃。先找一个全棉的白色布料，剪成娃娃的图形，然后把它们拼起来，再画上她的眼睛、红红的小嘴等，再配上一套漂亮的连衣裙。

裙子与娃娃是可以分开的，可以给她穿，还可以脱，非常有意思，在最后用珠子串一朵可爱漂亮的头花，放上去，这将是一个非常漂亮可爱的娃娃，将来宝宝也会喜欢。

自制小沙包

准妈妈还可以自己制作一些小沙包，一般胎宝宝都很喜欢玩沙包游戏。

第一步：先找出一块绿色的布，把那块布裁成一样大小的小方块。

第二步：把小布对折，再用东西压住。

第三步：将已经对折好了的布用缝纫机缝上三条边，第四条边只缝一点点。

第四步：留一个洞放进去米。

第五步：从第二只做到第五只。

装好了米以后，把五个沙包的缺口缝好。就这样，五个沙包就完成了。

为胎宝宝实施色彩胎教

色彩是生活中必不可少的一部分，所以对胎宝宝进行胎教应该包括简单的色彩胎教。孕期如何进行色彩胎教呢？接下来就为大家详细分析。

色彩胎教源于色彩理论

我们人类利用不同的色彩服务于人的不同精神要求已经有很长的历史，如中世纪哥特式的教堂，室内丰富的色彩变化，使人感到神圣和神秘；医院病房多选用浅绿色和淡蓝色，显得很安静、淡雅，使人有一种宁静柔和的感觉；现代餐厅则多选橘黄色，使人一进去就感到胃口大开。由此准妈妈的胎教学说也引进了色彩理论。

色彩同情绪息息相关

色彩能影响人的精神和情绪，同样它也能影响到准妈妈和胎宝宝。准妈妈精神上感到愉快还是忧郁，常与色彩的视力感觉有直接的关系。可以说，不舒服的色彩同噪声一样，会令准妈妈烦躁不安；而协调的色彩则会令准妈妈有一种美的享受。一般说来，红色使人激动、兴奋，能鼓舞人斗志；黄色明快、灿烂，使人感到温暖；绿色清新、宁静，能给人以希望；蓝色给人的印象是宁静、凉爽；白色使人感到干净、明快；粉红色和嫩绿色则象征着春天，使人充满活力。

正确选色彩，胎宝宝更健康

孕期不宜多接触红、黑、灰等色，以免产生烦躁、恐惧及悲伤的心理，进而影响胎宝宝的健康成长。

因此，为了胎宝宝的健康，准妈妈在孕期接触色彩时应多加注意，注意用正确的色彩给胎宝宝一个七彩世界。

色彩胎教的方法

准妈妈可以买回一些彩色笔，绘制一些简单的图形，然后分别涂上不同的颜色。

如准妈妈可以绘制一个漂亮的七色彩虹，轻轻地告诉腹中的胎宝宝：“宝宝，这是红色，这是黄色……”

准妈妈还可以感受一下衣、食、住、行等方面的色彩，利用色彩搭配提高自己的生活品位，获得色彩搭配所带来的美的享受，同时对腹中的胎宝宝进行色彩胎教。

第18周 第2天 在散步中与胎宝宝互动

准妈妈不妨在妊娠期，一边散步，一边和胎宝宝互动一下，这也是一种很好的胎教方法。

散步有益于母子健康

散步时准妈妈的子宫会发生收缩，有规律的子宫收缩能够刺激胎宝宝，有助于胎宝宝触觉的发育。上午10点至下午2点是腹部状态最稳定的时间，所以最适宜准妈妈外出散步。

在散步时与胎宝宝互动

如果准妈妈是行走于森林间，最好同时进行腹式呼吸，就可以向胎宝宝提供充足的氧气。虽然准妈妈不论在什么场所都可以和腹中的胎宝宝进行聊天互动，但是在大自然中散步时与胎宝宝谈话，不仅令人兴致盎然，而且谈话的内容也会变得更加丰富。

准妈妈的声音会对胎宝宝的大脑形成良性刺激，从而促进脑部发育。大自然中的胎教与平时的胎教并无本质上的区别，只要将准妈妈的感想和行为讲述给胎宝宝就可以了。例如，“宝宝，前面是一个草坪哦，上面有很多小哥哥和小姐姐在玩耍呢，他们玩得可开心了……”“妈妈现在正在看水池里的金鱼呢，你快看，有好多漂亮的金鱼，它们都在游来游去……”“宝宝，今天的天空特别蓝，空气清新，妈妈现在感觉好幸福哦……”

准妈妈可以把自己所感知到的和看到的散步情景逐一说给胎宝宝听，这对胎宝宝来说可是特别好的胎教互动哦。

★ 准妈妈散步时，最好请准爸爸陪同。

经典运动胎教方式推荐——户外夫妻操

找一块平坦的草地一起做一做夫妻操吧，这样既能增进夫妻之间的感情，还有利于母婴的身心健康，消除妊娠期的不适症状，是一个不错的运动胎教方式。

脊柱伸展操

❶ 准妈妈和准爸爸背靠背坐在垫子上，可以屈膝，也可以盘腿（图①）。

❷ 准爸爸两个手臂紧紧地勾住准妈妈的手臂。

❸ 双方分别轮流地进行前弯和后仰的动作，并进行有规律的呼吸（图②、③）。

肩膀扭转操

❶ 准妈妈取站位，双脚自然分开，与肩同宽，膝盖弯曲。

❷ 准妈妈将双手搭在同侧肩膀上，开始左右转动两侧的肩膀，反复进行数次。

❸ 准妈妈调整呼吸，放松数秒后，立即站直身体，双脚保持之前的宽度分开。

❹ 准妈妈将右臂弯曲成90度后抬起，左臂自然地搭在右臂弯曲的肘关节上，这一步的关键是以准妈妈的舒适体位为原则。

肩部伸展操

❶ 准妈妈和准爸爸取面对面的站位，准妈妈的双手自然地搭在准爸爸的同侧肩上，为了保证准妈妈的舒适度，准爸爸也可以将手搭在准妈妈的肩上（图④）。

❷ 双方同时向下运动，至双方身体下降到相当水平（图⑤）。

①

②

③

④

⑤

前后推手运动

具体步骤

❶ 准爸爸和准妈妈面对面端坐，双方均右腿伸直、左腿弯曲，双手掌心相对（图⑥）。

❷ 准爸爸用左手轻轻地将准妈妈的右手向后推，一直推至准妈妈胸前（图⑦）。

❸ 准妈妈用右手轻轻地将准爸爸的左手推回至准爸爸的胸前，同时，准爸爸用右手轻轻地推动准妈妈的左手（图⑧）。反复操作即可。

⑥

⑦

⑧

运动要领

◎ 注意推手的动作不宜过猛。

◎ 准爸爸在推手掌的过程中要始终保持脊柱的挺拔，力度要稍轻，以免准妈妈重心不稳摔倒。

◎ 推动频率依准妈妈的身体状况决定。

运动频率

每天进行1～2次此项运动，以每次来回推掌半小时左右为宜。

能量交流运动

具体步骤

❶ 准爸爸和准妈妈面对面端坐，准爸爸将双腿伸直，并略微分开，准妈妈将双腿放在准爸爸的双腿上，两手掌心相对。双方面带微笑凝视对方双眼，感受着两人能量正通过手掌和双眼进行传递和融合（图⑨）。

❷ 端坐一会儿后，准妈妈可以躺在准爸爸怀里，好好地放松放松（图⑩）。

运动要领

◎ 夫妻双方一定要注意眼神的交流，否则就失去了这个运动的意义。

◎ 练习时准爸爸要有耐心，要全身心地投入进去；准妈妈要注意练习呼吸方式，用力要轻柔。

运动频率

可以在任何时候做，但要保证准妈妈身体不会出现疲劳等不适。

⑨

⑩

第18周 第5天 合理饮食助胎宝宝健康发育

孕期“防毒”饮食提醒

食物对我们人体有正反两方面的影响，营养丰富、新鲜可口的食物有助于胎宝宝的发育，而重金属、防腐剂、化学物质等有害物质则会堆积在体内，妨碍胎宝宝的正常发育。在种类繁多的食物当中，准妈妈要如何巧妙地摄取呢？

◎准妈妈应当知道蔬菜和水果在种植过程中喷洒了大量的农药，因此在食用前必须先清除农药。准妈妈可将它们放入温热的食醋水中浸泡5分钟左右，这样可以洗掉90%的农药。当然，准妈妈最好还是食用有机蔬菜和水果。

◎准妈妈尤其注意避免食用储藏食品和快餐，因为这些食品为了保持加工状态，添加了防腐剂、人工香料和着色剂等。

◎准妈妈要限制食用油和化学食醋的用量。食用油在制作过程中会产生有害物质，最好用橄榄油或香油代替。化学食醋应当改用食用天然果醋和柠檬汁。

◎准妈妈最好完全戒掉咖啡，因为即便是原豆咖啡也会残留有农药成分。

食肉应遵守的原则

准妈妈要摄入足够的营养，但不可过多食肉，应多摄取植物性蛋白。食肉时，为了腹中胎宝宝的健康着想，应当遵守下列原则。

◎剔除肉的脂肪部分，只食精肉。

◎将肉放在淘米水中浸泡后做菜。

◎酱汤炖肉较之烤肉和炸肉对人体更为有益。

◎食肉前先洒上一些咸草粉。

◎晚上尽量不吃肉。

◎不能只吃一个部位的肉，要交替食用各个部位的肉。

◎存放于冷冻室中的肉不要超过6天。如果超过了就不宜再食用。

第18周 第6~7天 朗诵——不可忽视的胎教方式

为胎宝宝朗诵诗词

今天，准妈妈可以充当一下朗诵演员，给胎宝宝朗读一段自己喜欢的优美散文。在音乐伴奏与歌曲伴唱的同时，朗读诗或词以抒发感情，也是一种很好的胎教音乐形式。现代的胎教音乐也正朝着这个方向发展。

朗诵朱自清的散文《春》

如果你还不知选择哪段来给胎宝宝诵读，这里介绍一篇——朱自清的《春》。

在朱自清的笔下，春草是如此的天真烂漫、活泼可爱。“园子里，田野里，瞧去，一大片一大片满是的。坐着，躺着，打两个滚，踢几脚球，赛几趟跑，捉几回迷藏。”

如果作者没有发自内心的由衷的喜爱之情，怎能写得这等精彩！春天显得那么美。风中的柳枝是多么温柔，风中的乐声是多么动听，风中的气息是多么令人心旷神怡！还有，那绵绵的春雨像牛毛、像花针、像细丝、像薄烟，表现了缥缈朦胧之美。

准妈妈读着读着，仿佛正在春风中尽情地欣赏一部春天的乐章，一幅春天的写意画。作者对春天真挚的赞美之情，已不留痕迹地融入了景物描写之中，让准妈妈读来回味无穷。

附：《春》的节选

小草偷偷地从土里钻出来，嫩嫩的，绿绿的。园子里，田野里，瞧去，一大片一大片满是的。坐着，躺着，打两个滚，踢几脚球，赛几趟跑，捉几回迷藏。风轻悄悄的，草绵软软的。

桃树、杏树、梨树，你不让我，我不让你，都开满了花赶趟儿。红的像火，粉的像霞，白的像雪。花里带着甜味，闭了眼，树上仿佛已经满是桃儿、杏儿、梨儿！花下成千成百的蜜蜂嗡嗡地闹着，大小的蝴蝶飞来飞去。野花遍地是：杂样儿，有名字的，没名字的，散在草丛里，像眼睛，像星星，还眨呀眨的。

“吹面不寒杨柳风”，不错的，像母亲的手抚摸着你。风里带来些新翻的泥土的气息，混着青草味，还有各种花的香，都在微微润湿的空气里酝酿。鸟儿将窠巢安在繁花嫩叶当中，高兴起来了，呼朋引伴地卖弄清脆的喉咙，唱出宛转的曲子，与轻风流水应和着。牛背上牧童的短笛，这时候也成天在嘹亮地响。

第19周 第1天

让美好事物充满头脑

经常想象胎宝宝的样子

随着胎宝宝越长越大，很多准爸爸准妈妈常常会想："我们的宝宝像谁呢？是像爸爸，或是妈妈呢？也许更像家里的哪个亲戚呢？"有时准妈妈会说："噢，这一定是一个聪明、漂亮的孩子，眼睛会像你，嘴巴会像我，肯定会很漂亮。"年轻的夫妻沉浸在美好的想象之中，因为胎宝宝是夫妻爱的结晶，生命的延续，因此会格外地珍惜这个胎宝宝。

想象自己向往的美好

绽放的花朵（想象自己的骨盆就是一朵含苞待放的花朵，正待内在生命热力涌涨而跃然绽放），呢喃的笛音（想象身体里，有一根贯穿嘴至阴道的笛子，当母亲把吸入的空气吐进管笛，诞生之音律就呢喃响起），袭岸的海浪（想象身体所有的组织、肌肉、细胞，均一一瘫躺在沙岸，任凭海浪阵阵扑击，海水清凉的感受层层渗透浸润每一个热的细胞。海浪牵引着大自然生命脉动的呼吸），奔泻的瀑布（想象子宫中的胎宝宝犹如汇聚在高山的泉水，正酝酿由缓慢水流的位能，转化成直泻奔流，澎湃而下的动能）。

夫妻两人经常一同想象或谈论一些美好的事物不仅有利于改善情绪，而且对胎宝宝来说，也是一种美的教育。

第19周 第2天 准妈妈好眠有秘诀

妊娠期的准妈妈，保证睡眠质量非常重要，否则会扰乱正常的生活节奏，对健康产生不利影响。有规律的起居是准妈妈健康生活的要素，然而准妈妈由于孕期不适，入眠比较困难，那么，怎么做才能让准妈妈尽快入眠并睡得香呢？

养成有规律的睡眠周期

准妈妈要养成有规律的生活习惯。随着准妈妈身体状态的变化，睡眠周期可能会变得不规律。但不论何时睡觉，一定要在固定的时间起床，以此来恢复睡眠周期。适宜的睡眠周期因人而异，通常在7～8小时，准妈妈最好与怀孕前基本一致。

有些食物助好眠

准妈妈要避免食（饮）用咖啡、绿茶、可乐、巧克力等含有咖啡因的食物以及酒精。另外，睡前不要吃多汁的西瓜。无法入睡时不妨饮用一杯温热的牛奶，此外豆腐、鸡蛋、香蕉等食物皆能促进睡眠，平常应当经常摄取。准妈妈在晚餐时还可以进食糙米、马铃薯、杂谷面包等含有复合碳水化合物的食物。

运动助好眠

准妈妈在怀孕期间，终日静养也会引起失眠。运动能够促进新陈代谢，有规律的运动在孕期是不可或缺的。应当养成在睡前5～6个小时进行运动的习惯。

沐浴可助好眠

沐浴能够使准妈妈放松，加速血液循环，从而帮助睡眠。但在怀孕期间必须禁止长时间的高温浸泡浴。

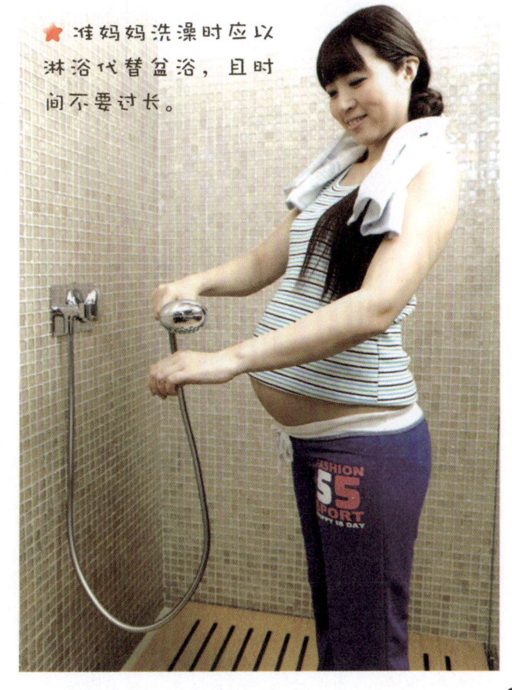

准妈妈洗澡时应以淋浴代替盆浴，且时间不要过长。

了解胎宝宝厌恶的事情

准妈妈腹中的胎宝宝在慢慢地成长，他也会有自己的喜恶，准妈妈要随时了解胎宝宝的感受，规避让胎宝宝讨厌的事情，这样会更有利于他的成长发育。那么，什么是胎宝宝讨厌的事情呢？

温度的骤变

准妈妈腹中的羊水会保持一定的温度，而胎宝宝在羊水中一直受到保护。如果准妈妈从温暖地带突然来到寒冷地带，虽然不会使羊水的温度受到影响，但是，突然来到寒带的准妈妈，血管会收缩，容易引起子宫收缩。急速的子宫收缩最令人担心的问题，就是会引起阵痛。这时，准妈妈可能会引起流产或早产。即使后果没有那么严重，也会使胎宝宝觉得非常的痛苦。

准妈妈要随时注意气温的骤然变化，以及变化给胎宝宝带来的影响。

挤压

怀孕中的准妈妈在躺卧时，也会感到不舒服。因为动脉压在下面，血液循环不顺畅，这时胎宝宝也会觉得痛苦，会借着胎动而传达信息。这时，准妈妈可以调整自己的姿势，慢慢地转为侧躺。另外，准妈妈在怀孕中的性行为一定要在准爸爸的协助下，采用不对腹部增加负担的体位。夫妻关系和睦对胎宝宝有很好的胎教意义，但是如果在性生活中强力压迫准妈妈的腹部，则会对胎宝宝造成危险，使胎宝宝备感痛苦。这也是准爸爸和准妈妈要规避的事情。

震荡

震荡不仅容易增加流产发生的概率，而且还可以引起胎宝宝体重过轻、听力受损、神经畸形、智力低下等。1976年7月28日发生的唐山大地震不仅给当地的人民带来巨大的灾难，也给当时的准妈妈造成了很大影响。调查结果表明，地震期间尚在母腹中的儿童，平均智商为84.43分，智商90分以上者占36.4%，而对照组平均智商为91.95分，90分以上者占50.7%，从对比中可以看出，这场地震的确影响了胎宝宝的智力发育，地震造成的亲人伤亡、财产损失等必然给准妈妈带来了很大的打击，从而间接地影响了胎宝宝的发育。

所以，准妈妈在孕期应禁止跑跳、乘坐较颠簸的交通工具。

第19周 第4天

夫妻感情至关重要

夫妻不和危害胎宝宝健康

在孕早期，如果夫妻之间经常争吵，或是准妈妈情绪极度不安时，都有可能引起胎宝宝兔唇、腭裂等畸形。

在孕晚期，如果夫妻感情不和，精神状态不好，则会增加胎动次数，影响胎宝宝的身心发育，而且婴儿出生后往往烦躁不安，哭闹不止，睡眠差，消化功能不好。感情不和的夫妻孕育的胎宝宝，身心缺陷的概率比美满夫妻所生的婴儿高出1.5倍。

为什么会出现这种情况呢？其实，母体与胎宝宝之间是密切相关的，两者之间保持着信息传递。

当准妈妈和准爸爸发生激烈争吵时，母体受刺激后内分泌发生变化，随之分泌出一些有害激素，通过生理传递途径被胎宝宝接受。

同时，母亲的盛怒可以导致血管收缩，血流加快、加强，其物理振动传到子宫也会殃及胎宝宝；而且争吵中父母的高声大气，无异于十分有害的噪声，直接危害胎宝宝。如果父母口角频繁，对正在成长发育中的胎宝宝不能说不是一场巨大的灾难。

夫妻和睦好处多

在准妈妈妊娠期间，准爸爸应承担更多的责任，处理好夫妻之间的一些矛盾，与妻子共同分担所承受的压力。夫妻双方应互相尊重，互相理解，耐心倾听对方的意见，理智地、心平气和地对待彼此间的分歧。以极大的爱心共同关注母腹中的小生命，注视着他（她）的每一次蠕动，探寻他（她）的每一点进步，讨论他（她）的每一项教育。在怀孕期间，夫妻双方不妨把这当成是自己的又一个“蜜月期”，随着怀孕日子的增长，双方将愈发相互理解，愈发亲密无间，使孕期变成一个相依相伴，充满爱情的又一个“甜蜜”时光。

夫妻关系不和会危害胎宝宝健康，因此夫妻间应保持关系融洽。

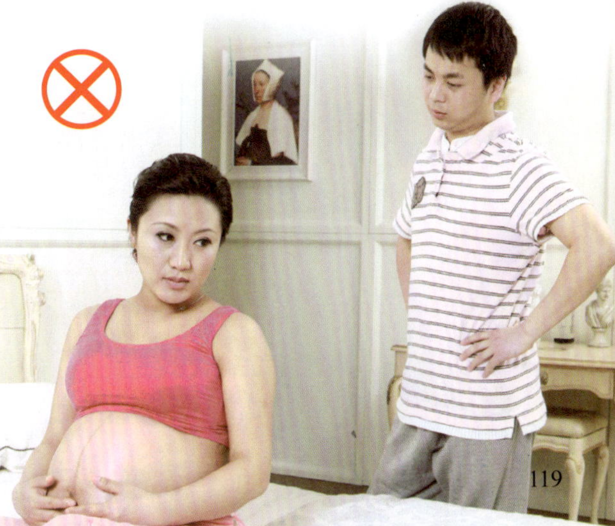

第19周 第5~6天 和胎宝宝一起画简笔画

绵羊简笔画

❶ 先画个蜗牛做绵羊的犄角（图①）。

❷ 在犄角下画多半个椭圆，当做绵羊的脸（图②）。

❸ 为羊画上小眼睛（图③）。

❹ 横向画一个椭圆，当做绵羊的身体（图④）。

❺ 为羊画上小尾巴及花衣裳（图⑤）。

❻ 最后给羊画上腿，一副简单的简笔画就大功告成了（图⑥）。

萝卜简笔画

❶ 先画椭圆做身体（图⑦）。

❷ 再在椭圆底部画个小尾巴（图⑧）。

❸ 给萝卜添上长叶子（图⑨）。

❹ 最后画些根须（图⑩）。

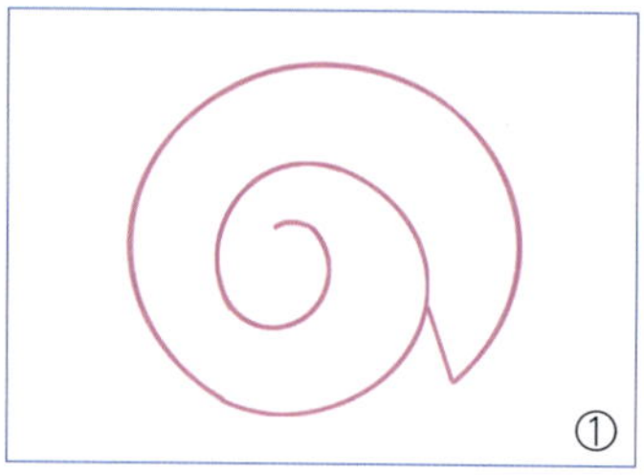
①

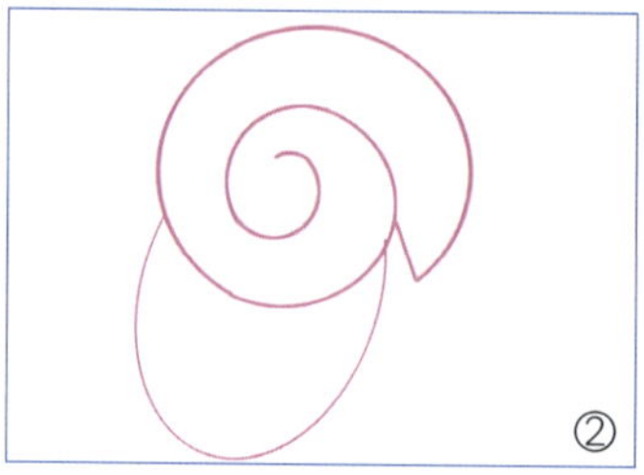
②

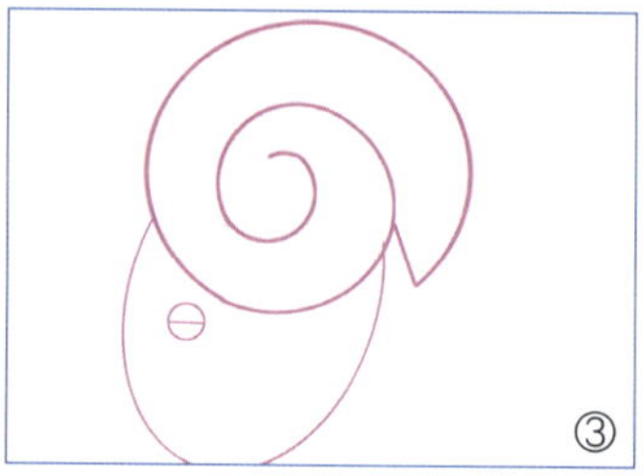
③

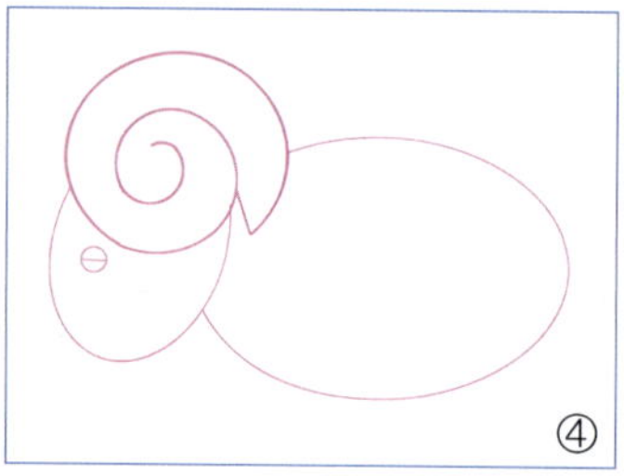
④

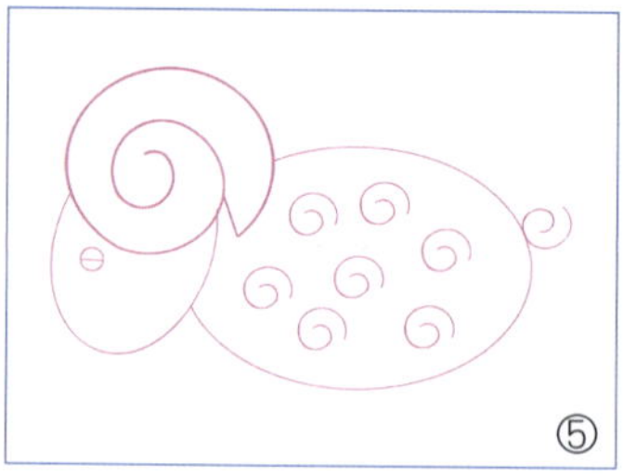
⑤

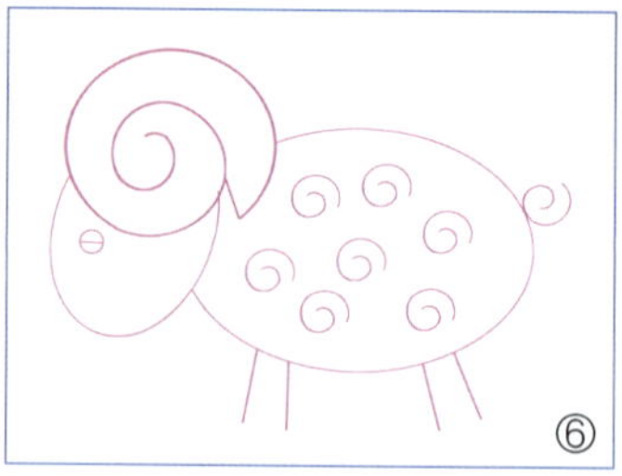
⑥

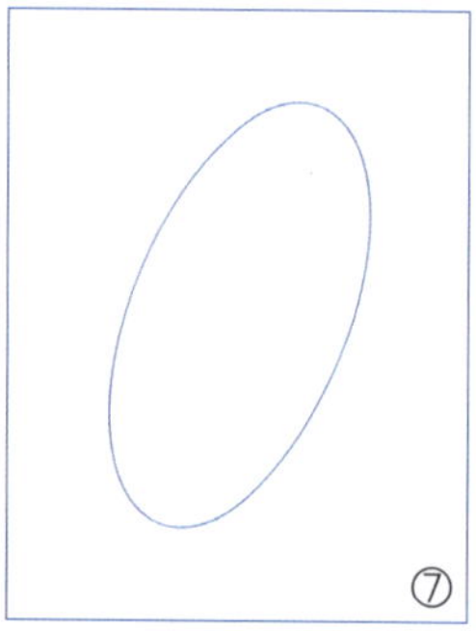
⑦

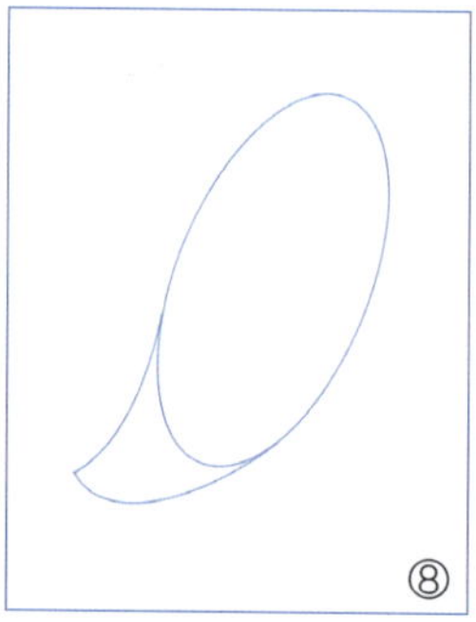
⑧

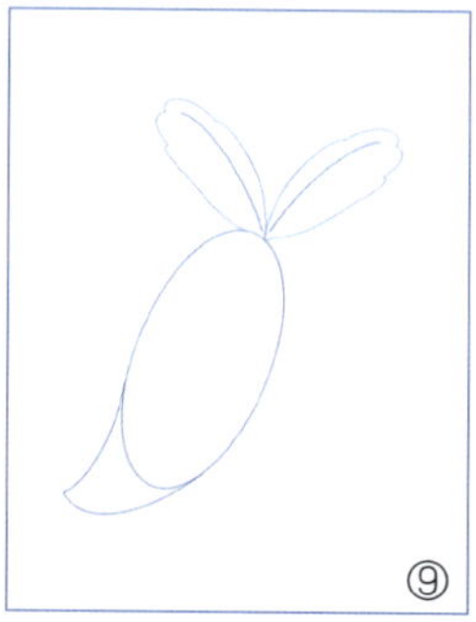
⑨

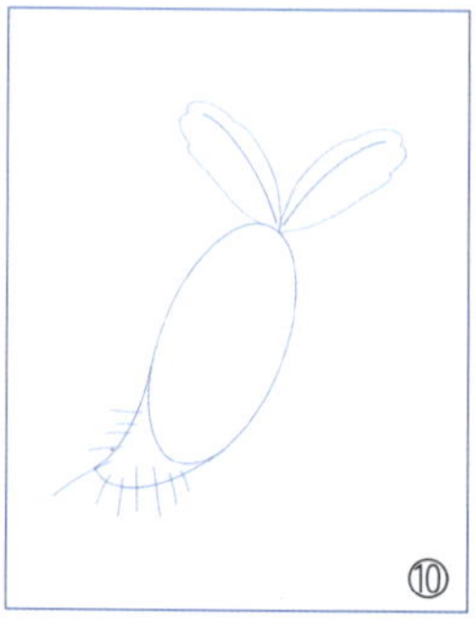
⑩

第19周 第7天

视觉胎教有助于心情愉悦

准妈妈的内心情感总会潜移默化地传递给胎宝宝。也正因为如此，准妈妈保持稳定的情绪尤为重要。准妈妈的视觉愉悦了，心情自然也会随之愉悦。准妈妈可以利用那些能使自己感到舒适的颜色和小饰品，重新装点室内空间，从而对胎宝宝形成良性刺激，不断提高视觉胎教的效果。下面就为准妈妈提供一些值得一试的小建议。

绿色可以平复情绪

绿色系列是非常适合准妈妈的装饰色彩。绿色有着优秀的视觉稳定效果，对于平复准妈妈的情绪具有卓越效果。其中的淡绿色，充分融合了绿色和明黄色的优点，尤其适合准妈妈。

准妈妈可以用明亮的淡绿色来装饰客厅的地面。另外，准妈妈可以在家中挂有与白色相得益彰的淡绿色窗帘，以激活房间的整体氛围，起到稳定胎宝宝情绪的作用。

粉红色给人温暖的感觉

粉红色给人以温暖的感觉。如果准妈妈在孕期心情异常烦乱，或者与准爸爸相处的时间较少，不妨尝试一下粉红色。

粉红色的温暖感觉能够稳定准妈妈繁杂的情绪。粉红色装饰还可与天蓝色、绛紫色搭配在室内使用；如果粉红色与天蓝色相搭配，还能营造出童话般的感觉；粉红色与绛紫色相搭配，则能渲染浪漫的气氛。

花草可以使心情开朗

准妈妈可以在室内摆上几个漂亮的花盆，花草不仅具有净化空气的作用，还能使准妈妈的心情变得开朗。

阳台和客厅可以摆放大叶植物，电脑旁可以用迷你花盆进行装饰，即使准妈妈足不出户，在家里就可以领略到大自然的美丽。

饰品可以愉悦双眼

准妈妈可以在桌上、墙上，以及平日视线可及的地方，摆放一些儿童照片或风光图片、风景书签、明信片等进行装饰。这些精致的小饰品可以使准妈妈的情绪平静下来，对胎宝宝也会形成丰富的视觉刺激，促进大脑发育。

第20周 第1~2天

为胎宝宝选择一本好书

胎宝宝会受到图书的熏陶

在生活当中，我们经常会被一些优美的言语、引人入胜的文学作品打动或吸引。读一本好书，就像是与一位精神高尚的人在谈话。那精辟的见解、分析，丰富的哲理，风趣幽默的谈吐，都会使人精神振奋，耳目一新。书中对美好事物的描写也会让人体会到世界的温馨。好的书籍使准妈妈得到很好的教育，人生知识变得更加的充实、丰富，也能让腹中的胎宝宝得到熏陶，让他也感受到书中所描绘的美好，体会那如诗一样的语言，还能刺激胎宝宝的大脑发育，让他健康快速的成长。准妈妈读书可使腹中的胎宝宝拥有朦胧美的意识，一般在他（她）出生后会比其他胎宝宝更加聪慧、活泼、可爱，孩子也会对母亲更加的亲近。

好书助胎宝宝成长

我们一般将书笼统地分为好书与坏书两大类，准妈妈在怀孕期间当然要选择积极向上好看的书籍，因为好书对于准妈妈及胎宝宝双方的身心健康都大有裨益。一般的好书可以分以下几类：名人伟人的传记，优美的诗歌、散文，著名的童话和神话故事，世界名著，山水游记等。准妈妈可以将读书作为文化修养的基础。给胎宝宝选择看一本好书或一篇好的文章。在胎教的实施过程中，准妈妈也能从书籍中吸取精神营养，获得知识和智力的启示。

要避免不宜阅读的书籍

如黄色书刊、趣味低下的街头画册、思想过于低沉的书等，就像思想的毒瘤，准妈妈看了之后，会感到压抑、紧张，处于一种不良的情绪状态下，对于胎宝宝的身心发育也是极其不利的。

★准爸爸如果能陪胎宝宝一起读书，胎教效果会更好。

第3~4天 用自制卡片教胎宝宝学习英文

卡片的使用方法

准妈妈可以一边正确发音，一面用手指临摹字形，将注意力集中在字的色彩上以加深印象。

准妈妈可以用自己的语言向胎宝宝表现文字的形状和单词的意思。

另外，准妈妈在做这个胎教活动时，要保持平静的心情，并且要集中注意力，使自己的感觉和思考的内容与胎宝宝吻合。所以，在学习开始前，准妈妈最好把呼吸调整得深沉而平静，然后在自己的脑海中描绘要教的内容。

教胎宝宝认识英文字母

准妈妈在教胎宝宝英文字母的时候，数量不用太多，一天2~5个即可。在教胎宝宝儿英文字母时，可以对腹中的胎宝宝这样说："宝宝，我们今天来学习字母，妈妈念给你听A、B、C、D、E。"

在教"A"时，准妈妈可以联想到尖尖的塔顶，在脑海中形成"A"的形象，然后选择一个以A开头的单词进行学习。像"Apple"，准妈妈就可以讲："苹果就是妈妈经常吃的一种水果，妈妈拿来给你看了。"

"它是圆圆的，红红的，非常甜哦，宝宝也会喜欢吃是吗？"准妈妈可以反复正确地发音，练习字母时，选择容易形象化和好发音的单词是非常必要的，通过这样的学习，腹中的胎宝宝很自然地就把"A"这个字母记住了。

准妈妈在教英文字母"B"时，可以先读出它的正确读音，接着想象在一片平静的水面上醒目地印出红色的B字形，然后用意念把它像沉入水底一样牵引到腹中来。

准妈妈可以一边加深对它的视觉感，一边临摹它的笔画，一边告诉胎宝宝B是什么形状。

然后再选择一些以B开头的单词，像"bye"（再见）、"boy"（男孩）、"big"（大的）、"book"（书籍）、"bus"（公共汽车）等，准妈妈可以先解释这些单词的意思，再在白纸上把它们写下来。

要知道，准妈妈腹中的胎宝宝是能够通过准妈妈的眼睛和大脑来识别文字和数字并把它记住的。

儿歌为胎宝宝创造学习环境

儿歌一

排排坐、吃果果，
你一个、我一个，
宝宝不在留一个。

这首儿歌合辙押韵，还讲述了做人的道理，既可以刺激胎宝宝语言发育的潜能，又蕴涵着品德教育。准妈妈可一边给胎宝宝读儿歌，一边问胎宝宝“为什么给宝宝留一个？”然后再耐心地告诉胎宝宝“每个人都能分到苹果，但宝宝不在就要留一个，等宝宝出生长大后再吃。”

儿歌二

天上雪花飘，
我把雪来扫。
堆个大雪人，
头戴小红帽。
安上嘴和眼，
雪人对我笑。

这首儿歌，可在下雪的时候给胎宝宝讲。准妈妈在讲的时候，要将为什么会下雪、雪花是什么样子的等一系列信息给胎宝宝解释清楚。准妈妈还可以对胎宝宝说：“宝宝快快长，等你长大后，妈妈也陪你一起堆雪人。”

儿歌三

风不吹，树不摇，
鸟儿也不叫，
好宝宝要睡觉，
眼睛闭闭好。

这首儿歌适用于晚上即将睡觉时为胎宝宝讲，这样一方面能让胎宝宝了解黑夜与白天的不同，另一方面也能让胎宝宝安静快速入睡。

儿歌四

小白兔，白又白，
两只耳朵竖起来，
爱吃萝卜和青菜，
蹦蹦跳跳真可爱。
小松鼠，尾巴大，
轻轻跳上又跳下，
我帮你，你帮他，
采到松果送回家。

这些关于动物的儿歌简短、形象，十几个字，就将动物的特征说出来了。

当你给胎宝宝讲述这些儿歌时，不妨拿着相应的画册，一边讲述儿歌，一边指着画册上的儿歌对胎宝宝说：“宝宝，你看，小白兔爱吃萝卜。”

实施语言胎教应讲究策略

准妈妈和准爸爸在对胎宝宝进行语言胎教时，一定要将形象、声音、情感三者统一在一起，这样才会生动，母亲才能感到语言胎教的有趣和快乐，胎宝宝的听觉才能感觉到美好的信息，才能给胎宝宝的心灵留下美好的痕迹。那么，应该怎样进行语言胎教呢？

语言与视觉要结合

准妈妈不要照本宣科地给胎宝宝念画册上的文字解释，而要把每一页的画面详细地讲给胎宝宝听。

例如画册上画着鸟儿，你可以对胎宝宝说："这种鸟儿叫鹦鹉，你看，它的羽毛多么漂亮，它的嘴是红红的，它长着一双翅膀，在森林里面飞来飞去，最奇妙的是，它还会学我们说话哦，它会对你说，你好，我是聪明的会说话的鹦鹉。"

准妈妈这样做就是把画的内容视觉化了。胎宝宝虽然不能亲眼看到画册上画的形象或外界事物的形象，但你用眼看到的东西，胎宝宝可以用脑"看"到和感受到。

讲究情景交融

准妈妈进行语言胎教的时候，要创造出情景相生的意境。

例如到公园里散步，一边走一边看，周围的环境是安详和宁静，感到轻松愉快和幸福。

这时，准妈妈就用这样的心情把所见所闻讲给胎宝宝听："公园里面有好多小朋友，他们都在和其他小朋友们一起玩，妈妈的小宝贝，等你将来长大了，也可以来这里和小朋友们一起玩耍，好不好啊？你喜不喜欢啊？"

实施语言胎教小提醒

◎ 说话的语调要轻柔，充满感情，注意说话的音调、语气和用词，以便给胎宝宝一个良好的刺激。

◎ 进行"对话"胎教时，环境一定要保持安静，周围不要出现宠物或是太多人，以免产生突发性的噪声，从而刺激胎宝宝，引起胎宝宝的惊吓反应，出现胎动异常现象。

◎ 要认真地带着感情去与胎宝宝交流，并始终保持安详、稳定的情绪，把精力集中在胎宝宝身上。

跟胎宝宝运动起来

本月日常生活调理

- 随时观察白带颜色，如果白带呈茶褐色，表示有出血的可能，伴随发痒与疼痛的黄色白带有可能是阴道发炎引起的。
- 平时勤换内裤，常洗澡，保持外阴清洁。
- 检查分泌物的颜色、腹部膨胀的状态，以预防早产。
- 参加准妈妈教室或双亲教室，学习孕产及胎教知识。
- 性生活时要注意不可压迫腹部。
- 当天的疲劳要学会在当天释放。
- 向其他准妈妈学习分娩的经过。
- 穿稍大一点的内衣。
- 避免长时间站立，睡觉时可抬高双腿。
- 上、下楼梯宜踏稳脚步，将身体重心放在前脚，不易跌落。

本月胎教提醒

- 晚8点左右准妈妈仰卧在床上放松，双手轻轻抚摸腹部10分钟左右，增加和胎宝宝的谈话次数，给胎宝宝讲故事、念诗、唱歌、哼曲等。每次开始前，叫胎宝宝的乳名，时间1分钟。
- 如果觉察到胎宝宝对准妈妈的抚摸、言语等胎教刺激产生烦躁反应或者感到疲倦时，要及时停止。

本月语言胎教锦囊

- 模仿各种动物的声音，并亲吻腹中的胎宝宝，或者用手轻轻抚摸肚子。
- 增加和胎宝宝的谈话次数，给胎宝宝唱歌、哼曲、朗读童诗、讲故事（如童话、神话）。
- 呼唤胎宝宝，赞美胎宝宝，对胎宝宝说悄悄话。

本月情绪胎教提醒

- 多听优美动听的音乐，以改善准妈妈的不良情绪，产生美好的心境，并把这种信息传递给胎宝宝，平复胎宝宝的躁动不安。
- 为了缓解压力和疲劳，调整情绪，不妨尝试进行森林浴。

本月运动提醒

- 跟随音乐的节奏，准妈妈试着和胎宝宝一起轻歌曼舞。
- 不论任何时间、任何地点，你都可以

用手轻轻抚摸肚皮，以便让腹中的胎宝宝感受到你对他的爱和关怀。

- 在运动胎教中，千万不要操之过急，要循序渐进，温和而适当。
- 此期的胎宝宝状况已很稳定，准妈妈除可继续做孕妇体操、散步、气功，甚至游泳之外，应当积极给胎宝宝做运动，动作较以前可以稍大些。
- 每逢胎动时，准妈妈可与胎宝宝作拍腹游戏，引导胎宝宝做出意识性反应。

本月饮食营养调理

- 准妈妈应注意均衡饮食。
- 适当多吃富含锌的食物。
- 适当多吃富含钙的食物。
- 这个阶段准妈妈容易患便秘，应该多吃富含膳食纤维的蔬菜、水果、粗粮等。
- 此阶段容易发生水肿和妊高症，注意避免摄取过多的盐分、水分。

本月不适症状罗列

- 开始出现妊娠纹。
- 流出带茶色的分泌物。
- 腹胀频繁。
- 出现脚部水肿。
- 出现腰痛。
- 可能会有便秘。

本月准爸爸胎教任务

- 陪伴准妈妈做孕妇体操，以保护准妈妈的安全。
- 让准妈妈的生活更有情趣。
- 胎动出现的时候与胎宝宝说话。
- 开车送准妈妈外出，最好不要让准妈妈自己开车。
- 帮准妈妈测量宫底高度。

本月职场准妈妈提醒

- 创造舒适的办公环境，将自己的办公区域按自己的喜好重新布置。
- 确保工作圆满顺心，不要对自己要求太苛刻，在妊娠期可适当放低对工作的要求。
- 在工作的同时也能进行胎教，以愉悦的心情进行工作。
- 避免办公室的空调对着自己吹。
- 做好保暖工作，避免下半身着凉。
- 应该尽可能避免从事会使小腹用力的工作。

本月孕事随记

第21周 第1~2天 自测胎动也是胎教的一种形式

准妈妈自测胎宝宝的胎动次数，可以监控胎宝宝是否发育健康，数胎动也是准妈妈很好的直接胎教。

通过胎动了解胎宝宝状况

准妈妈从18～20周开始会自感有胎动，尤以夜间更加明显，29～38周为胎动最频繁时期，在接近生产时减少，一般每小时3～5次。

准妈妈要注意，如果胎动异常应警惕胎宝宝情况，如果子宫内缺氧，早期胎宝宝表现为躁动不安，胎动明显增加，当缺氧严重时，胎动会减少减弱甚至消失，胎动消失后，胎心一般在24～48小时消失。

胎宝宝胎动模式大全

全身性运动

胎宝宝的整个躯干做运动，比如翻身。胎宝宝的这种运动力量比较强，动作持续的时间也比较长，一般为3～30秒。

肢体运动

胎宝宝的肢体做运动，比如伸伸胳膊、扭一下身子等，动作持续时间一般为1～15秒。

下肢运动

一般是胎宝宝的踢腿动作。这种动作很快，力量比较弱，每一下胎动持续时间一般在1秒以内。

胸壁运动

胎宝宝的这种动作比较短，而且力量较弱，一般准妈妈不大容易感觉得到。

掌握计数胎动的方法

准妈妈可在每天早、中、晚固定时间各数1小时，每小时大于3次，表示胎宝宝状况很好。准妈妈可将早、中、晚三次

★ 准妈妈要掌握计数胎动的方法，以及时监测胎宝宝的安危。

胎动次数之和乘以4，即为12小时的胎动次数。如12小时胎动达30次以上，则表示腹中的胎宝宝情况良好，少于20次，则说明胎宝宝异常，如果胎动少于10次，则提示胎宝宝宫内缺氧，准妈妈就要去医院诊断了。准妈妈在数胎动时最好取卧位或坐位，思想集中在胎宝宝的身上，并做好胎动记录。如果胎宝宝连续胎动或在同一时刻感到多处胎动，只能算做一次，准妈妈要等胎动完全停止后，再接着计数。如果胎宝宝长时间持续胎动，或是胎动异常，也应该警惕。准妈妈在自数一段时间后会得出一个常数，毕竟不同人的胎动是不一样的，准妈妈可以以自己的常数为标准，自我监测胎宝宝的安危。

了解胎动异常

胎动突然减少

一般情况下，如果准妈妈有轻微的发热情况，胎宝宝也会因有羊水的缓冲作用，而不会受到太大的影响。值得注意的是引起准妈妈发热的原因，如果是一般性的感冒而引起的发热，对胎宝宝不会有太大的影响。如果是感染性疾病或是流感，则对胎宝宝的影响就比较大。如果准妈妈的体温持续过高，超过38℃，可使胎盘和子宫的血流量减少，腹中的胎宝宝胎动也会异常安静。

胎动突然加快

如果准妈妈突然受到剧烈的外伤，腹中胎宝宝的胎动会突然加快。一般来说，胎宝宝在准妈妈的子宫里，有羊水的保护，可减轻外力的撞击，能使准妈妈在不慎受到轻微的撞击时，不至于受到伤害。但是如果准妈妈受到严重的外力撞击，尤其是腹部受到撞击时，就会引起胎宝宝剧烈的胎动，甚至引起胎宝宝流产、早产等情况。

胎动突然加剧

如果准妈妈腹中胎宝宝的胎动发生突然加剧，随后很快停止胎动的症状，有可能是准妈妈的胎盘发生了早期剥离。如果准妈妈有高血压、严重外伤或短时间子宫内压力减少的情况则会更容易出现这种状况。如果准妈妈出现阴道出血、腹痛、子宫收缩、严重的休克等症状，胎宝宝也会随之做出反应，表现为突然的缺氧，出现短暂的剧烈运动，随后又很快停止。

急促的胎动后突然停止

当腹中的胎宝宝出现急促的胎动后突然停止，可能是胎宝宝的脐带绕颈或打结。一般正常的脐带长度为50厘米，如果脐带过长则容易缠绕胎宝宝的颈部或身体。胎宝宝好动，也会发生脐带缠绕或是打结的情况，那样就会使胎宝宝的血液无法流通，导致胎宝宝因缺氧而窒息。当准妈妈在发现胎动出现急促的运动，经过一段时间后又突然停止时，应当知道这就是胎宝宝发出的异常信号，应即刻前往医院接受救治。

第21周 第3~4天 用旧衣自制宝宝睡袋

到了今天，准妈妈的妊娠反应大多已经减轻了，此时准妈妈闲暇时不妨跟着我们学习如何将废旧衣服改造成胎宝宝出生后的生活必需品，这可是一项既经济又实惠的手工劳动哟！

今天我们向准妈妈们隆重推出“宝宝睡袋”的制作方法，希望通过今天的学习，准妈妈能收获一份好心情。

具体做法如下。

❶ 首先找出一件废旧的T恤衫，将T恤衫的圆形领剪掉。因为T恤衫一般都是成年人穿的，而成年人衣服的领子都比较硬，而宝宝的皮肤都很娇嫩，所以应该剪去，以免擦伤宝宝的皮肤（图①、②）。

❷ 将T恤衫的袖口剪去，以方便宝宝将小胳膊露出来，扩大其活动空间（图③）。

❸ 将T恤衫的一侧剪至袖口的连接处，将此作为宝宝睡袋的入口（图④）。

❹ 用T恤衫的袖口裁剪成12根宽度长度相同的小系带（图⑤）。

❺ 将做好的系带分别缝在衣服的侧面开口处和底部（图⑥）。

❻ 到此为止，宝宝的睡袋就做好了。若觉得宝宝的睡袋不够漂亮，可在睡袋合适的位置上绣上自己喜欢的图案，这样看起来就不那么单调了（图⑦）。

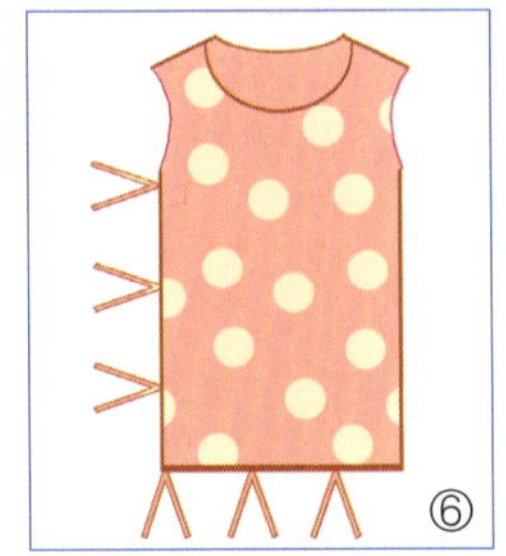

第21周 第5天

准爸爸要让胎宝宝听到自己的声音

未来的父亲，要及时准确地进入胎教的角色，用您深沉的父爱结合母亲的慈爱去培育妻子腹中的那个幼小的新生命。

人们常说“父爱如山”，父亲的爱是胎宝宝感到安心和依靠的保证！

准爸爸在胎教中不可或缺

也许许多准爸爸会认为胎教主要是准妈妈的责任，因为胎宝宝在准妈妈的肚子里，准妈妈做起胎教来更加方便，然而事实上准爸爸在胎宝宝的胎教中，是不能缺席的。在整个胎教过程中，“夫妻同唱一台戏”，父亲的位置的确举足轻重。

让胎宝宝感受到父爱

美国的优生学家认为，胎宝宝最喜欢准爸爸的声音和爱抚。当妻子怀孕后，丈夫可隔着肚皮经常轻轻抚摸胎宝宝，胎宝宝对父亲手掌的移位动作能做出积极反应。

英国科学家通过对胎宝宝的听觉功能试验得出结论：胎宝宝最容易接受低频率的声音。他们给一组8个月大的胎宝宝听低音大管乐曲后，胎动大大加强。这组胎宝宝出生后只要一听到类似男子声的乐曲，便停止哭闹，露出笑容。也许是因为男性特有的低沉、宽厚、粗犷的声音更适合胎宝宝的听觉功能，也许是因为胎宝宝天生就爱听父亲的声音，所以胎宝宝对这种声音能表现出积极的反应。这一点是母亲无法取代的。因此，丈夫平时可给怀孕的妻子朗读富有感情的诗歌、散文，经常同妻子腹中的胎宝宝娓娓对话，哼唱轻松愉快的歌曲，给胎宝宝以不可缺少的父爱。这样做的同时，对妻子的心理也是极大的慰藉。

★准爸爸要经常和胎宝宝交流，让胎宝宝感受到父爱。

和胎宝宝一起做运动

准妈妈在怀孕后，变大的子宫会压迫胸廓，尤其是在腹部凸显后，会造成呼吸困难的情形。另外，准妈妈因很少活动侧腹的肌肉，以及子宫压迫胸部，还会引起肋骨下部的疼痛。不过，准妈妈可以通过轻度的体操来促进血液循环，放松胸廓周围的肌肉，以缓解呼吸困难和疼痛。那么，下面就为准妈妈们提供能够达到上面效果的一些小动作，准妈妈和腹中的胎宝宝一起练习吧！

抬脚举手两侧倒

❶ 准妈妈两脚一前一后放松盘腿坐着。

❷ 头部仰起，吸气，把双手举高伸直，然后慢慢挺起胸部（图①）。

❸ 准妈妈将身体向侧面倾倒，后归位（图②）。吐完气后把手放下。反侧也同样。

①

②

站立抬肘运动

准妈妈两脚张开比肩幅稍宽，轻度弯曲膝盖。边吸气边让手肘靠近骨盆，用力收缩侧面。一边吐气，一边有节奏地将手肘慢慢往上抬高。准妈妈要做到手臂统一感到舒适的程度，然后换手臂做同样动作。

胎教小天地

在一个医院的新生儿中心，医学专家们用一种“自然摇车”研究了新生儿对其面临的陌生环境的反应。

出生之前的母体子宫内是个昏暗、安稳的小天地，随着母亲的活动，胎宝宝在羊水中摇荡，胎盘血流的汩汩作响造成一种舒适温馨的氛围。婴儿出生以后，在陌生的环境中，他（她）便显得不安起来。专家把婴儿放到“自然摇车”上，里面接近子宫环境的氛围，模拟的血管脉动音，羊水的漂浮感，昏暗的小空间让他（她）觉得又回到了记忆中的子宫里面，婴儿便马上安静下来。这种“自然摇车”有望能够投人生产，为广大的育儿家庭带来福音。

第22周 第1天

让胎宝宝从音乐中感受海洋

神秘、宁静、宽广和温馨的大海给准妈妈以视觉、心灵的享受，就算准妈妈不能去海边看大海，但是却可以听关于大海的音乐。

欣赏《大海啊，故乡》

歌曲赏析：大海啊，故乡

小时候妈妈对我讲
大海就是我故乡
海边出生海里成长
大海啊大海
是我生活的地方
海风吹海浪涌
随我漂流四方
大海啊大海
就像妈妈一样
走遍天涯海角
总在我的身旁
大海啊故乡大海啊故乡
我的故乡我的故乡
……

这首歌通俗易懂，格调高雅，优美动听，感情真挚，是一首深受欢迎、脍炙人口的抒情歌曲。整首歌曲质朴深情，如叙家常。表达了人们对大海的思念与赞颂，抒发了人们对哺育我们成长的故乡和祖国的热爱之情。

畅游在音乐的海洋中

人类深深的热爱着海洋，作曲家们创作出了许多关于海洋的优美歌曲，比如：《海洋湛蓝的思绪》、《海滨之歌》、《梦幻大海》、《天蓝蓝海蓝蓝》等描写海洋的音乐，准妈妈可以从中选择一些，放给胎宝宝听，作为胎宝宝的音乐胎教课程，让自己和胎宝宝能够常常徜徉在音乐的海洋里。

第22周 第2天

准爸爸帮助准妈妈做孕妇操

准妈妈在做孕妇操时，准爸爸不要站在旁边看热闹，要积极参与到准妈妈做运动的过程中去，做准妈妈运动时的得力助手。

立式操

具体步骤

❶ **预备式** 背靠背站好，两腿略分开，互相挽住胳膊向左右拉，反复做3次（图①）。

❷ **推背** 背对背站立，准妈妈转身推准爸爸的背部（图②）。在这个过程中，准妈妈要注意保持身体平衡，以免跌倒。

①

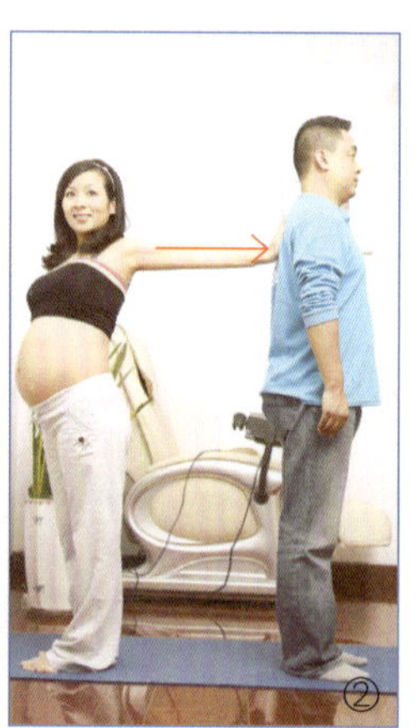
②

事项提醒

准爸爸在和准妈妈互动的时候，用力宜适中，可以边做操边问准妈妈能否承受这样的力度，以免用力过度从而拉伤准妈妈。

坐式操

具体步骤

❶ **预备式** 夫妻双方背靠背坐好，两臂弯曲，挺胸收臂，肘部与肘部相碰（图③）。

❷ **背坐拍手** 准妈妈两臂向上画半圆，挥起拍打准爸爸的手背（图④）。

❸ **拉肘** 准妈妈盘腿坐，双手抱头，准爸爸跪在后边，轻轻向后掰准妈妈肘部（图⑤）。

③

④

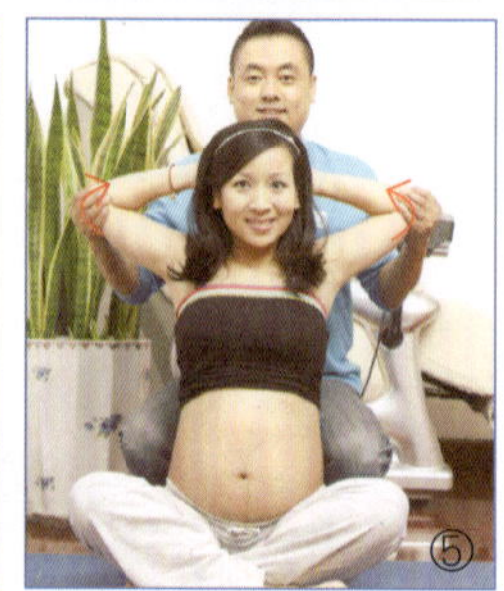
⑤

事项提醒

准爸爸不能把简单的体操当做儿戏，要和准妈妈一同投入到运动中，才能起到教育胎宝宝的作用。

向胎宝宝描述外面的世界

当胎宝宝在准妈妈腹中不断长大的时候，它的听觉神经进一步发育，能够认识和了解外部的声音和话语了。准妈妈不妨带着胎宝宝多去外面走一走，参加一些有意思的活动，让胎宝宝了解一下外面的世界。那么，到底应该怎么做呢？不妨试一试下面的这些建议。

确认耳朵位置让效果更佳

这一时期，有必要确认胎宝宝的耳朵位置。如果知道了耳朵的位置，准妈妈和准爸爸低声说话时，就可以让胎宝宝听得更清楚，从而提高胎谈的效果。寻找耳朵位置的方法非常简单。先将双手手掌放在腹部上方，然后慢慢地顺着腹部向下抚摸，在这个过程中，一只手会有摸到平板的感觉，这里就是胎宝宝的背部，继续向下抚摸，就可以找到球形的头部。耳朵就位于头部的中央。胎宝宝的位置时刻处于变化之中，所以每次胎谈前都要确认耳朵的位置。

让胎宝宝了解外面的世界

准妈妈应当积极地培养对外界事物的兴趣，并去努力付诸实践。准妈妈的大量体验最终会成为胎宝宝的体验，使胎宝宝健康地成长，了解外面的世界。准妈妈可以去看电影、看话剧、听音乐会、郊游、外出旅行。准妈妈要把这一过程中获得的感受悉数讲给胎宝宝听。置身于大自然中时，可以给胎宝宝讲一讲植物、动物、水果和蔬菜的名称，花的形状，季节的变化等。除了描述事物的形状和声音之外，还要闻香气、用手触摸感受质地，通过品尝了解味道，利用获得“五感”的各种行为让胎宝宝立体地了解每一件事物。例如，当我们看到一片草地时，准妈妈可以说“草儿都变绿了”，也可以说“这片草地真美丽啊，就像一块绿色的地毯一样”之类，准妈妈的话语里面有自己的直接感受。准妈妈具体的描述可以拓宽胎宝宝的思维空间。准妈妈在动物园或是水族馆看到各种动物时，可以告诉胎宝宝各种动物的名字，如狮子、大象、长颈鹿和海豚等，还可以靠近笼子或水池边仔细地观察。除了动物的大小、颜色、外形之外，还可以具体地讲述它们吃东西的样子、走路的步态、游泳的姿势等，越具体越好。

第22周 第4天

孕期吃水果有讲究

妊娠期，准妈妈要多吃水果以补充维生素，很多准妈妈为了肚中的胎宝宝，常常狂吃自己喜爱的水果。但是，真的是水果吃得越多就越好吗？事实并非如此，要知道不同的水果其属性与功效各不相同，有的对准妈妈和胎宝宝有益，有的则会带来不利影响，可见科学吃水果很重要。

吃水果应讲究科学性

有60%～70%以上的准妈妈在怀孕后，都会阴血偏虚，内热较重。因此，在孕期里，准妈妈最好不要吃性温或是大热的水果，否则吃多了很容易“火上加火”。像荔枝、桂圆、樱桃、桃、石榴、椰子、榴莲等或是热带的进口水果，都是热性的。尤其是热性体质的准妈妈更应该少吃这类水果，而应适当吃些西瓜等能生津止渴的寒性水果。如果你是一般体质或者寒性体质，就要少吃偏寒的水果，如香蕉、猕猴桃、柚子、西瓜、柑橘、橙子、桑葚等，如果特别想吃也要注意有选择性地吃，并且要控制食量。

建议准妈妈适当多吃一些苹果、桃、葡萄、菠萝等中性水果。

要谨防水果危害

有些水果在孕期吃可导致不良后果，如可致流产或早产，因此准妈妈应尽量远离这类水果，尤其是下面的这些水果：

◎ **山楂**　山楂对子宫有一定的兴奋作用，会促使子宫收缩。如果准妈妈们大量食用可导致流产。

◎ **木瓜**　木瓜中含有雌性激素，容易干扰准妈妈体内的激素变化，并可影响胎宝宝稳定，易致流产，尤其是青木瓜，准妈妈更应完全戒除。其不但对胎宝宝的稳定度有害，还有可能导致流产。

吃水果有禁忌

◎ **不要用菜刀削水果吃**　因为菜刀常接触生肉、鱼、生蔬菜，会把寄生虫或寄生虫卵带到水果上。

◎ **不要拿水果当饭吃**　尽管水果营养丰富，但营养并不全面，尤其是蛋白质及脂肪相对较少，而这两种物质也是胎宝宝生长发育所不能缺少的。

◎ **不要饭后立即吃水果**　吃水果宜在饭后2小时或饭前1小时。否则饭后立即吃水果，会造成胀气和便秘。

第22周 第5天

为胎宝宝唱支歌

为胎宝宝唱歌可传递感情

孕期母亲经常给自己的胎宝宝唱歌，一方面母亲会在自己的歌声中陶冶情操，获得良好的胎教心境；另一方面，母亲唱歌时产生的物理振动，和谐而又愉快，对胎宝宝来说相当于一种产前免疫，可为其提供重要的记忆印象，不仅有助于胎宝宝体格生长，也有益于智力发育，这能使腹中的胎宝宝获得感觉与感情的双重满足。这一点，是任何形式的音乐所无法取代的。

因此，未来的妈妈们要记住在适当的时候给自己的胎宝宝唱歌，歌声中要饱含自己对胎宝宝无尽的爱以及准妈妈对他的期待和慈爱。

选择为胎宝宝唱歌的方式

轻声哼唱

如果胎宝宝在腹内烦躁不安，胎动过于频繁时，准妈妈可以用轻声哼唱来安抚胎宝宝，让胎宝宝静听你的歌声，让他感受到你对他的爱。

纵情高歌

如果胎宝宝过于安静，胎动太少时，准妈妈可以用纵情高歌来唤起胎宝宝的注意。让胎宝宝随着准妈妈的歌声起舞，从而使胎宝宝感到准妈妈在向他倾诉满腔柔爱与慈母衷肠。

选择合适的歌曲

一般胎宝宝喜爱的歌曲旋律具有舒缓、优美的特点，那些激烈悲壮的乐曲或者噪声，则会使胎宝宝烦躁甚至乱动。因此，准妈妈宜多哼唱舒缓、明快、类似于胎宝宝心音节奏的歌曲，如《小燕子》、《茉莉花》、《摇篮曲》、《音乐之声》、《雪绒花》等。

充满感情地为胎宝宝唱歌

有的准妈妈认为，自己五音不全，没有音乐细胞，哪能给胎宝宝唱歌呢。其实给自己的胎宝宝唱支歌没有那么高深，不需要太多的技巧和天赋，要的只是母亲对胎宝宝的一片深情。只要准妈妈带着对胎宝宝深深的母爱去唱，那么准妈妈的歌声对于胎宝宝来说，一定是十分悦耳动听的。因此，准妈妈在有空的时候，不妨经常哼唱一些自己喜爱的歌曲，把自己愉快的信息，通过歌声传送给胎宝宝，使胎宝宝分享准妈妈喜悦的心情。

第22周 第6~7天

带胎宝宝去游泳

过去，准妈妈都是被禁止游泳的。事实上，只要掌握好水温、运动量和游泳方法，游泳对准妈妈来说是十分有益的。

游泳益处多多

◎ 准妈妈在游泳时，全身肌肉都参加了活动；再加上水对皮肤血管的“按摩”，可促使血液循环旺盛，不但增强准妈妈的体质，还有利于胎宝宝发育。

◎ 准妈妈沉重的妊娠子宫受到水浮力的支持，能够减轻支撑妊娠子宫的腰肌和背肌的负担，缓解或消除腰背痛症状。

◎ 有效改善准妈妈的情绪，减少孕期头痛，对胎宝宝神经系统的发育也有良好的影响。

◎ 可减少子宫对直肠的压迫，并促使骨盆内血液回流，消除淤血现象，有利于防止便秘、下肢水肿和静脉曲张。

◎ 准妈妈经常游泳，可逐渐消耗体内过剩热量，从而防止巨大儿的发生。

◎ 游泳可以增加准妈妈的肺活量，并能够让准妈妈在分娩时能长时间地憋气用力，从而缩短产程。

◎ 准妈妈在水中体位的变化，有利于纠正胎位，促进顺产。

◎ 准妈妈经常游泳有助于保持健美的体形，尤其对分娩后的体形恢复大有裨益。

游泳的事项提醒

◎ 准妈妈不要潜入水中，否则可能给腹部造成过分的冲击。

◎ 准妈妈不要脚朝下跳入池中，这样容易使水进入阴道，造成感染，同时跳水易对准妈妈的腹部造成冲击，准妈妈最好是缓慢地使身体进入水中。

◎ 准妈妈游泳时，准爸爸或其他人应在旁边或在岸上监护。

◎ 准妈妈运动时间不宜太长，应以运动结束不觉太累为宜。

◎ 准妈妈在游泳后体表温度会有所降低，要注意保暖。

◎ 游泳之后如果感到腹部疼痛，发现出血现象，要立即找医生或助产士询问清楚。

◎ 不会游泳或游泳技术不熟练的准妈妈，最好不要选择在妊娠期学习游泳。

◎ 有习惯性流产史的准妈妈，尽量不要选择在妊娠期游泳。

◎ 在妊娠末期，怀孕7个月以后，不宜游泳，以免发生羊水早破等意外情况。

◎ 游泳后一定要将身体冲洗干净。

第23周 第1~2天

手工活——自制口罩和手套

准妈妈可以自己动手做一副口罩和手套，做出来的东西既实用又美观，而且准妈妈多动手还能促进胎宝宝大脑发育。

自制口罩

❶ 准备材料：15厘米×15厘米大小的表布、里布、烫胶铺棉各2块，松紧带2条。

❷ 将烫胶铺棉裁成不含缝份的尺寸，分别熨烫在表布背面。

❸ 将表布及里布分别正面相对，缝合弧度部分。缝好后，将缝儿用熨斗熨烫平整。

❹ 在缝迹两边相距0.2厘米的位置，压缝两道线（里布也做同样压缝处理）。

❺ 将压好缝的表布及里布，正面相对，缝合边缘（注意要留一返口，不要缝合）。

❻ 修剪边缘和四个角，注意不要剪到缝线。

❼ 从返口处翻转到正面，整理好形状，用熨斗将边整烫平整后，缝合返口。

❽ 距边0.2厘米的位置用松紧带缝两条边。

自制手套

❶ 将剪好的两块双层布正面相对，注意要将正面朝内，用线沿虚线缝合（图①）。

❷ 将线周边剪去约0.2厘米（图②）。

❸ 用红色的线在边缘再缝一圈（图③）。

❹ 将手套翻至正面，缝到下摆处（图④）。

❺ 将手套下摆处向上折叠，用线再缝两条线（图⑤）。

❻ 取一个12厘米长的松紧带穿进去，穿进去后将松紧带的头尾重叠1厘米，然后缝合好即可（图⑥）。

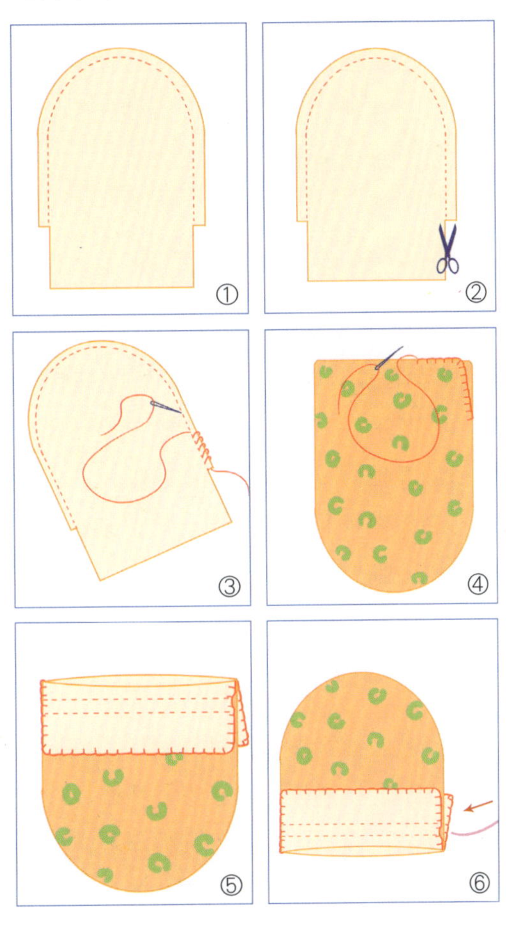

第23周 第3~4天 传世名曲给胎宝宝美的享受

60拍左右的音乐，和人体许多生理节奏都“合拍”，如心跳、血压、脉搏、脑电波等，都是60拍左右。根据共振共鸣原理，此时大脑会大量分泌脑内吗啡，这可以迅速激活脑细胞，让人精力集中、思维清晰、创意涌现、反应机敏，人也会感觉很轻松。

研究表明，下面这些名曲则更适宜做音乐胎教的素材。

欣赏欢快音乐

莫扎特的《小星星变奏曲》其中乐曲做了12次变化，生动地表现了小星星活泼可爱、变幻多端的模样。在这种欢快的节奏里，胎宝宝的情绪肯定是愉快无比的，而准妈妈此时也会完全陶醉在其中。

欣赏富含感情的音乐

圆舞曲《蓝色多瑙河》旋律优美动人，节奏富于动感，适合准妈妈在怀孕中、晚期听，准妈妈在欣赏这首作品时，通过想象能感受鲜明的音乐形象，从而进一步理解奥地利人民热爱生活、热爱故乡的深厚感情。

欣赏柔和宁静的音乐

《月光》又名《明月之光》，由于这首乐曲的旋律清新并富于浪漫情调，较通俗易懂，因而流传较广，成为脍炙人口的标题钢琴小品。在这首钢琴曲里，作者采用了色调柔和而明净的和声与钢琴织体，着意描绘了月夜幽静的景色，令人心旷神怡，它尤其适合于准妈妈心情烦躁时听。

欣赏安神定心的音乐

古筝曲《渔舟唱晚》适合于准妈妈在睡眠不好时听，它能促使准妈妈的情绪恢复宁静。同时，也带给胎宝宝以安静祥和的氛围。准妈妈在临睡前听此曲，可让自己的思绪沉静到傍晚的水波上，在渔舟的轻摇慢曳中静静入睡……

欣赏温馨甘美的音乐

莫扎特的《春泉》是其比较有代表性的一首曲子。莫扎特在严酷命运的摧残之下默默地承受着、孕育着、奉献着……像殉道的信徒般唱着温馨甘美的音乐安慰着自己，安慰着整个世界。莫扎特的音乐有人性的关怀，沐浴在这样的音乐光芒里，胎宝宝和准妈妈应该能感受到平静和祥和。

第23周 第5~6天

静态气胎教助缓解身心不适

在日常生活中，准妈妈可以根据适当的运动或锻炼，轻松地缓解酸痛带来的身心上的痛苦。以下这套运动操就属于静态气胎教。

具体步骤

❶ 准妈妈取坐位，双腿并拢伸直，双手分别置于体后左右两旁，双脚绷直，脚趾并拢，并一起向前伸展（图①）。

❷ 准妈妈身体略向前倾，双腿屈膝，双手由后向前，直到抓住双脚为止，并将足趾向身体方向扳压，腰部尽量保持挺直状态。扳压大约5秒钟，双手即可松开双脚（图②）。

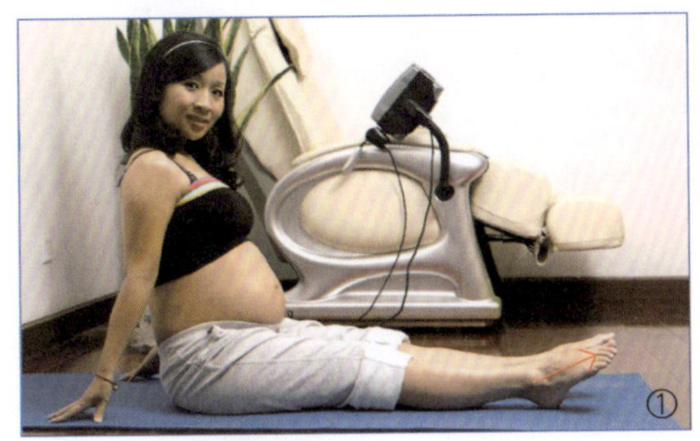

①

②

❸ 调匀呼吸后，准妈妈继续保持双腿屈膝状态，足跟着地，足趾向上微张，双手分别置于同侧的小腿上，并轻轻按揉（图③）。

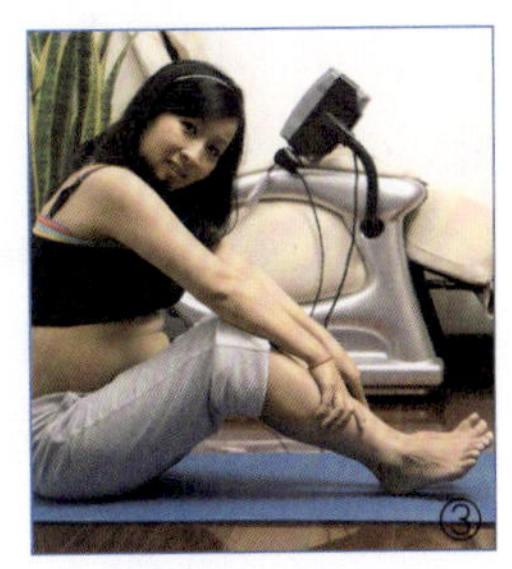

③

❹ 准妈妈将双手掌心分别轻轻贴于同侧的小腿肚上，并施以揉捏，力度适中（图④）。

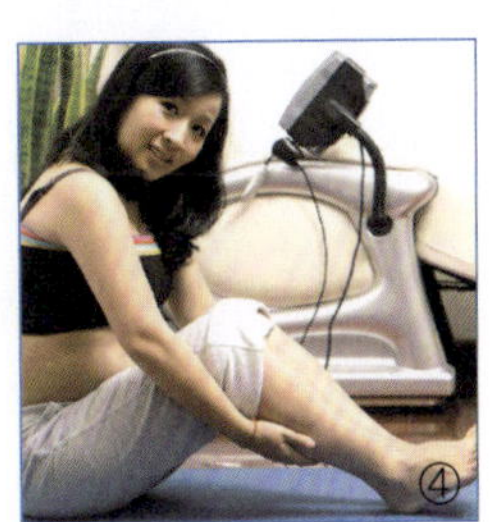

④

运动要领

一定要保持重心，当重心不稳时，要及时地松开双手，重新调整重心，以免伤及自身和胎宝宝。

运动频率

该组运动每天至少要练习3～5次，每隔一天练习一次。

运动功效

本组运动以锻炼和按摩双腿和双脚为主，可改善腿部的血液循环，对缓解腿脚酸痛有显著疗效，非常适合患有腿脚酸痛症状的准妈妈练习。

第23周

第7天 自我调整情绪，让烦恼无影无踪

怀孕期间，由于激素的变化、身体的不适、家人矛盾等问题，会使准妈妈的情绪出现起伏，表现出悲伤、孤独、焦虑等情绪问题。所以，准妈妈应该学会调整以下不良情绪，开心度过孕期的每一天。

激素变化使情绪波动

症状表现

怀孕之后，准妈妈的身体会分泌大量的黄体酮和雌性激素，这些分泌物同样会导致情绪波动。

建议对策

◎ 准妈妈不妨经常练习一下孕妇瑜伽。

◎ 准妈妈要多散步，或到大自然中去。

担心胎宝宝是否健康

症状表现

有一些准妈妈由于曾经出现过流产的情况，再次怀孕时便担心自己腹中的胎宝宝再次出问题，这种担忧会困扰着怀孕的准妈妈，致使精神容易陷入焦虑当中，甚至有的准妈妈会梦见胎宝宝再次流产的景象。

建议对策

◎ 准妈妈可多学习一些有关妊娠、分娩的知识，一次不幸的流产并不意味着以后也会流产，千万要注意别让自己陷入到以前的不幸经历当中去。

◎ 准妈妈重视产检，产检能有效地发现问题，如准妈妈在孕期出现腹痛或见红等流产“征兆”问题，要及时去医院检查或是咨询医生。

◎ 准妈妈要学会放松心情，与朋友、同事或是长辈多聊聊天。

担心准爸爸是否已不关心自己

症状表现

很多准爸爸在准妈妈怀孕期间容易忽视准妈妈的心理需求，准妈妈会觉得准爸爸不够关爱自己，这很容易让准妈妈陷入到忧郁和疑虑当中去。

建议对策

◎ 和准爸爸一起给胎宝宝做胎教。

◎ 让准爸爸多抽出时间来陪伴准妈妈，如果准爸爸给准妈妈按摩，也会让情绪变得安定和放松。

坚持教胎宝宝唱歌

根据医学专家对妊娠第154天子宫外胎宝宝脑电波记录的研究证实，听觉能记录于脑电波中是在胎龄第20～24周，至胎龄24周左右时耳蜗的形态和听神经的分化基本完成。因此，从24周开始，音乐胎教中应该增加准妈妈和准爸爸教胎宝宝“唱”音符的内容。虽然胎宝宝不会张嘴唱歌，但是，只要父母持之以恒地坚持教唱，定能收到好的效果。

唱歌应选择适合的方式

一种方法是：准妈妈或准爸爸采用练习音符发音。例如：“1、2、3、4、5、6、7、1”、“1、7、6、5、4、3、2、1”。准妈妈和准爸爸反复轻声教唱若干遍，每唱完一个音符停顿几秒钟，正好是胎宝宝复唱的时间。在教唱时，准妈妈要充分地发挥自己的想象力，就好像子宫中的胎宝宝神奇地张开蓓蕾似的小嘴，随着父母的音律和谐地跟着学唱。

准妈妈还可以选好一支优美快乐的歌曲，伴随着音乐，准妈妈先自己唱一句，随即凝思胎宝宝在自己腹内学唱。

尽管胎宝宝不具备唱歌的能力，但通过准妈妈的想象力，利用“感通”的途径，能使胎宝宝得到早期教育。虽然父母选唱的是一些简单的乐曲，时间一长，音符刺激可以在胎宝宝的大脑中构成记忆，奠定后天音乐基础。

值得注意的是，在教胎宝宝唱音符时，室内应保持安静，尽量避免噪声干扰。每天教唱1～2次，每次3～5分钟。最好定时教，并拟订一个施教计划，由准妈妈和准爸爸二人交替进行。

唱歌的事项提醒

准爸爸和准妈妈也要注意一些事情，教胎宝宝唱歌的声音有乐音和噪声之分。当然，对胎宝宝的刺激也就有“有益”与“有害”之分。伴奏的迪斯科舞曲、架子鼓的声音，在某些时候可以创造欢乐的气氛，但对于你和你腹中的胎宝宝来说，这种节奏强烈、带有震撼性的声音无异于噪声。所以，准妈妈不能听这类音乐。而舒缓轻柔与欢快相间的E调、C调才是最适宜的。

胎教小天地

南加利福尼亚大学研究小组（1981～1983年）研制出带有特殊安全装置的麦克风，将其插入孕妇的子宫内，发现胎儿在母体内听到的音乐与外界听到的声音基本相同。

第24周 第2~3天 根据胎宝宝的喜恶进行活动

整个孕期，胎宝宝一直生活在准妈妈温暖的子宫中，准妈妈要注意胎宝宝的心情，多做一些胎宝宝喜欢的事情，不做或少做胎宝宝不喜欢的事情，让腹中胎宝宝感到愉快，以便让其能够健康地成长。

带胎宝宝去郊游

在美丽开阔的公园里面，准妈妈的心情也会为之焕然一新。不过要注意的是，准妈妈在寒冷的时候，不能长时间外出。如果是短时间，则可以围上围巾外出。

胎宝宝很喜欢大自然中的声音，因此胎宝宝也很喜欢公园这个地方。出外散步的准妈妈也能借着自然的音乐而达到放松心情的目的。胎宝宝的心情优闲时，就能促进脑细胞的发达。

准妈妈和准爸爸也可以一起到郊外踏青。沐浴于新鲜空气中，在野外的草地上野餐也是一个不错的主意。

为了多做一些胎宝宝喜欢的事情，准妈妈也必须常到户外，去聆听胎宝宝所喜欢的声音，做一些胎宝宝喜欢的事情。

避免胎宝宝讨厌的事情

胎宝宝不喜欢污浊的空气

胎宝宝不喜欢空气污浊的封闭空间，无论是在家里还是在办公室，都应时常打开窗户换气，保持室内空气清新。如果出入公共场所，尤其是经常坐公交车或地铁的准妈妈应该戴口罩。戴口罩是对付空气污染的最好办法。但其实准妈妈最好还是应该少去人多的地方。

胎宝宝不喜欢接近刚吸完烟的人

准妈妈尽量不要接近吸烟的人。刚刚有人吸烟的地方，应该等那里换气后准妈妈再进入。在公共场所，例如在餐馆就餐时，尽量选择坐在无烟区。如果是在家里或者办公室，准爸爸或同事抽烟，可以和他们沟通，让他们到阳台或是走廊里抽。

第24周 第4天

给胎宝宝上一堂古诗课

“白日依山尽，黄河入海流。欲穷千里目，更上一层楼。”王之涣的这首《登鹳雀楼》可谓家喻户晓。今天，准妈妈就可以为胎宝宝有感情地朗读一下这首诗。

译文通读

这首诗的译文：夕阳依傍着西山慢慢地沉没，滔滔黄河朝着东海汹涌奔流。若想把千里的风光景物看够，那就要登上更高的一层城楼。

整体赏析

首句写诗人遥望一轮落日向着楼前一望无际、连绵起伏的群山西沉，在视野的尽头冉冉而没。这是天空景、远方景、西望景。次句写目送流经楼前下方的黄河奔腾咆哮、滚滚南来，又在远处折而东向，流归大海。这是由地面望到天边，由近望到远，由西望到东。

这两句诗合起来，就把上下、远近、东西的景物，全都容纳进诗笔之下，使画面显得特别宽广，特别辽远。写出了景色动态的美，充满了无限生机。

后两句写作者所感所想。“欲穷千里目，更上一层楼”，表达了一种无止境探求的愿望，还想看得更远，看到目力所能达到的地方，唯一的办法就是要站得更高些。

这两句诗，是千古传诵的名句，既别翻新意，出人意表，又与前两句诗承接得十分自然、十分紧密；同时，在收尾处用一“楼”字，紧扣主题：登鹳雀楼。

“白日依山尽，黄河入海流”，是写诗人登楼远眺落日之景，远眺天际仿佛感到天边像是从山那头渐渐消失；俯瞰黄河，滚滚流入东海，中华大地山河是何等辽阔壮美。虽是写景，却抒发了诗人内心的感慨与想象力。

“欲穷千里目，更上一层楼”，从字面上看，是说要想看得更远，必须登上更高一层楼。“穷”是极尽的意思。但从意境上却有更深远的意思。古人好登高，是民俗也是习惯更是为抒发内心的感慨，因此常常把追求事业新高度与登高作比。然而要取得更大成就必须更尽一把劲，再往高处走，再高些，更高些，才能达到一种新的眼界，新的意境。

准妈妈可以耐心地为胎宝宝解读此诗，再加上自己的思索与体会，就可以让胎宝宝感受到此诗的意境了。

第24周 第5天

做家务劳动宜当心

准妈妈在妊娠期坚持适宜的家务劳动，对母婴健康都有益。因为，适宜的家务劳动可增加准妈妈的活动量，可防治孕期最容易出现的便秘，既能增进准妈妈的食欲，吃得更香甜，又可改善准妈妈的睡眠。同时，还有助于预防准妈妈发胖。但是，也有不少的准妈妈由于孕期做一些不该做的家务活，或在家务劳动中不慎重，因而危害了健康，甚至导致流产、早产，危及胎宝宝安全。因此，准妈妈在孕期做家务时必须特别当心。

打扫卫生事项提醒

准妈妈可以从事一般的擦、抹家具和扫地、拖地等劳作，切记不可登高打扫天棚，不可上窗台擦玻璃，不要搬抬笨重家具，更不可让家具压迫着肚子。擦抹家具时，应尽量不弯腰，妊娠晚期更不可弯腰干活儿，拖地板不可用力过猛。

★适当的家务劳动有益母子健康。

做饭事项提醒

准妈妈可以做饭，但必须也要注意：淘米、洗菜时尽量不用手直接浸入冷水中，尤其是在冬春季节更应注意，因着凉受寒有诱发流产的危险。因油烟对准妈妈尤为不利，可危害腹中胎宝宝，厨房里最好安装抽油烟机。

此外，准妈妈在炒菜、炸食物时，油温不要过高。在烹饪过程中注意不要让锅台直接压迫自己的肚子。

洗衣服事项提醒

准妈妈除了在妊娠晚期之外，是可以洗衣服的，但应注意以下几点。

◎ 在搓洗衣服时，不可用搓板顶着腹部，以免胎宝宝受压。

◎ 准妈妈最好不要用洗衣粉，宜用肥皂。

◎ 在拧衣服时不要用力过猛。

◎ 冬春季节忌用冷水洗衣。

胎教助胎宝宝培养品行

培养胎宝宝的品行同样是胎教中的一个重要内容，那么准妈妈应该如何做才能培养出高品行的宝宝呢？

趋美避丑

胎宝宝生长发育需要的营养和氧气，是母亲用血液通过胎盘供给的，母亲情绪变化会影响激素分泌和血液的化学成分。积极的情绪会使血液中增加有利于胎宝宝健康发育的化学物质，而消极的情绪则会使血液中增加有害于胎宝宝神经系统和其他组织的物质。因此，准妈妈要多接触美好的事物，使秀气入胎，回避淫邪、行凶、丑陋等不良刺激。这样生下的胎宝宝才会聪明漂亮。

养花不但有助于美化居室环境，而且有利于陶冶情操。

端心正坐

端心正坐需要准妈妈做到以下几点。

◎ 胸怀开阔，乐观豁达，无私心杂念，不患得患失。

◎ 生活上知足，待人宽厚，助人为乐，处事无妒忌之心，言行举止端庄大方，做到“坐无邪席，立无偏倚，行无邪径，目无邪机，口无邪言”。

只有这样才有助于养成胎宝宝良好气质与性格特征，禀气纯正。

怡情养性

宁静即是准妈妈最好的胎教，这要求准妈妈遇事冷静，使心静于内，不为七情所伤，摒弃孤独、忧伤和烦恼，始终保持稳定、乐观的积极情绪。如此，可使准妈妈气血和顺，有利于胎宝宝的生长发育。此外，准妈妈可适当地参加文体活动，培养多方面的兴趣爱好，通过琴棋书画、诵读诗歌及旅游等多种途径陶冶自己的性情。养花草也是不错的选择。

开始带“球”运动

本月日常生活调理

- 外出时，不要去人多拥挤的地方。
- 如果腿上出现了静脉瘤或水肿，睡觉时可用垫子垫高脚来睡，这样就会轻松很多。
- 开始准备生产后的母婴用品。
- 走路时宜保持抬头挺胸的姿势，坐时腰部要有支撑，且不要长时间坐着。
- 进食后不要马上躺下，可以采用半坐卧姿。
- 若婴儿出生用品尚未准备齐全，这个月还可安排时间选购，但要尽快完成。
- 绝对禁止站在椅子上向高处取物。
- 变换姿势体位时，动作不要太迅速。
- 应做一次血液检查，如此时发生孕期糖尿病或贫血，应该根据医生的建议进行防治。

本月胎教提醒

- 经常去一些博物馆和美术展览馆等地方，对胎宝宝进行美育教育。可欣赏艺术功力深厚，人性情感刻画细腻、生动、感人的名画作品，并细细解说其意境、美感与典故。
- 听一些准妈妈和胎宝宝比较喜欢的音乐，或沉浸在冥想之中。
- 可聆听旋律优美、细腻的古典乐曲。
- 唤醒胎宝宝，介绍准妈妈所生活的外在世界以及大自然的美好。
- 打着小鼓，叙说一些探险游历、传奇、神秘的故事，并亲吻腹中胎宝宝。

本月运动胎教提醒

- 准妈妈的身体如果没有出现异常状况，就可以比较安心地享受性生活了。但是，一定要选择不会压迫腹部的姿势，如果肚子开始肿胀应立即停止，视情况再继续。
- 此期应该进行适当的运动，多运动可以控制体重的增长，减少脂肪的摄取，以防止生出巨大儿，有利于自然分娩。
- 这阶段散步是最好的运动方式之一，建议每天散步1个小时左右，也可以做一些简单的孕妇瑜伽，这对准妈妈和胎宝宝都是非常有益的。

本月饮食营养调理

- 锌、烟酸和钙等成分有助于脑的发育，这些物质大量存在于泡菜、萝卜茎叶、圆白菜、豆类食物中。桂皮、栗子、糯米、糙米等食物对胎宝宝也是益处多多。

- 应当充分摄取富含增进循环系统活力的镁元素食品，如无花果、香蕉、玉米、酸奶、豆类、豆芽、海草等都是不错的选择。
- 准妈妈可适当多吃些杨桃，少吃热性香料。
- 从现在开始到分娩，准妈妈每天应增加谷物的摄入量，因为胎宝宝需要更多的营养。
- 适当多吃富含膳食纤维的食品，如全麦面包及其他全麦食品、豆类食品、粗粮等，以预防便秘的发生。
- 在饮食上除了应该注意多吃一些含铁丰富的食物外，还应注意多吃一些含维生素C较多的食品，以帮助身体吸收更多的铁。

本月不适症状罗列

- 可能会有出血或腹胀。
- 可能会出现身体水肿。
- 可能会有血压上升、贫血等症。
- 腿上可能会有静脉瘤。
- 可能会出现便秘和痔疮。
- 可能会出现腰酸脚痛。
- 可能会有胸口灼热感。
- 可能会出现羊膜早破。
- 可能会出现早产。
- 可能会出现频繁的子宫收缩及少量阴道出血。

本月准爸爸胎教任务

- 准爸爸要以喜悦的心情，期待宝宝的降临。
- 准爸爸可以经常给准妈妈做按摩，以舒缓准妈妈的紧张情绪。
- 做好准妈妈的安全保障。

本月职场准妈妈提醒

- 工作中需要长时间站立的话最好暂停工作。
- 在公司出现尿痛或疲劳时，可利用一些简易的体操来舒缓。
- 避免在高峰时刻上下班，最好请准爸爸开车接送。

本月孕事随记

摇篮曲助好眠

摇篮曲原是母亲抚慰小儿入睡的歌曲，通常都很简短，其旋律轻柔甜美，伴奏的节奏则带有摇篮的动荡感。由于音乐平易、动人，常被改编为器乐独奏曲。

用摇篮曲实施胎教益处多

摇篮曲有很好的安神、催眠作用，既能促进胎宝宝健康发育，又可抚慰胎宝宝的焦躁情绪，为胎宝宝早期音乐启蒙打下良好基础。另外，摇篮曲不但能让准妈妈和胎宝宝晚间有个好的睡眠，从生理上来说，悦耳怡人的音响效果还能激起母亲自主神经系统的活动，由于自主神经系统控制着内分泌腺使其分泌许多激素，这些激素经过血液循环进入胎盘，使胎盘的血液成分发生变化，有利于胎宝宝健康的化学成分增多，从而激发胎宝宝大脑及各系统的功能活动，来感受母亲对他的教育。

欣赏代表性摇篮曲

摇篮曲的代表作有德国作曲家理查·施特劳斯的《家庭交响曲》。作品中描写摇篮轻轻摆动的节奏，从头贯穿到底。歌中唱道："睡觉吧，我的宝贝，小蜜蜂已经休息，小鸟儿也已回巢，花园里多么安静。月亮在天上微笑，一片银光多美丽，透过窗户照着你，睡觉吧，我的宝贝，快睡，快睡！"舒伯特的《摇篮曲》是利用稳定和弦和不稳定和弦的不断交替，来体现摇篮摆动的效果的。这是一首民歌风格的歌曲，音乐充满无限的温存和抚爱。

勃拉姆斯的《摇篮曲》是通过强弱拍节奏的起伏，来塑造摇篮摆动的形象的。这也是一首民歌风格的歌曲，曲调温柔美丽，表现了母亲对孩子的亲切祝愿："晚上好，夜里好，玫瑰花、丁香花都已闭上眼，你也快睡觉。到明天，大清早，又是会说会跳。晚上好，夜里好，天使在守卫你，睡吧，圣婴树会在梦里出现。睡得香，睡得甜，你会梦见乐园。"

胎教小天地

胎宝宝具有辨别各种声音并能做出相应反应的能力，准爸爸和准妈妈要抓住这一有利时机经常对胎宝宝进行"对话"的语言胎教。有一位父亲从胎宝宝7个月开始经常向胎宝宝说："小宝贝，我是你爸爸！"一边摸着胎宝宝，以后每当这句话一出现胎宝宝就会兴奋地蠕动起来。当这个孩子出生后哭闹不止时，他的父亲突然想到了与胎宝宝经常说的那句话，于是就马上说："小宝贝，我是你爸爸！"话刚出口，婴儿就突然停止了哭声，并掉转头来寻找发出的声音。

第25周 第2~3天

为宝宝打造温馨小居

小床是小宝宝的第一个“安乐窝”，是他们开始享受温馨与惬意的小小天地，这需要准妈妈和准爸爸用心去打造。

选择舒适的婴儿床

好的婴儿床既要看重安全性，又要兼顾实用性。准妈妈和准爸爸在选择时，可以先摇动或移动床具，太摇晃的床具容易发出噪声，不适合小宝宝使用；检查所有的螺丝是否都拧紧了，以保证小宝宝的安全；准爸爸也可以用手或身体的力量，亲自测试一下床的承受力。整体检查过以后，床的边边角角仍然需要特别注意。一般情况下，婴儿床的边角最好是圆角或弧形，而不是棱角或棱线形，且没有任何尖锐的金属配件。每一道边，每一个角的接缝处要非常紧密。否则，一旦小宝宝的手指或衣物夹进去，很容易受伤。婴儿床出于安全性的考虑，通常都会有护栏设计，一般对其高度和间距都会有一定要求。如高度至少要达到65厘米（包括床垫和床品的高度），护栏的间距不得超过6厘米。

对于有雕花和色漆的婴儿床，准妈妈和准爸爸就要留意雕花是否粗糙以防磨坏小宝宝娇嫩的皮肤，色漆有无异味、是否含铅、是否会掉漆等，以免损坏小宝宝的健康。

挑选舒适的床上用品

选择床上用品的时候，要首先注重柔软的质地，以纯棉最佳，透气性又好。床垫和垫褥都应软硬适中，以免影响小宝宝的脊柱和骨骼发育，且床垫的边缘需经得住脚踩，不易变形。被子不宜超过整个床面的2/3，重量要轻，质量要好，不宜选用羽绒被。

准爸爸和准妈妈要为未来的宝宝选购舒适的床上用品，让宝宝健康成长。

第25周 第4天

带胎宝宝听听海豚音

让胎宝宝听海豚的声音

海豚属哺乳纲、鲸目、齿鲸亚目之海豚科，目前世界上共有近62种，分布于各大洋系。海豚喜群居生活，有着惊人的听觉和超声波回声定位系统，具有高超的游泳和潜水本领。海豚的大脑，是迄今所有动物中除人类外最为发达的。

据研究发现，海豚能发出2千～10万赫兹（甚至30万赫兹以上）不等的高频超声波，这种声波能大大激活人脑中处于“休眠状态”的神经元细胞，这对于处在发育期的胎宝宝的中枢神经系统来说，都具有良好的促进作用和医疗价值。另外，据秘鲁科学家发现，海豚发出的“超声波”式的声音能够刺激胎宝宝的脑部发育，元气十足的海豚会借着“超声波”式的声音刺激胎宝宝发育，尤其是还在子宫里的胎宝宝，脑部运动会因此而更灵活。不仅海豚的声音招胎宝宝喜爱，海豚的样子也非常憨态可爱，再加上又聪明有灵性，对人类特别友善、耐心、容易接近，因而很多人都到海洋馆去看过海豚表演。

实施海豚胎教的方法

准妈妈的理想的海豚胎教方法，应当是让海豚贴近胎宝宝头部或准妈妈肚皮，听其发出悦耳的叫声，或一起与海豚共游、嬉戏、玩耍。

海豚喜欢而且能跟胎宝宝进行心灵沟通，因为海豚是一种极聪明和具有高等思维能力的动物。

准妈妈可以在准爸爸的陪同下去海洋馆里参观海豚表演，例如，跳跃、钻套圈、芭蕾舞等，以及听海豚们“唱歌”，和可爱的海豚进行友好的互动，如，伸手抚摸海豚的吻端和皮肤，这些都是非常好的胎教法。

胎教小天地

日本索尼音乐艺术会和幼儿开发协会举办了“0岁胎儿音乐会”即胎教音乐会，目的是让胎宝宝听到外界优雅的音乐，同时要求准妈妈必须保持腹部松弛。日本著名学者阿部顺一教授主持了“英才制造工程试验”，对127名孕妇进行胎教指导，结果她们所生的孩子中71%智力超常，他编写的《英才之路》一书引起了世界各国的关注。

英国著名小提琴家耶胡迪·梅纽因，在英国胎儿心理学会成立大会上建议，准妈妈应对其胎宝宝唱歌，这能给胎宝宝以和谐的感觉和情绪上的安宁。英国胎儿心理学会会长米歇尔·克莱门特印证了梅纽因的论点，并说：“当把怀孕期间录下来的母亲歌声磁带给婴儿播放时，婴儿的反应是十分激动的，因为他们已经有了记忆印记”。

第25周 第5~6天

与胎宝宝一起赏析《春天里的对话》

《春天里的对话》原文

春天来了，小树发芽了，小草变绿了，小花也开了，有桃花，梨花，丁香花，玉兰花，真是漂亮极了！

晚上，天空挂着月亮，小星星在月亮婆婆身边睡着了。这时，公园里传来了好听的说话声。

桃花说：“春天真好，我最喜欢春天了，太阳暖暖的，花儿也开了，多好啊！你们说是不是我先开的？是我把春天迎来的。”

梨花说：“你说得不对，是我先开的，你看我全身白白的，多像雪白的玉。”

玉兰花说：“你们说的都不对，是我最先和春姑娘说话的，我最香了，春姑娘最喜欢我了。”

花儿们的说话声把月亮婆婆吵醒了，月亮婆婆问花儿们：“你们说什么呢？真热闹，让我也听听。”

梨花向月亮婆婆招招手，高兴地说：“月亮婆婆，春天真好，您告诉我们。是谁最先把春姑娘迎来的？”

月亮婆婆想了想，微笑着说：“我知道刚才你们说什么了，我来告诉你们答案。春姑娘是小草最先迎来的，在你们没开花的时候，小草已经钻出地面了。”

听了月亮婆婆的话，桃花、梨花、玉兰花都低下了头。

月亮婆婆又说：“好了，孩子们，咱们睡觉吧！待一会儿春姑娘该来叫你们了。”

公园里又静静的了，月亮婆婆，还有桃花、丁香花、玉兰花都闭上眼睛了，她们的梦里春姑娘还在跳舞呢。

与胎宝宝交流很重要

准妈妈在讲故事的时候要切记将自己的心得体会讲给胎宝宝听，和胎宝宝一起想象故事的有趣，可以对胎宝宝说：“宝宝你乖乖的，等你出来后，妈妈带你去看春天里的世界。”

★ 准妈妈可经常给胎宝宝讲故事，通过妈妈的语言让他了解外面的世界。

第25周

第7天 互动练习，让胎宝宝更强壮

准妈妈从感觉到胎动时起，就可以每日定时地与胎宝宝互动一下，可以是做胎儿体操，或是抚摸胎宝宝，或是和胎宝宝做互动游戏。许多这样做过的准妈妈，会发现对胎宝宝有很大的帮助，出生后宝宝的体格非常健康。

抚摸胎宝宝

准妈妈在睡前，可以和准爸爸一起抚摸一下腹内的胎宝宝，这样可以激发胎宝宝运动的积极性，并且可以感觉到胎宝宝在腹内活动而发回给母亲的信号。具体操作方法是：准妈妈仰卧在床上，头不要垫得太高，全身放松，呼吸匀称，心平气和，面带微笑，双手轻放在胎宝宝的位置上，也可将上身垫高，采用半仰姿势。每次2～5分钟。双手从上至下，从左至右，轻柔缓慢地抚摸胎宝宝。

拍打胎宝宝

当胎宝宝踢肚子时，准妈妈可轻轻拍打被踢部位，然后再等第2次踢肚。一般在1～2分钟后，胎宝宝会再踢，这时再拍几下，接着停下来。如果你拍的地方改变了，胎宝宝会向你改变的地方再踢，注意改变拍的位置离原来踢的位置不要太远。准妈妈可以每天早晚共进行两次，每次3～5分钟，其姿势同爱抚法。

此外，准妈妈还可以做一个拍打游戏。首先，找一个舒服的坐姿或卧姿，然后准妈妈有节奏地拍打肚子，感觉胎宝宝的反应，通常重复几次下来，胎宝宝会有反射动作。也可以用两、三拍的节奏轻拍腹部，如果你轻拍肚子两下，胎宝宝会在你拍的地方回踢两下，如果轻拍三下，胎宝宝可能会回踢三下。

准妈妈和胎宝宝一起做拍打游戏，有助于胎宝宝更好地成长。

第26周 第1天 向胎宝宝传授日常知识

准妈妈们应该和胎宝宝进行良好的交流，如准妈妈可以喃喃自语般地将一天中看到的、听到的和经历的事情讲述给腹中的胎宝宝，这是非常良好的语言胎教，又是很有意义的常识课内容，既可以增加母子之间的感情，又可以培养胎宝宝的感受能力和思维能力。

在教胎宝宝一些日常知识时，不妨借助身边的一切事物来给自己的胎宝宝上堂常识课。比如可以教胎宝宝认识家里的东西，比如指着家中的物件对胎宝宝说："宝宝，你看，这是电视，你以后可以用它看动画片，这是沙发，宝宝可以坐在上面玩耍，这是衣柜，里面装着宝宝的衣服！"

准妈妈还可以教胎宝宝看照片，认识人，比如告诉胎宝宝："这是爷爷奶奶，外公外婆。这是爸爸、妈妈，等宝宝出来以后，一家人去照全家福。"

此外，准妈妈向胎宝宝传授知识的欲望，则会使自己的眼前一切顿时生辉，街上奔驰的汽车、自行车，路上的行人；动物、虫、鸟的形态；表现季节的花草树木；云彩的形状；风雨的声音；橱窗、柜台上摆放的商品；耸立的高楼大厦；工厂里有节奏的机器声；公园里嬉戏的身影……

为了将更多的知识输入胎宝宝的大脑，准妈妈不要忽视周围任何细小平凡的事情，可以全部如实地描绘出来讲给胎宝宝听。

虽然只是一些平时的小事，但是，在准妈妈娓娓道来的同时，腹中的胎宝宝却在感受着你对他的这份关爱，可以明显提高胎宝宝的感受能力。

注意在给胎宝宝讲这些知识时，应用愉悦的口吻，清脆的声音，这样会引起胎宝宝的特别注意和精神兴奋，从而对准妈妈的教育产生反应。

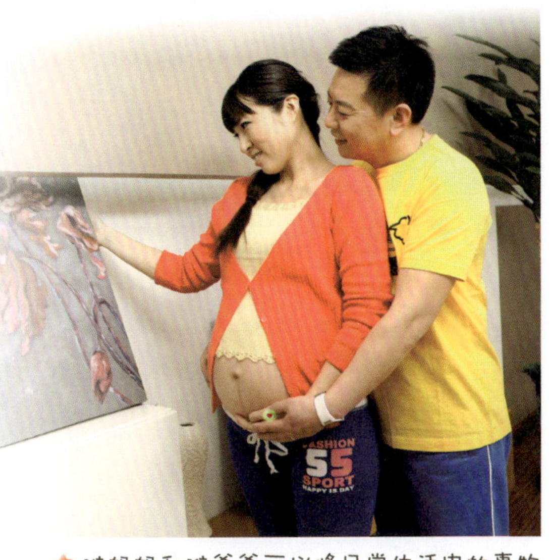

准妈妈和准爸爸可以将日常生活中的事物讲给胎宝宝听，让胎宝宝学习一些常识。

胎宝宝同样向往光明

怀孕5个月后，胎宝宝就会根据外部光线的照射产生一定的反应。灯光的照射会如实地反映到胎宝宝的脑部。此时，胎宝宝不仅会通过自身的视觉神经感知外界事物，而且胎宝宝也可以感受到准妈妈受到的视觉冲击。此时可以对胎宝宝进行光敏感训练。

良好习惯提供光照训练

准妈妈每天早晨和傍晚时分进行散步对胎宝宝视神经的发育大有裨益。这样会让胎宝宝逐渐熟悉外界昼夜的周期。准妈妈利用晴朗天气外出散步时，也可让胎宝宝感受到光线强弱的对比。而夏天时还要注意防止紫外线的照射。尤其是穿着薄薄的衣衫时，一定要避免在强光下行走或进行一些不必要的户外运动。在避暑地时尤其要引起足够的重视，因为强烈的阳光对于胎宝宝来说是一种过分耀眼的光线。

夜晚不宜开灯睡觉

长时间照射灯光会引起神经系统功能紊乱，导致情绪焦躁不安。如果是日光灯，可与睡眠时室内门窗关闭产生的污浊空气产生含臭氧的光烟雾，形成室内污染；尤其是荧光灯发出的光线带有看不见的紫外线，能使人体细胞发生遗传变异，诱发胚胎畸变。另外，开灯睡眠干扰生物钟，不利于准妈妈与胎宝宝形成规律的生活。因此，准妈妈在睡眠时一定要将灯关闭，并且在关灯之前，先把窗户打开10～15分钟，将室内有害空气清除出去。

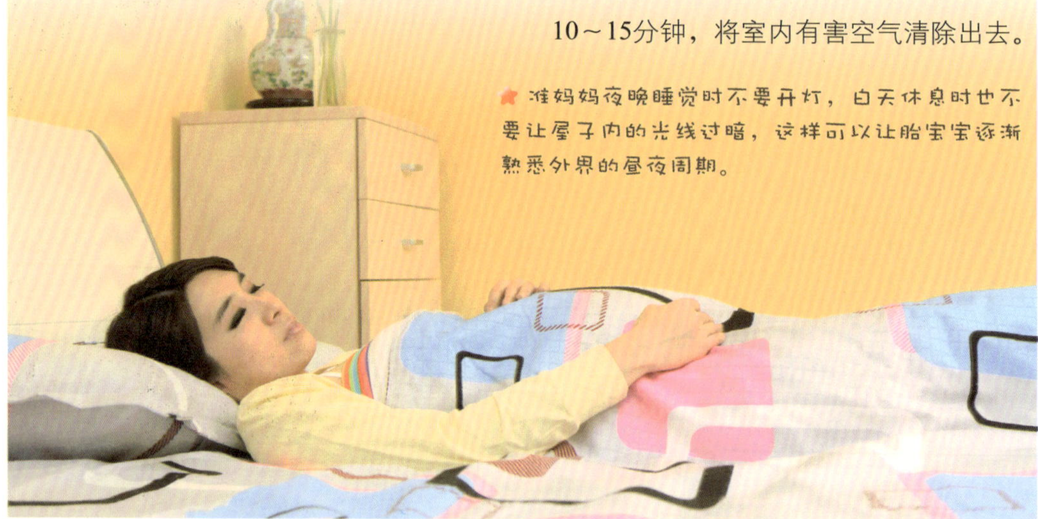

准妈妈夜晚睡觉时不要开灯，白天休息时也不要让屋子内的光线过暗，这样可以让胎宝宝逐渐熟悉外界的昼夜周期。

教胎宝宝认识图形从孕期开始

教授胎宝宝应与生活相联

我们都知道图形的学习与数的学习一样，重要的是将学习内容与生活紧密地联系在一起。我们要教胎宝宝认识各种图像，准妈妈利用周围的东西进行实物教学是最有效的，例如，以闪光卡片上描绘的图形为基础，将其视觉化后传递给胎宝宝。

准妈妈在教胎宝宝认识各种不同图形的时候，不妨这样做：

例如学习正方形时，准妈妈如果说："这个图形是由四条直线围起来的，并且四个角都呈直角。"

这种讲法虽然是对的，但是这种从平面几何的角度进行的解释是很难引起胎宝宝兴趣的，所以就要找出你身边呈正方形的实物来进行讲解。

"和卡片上的图形一样的东西在哪儿呀？"先提出问题，然后和胎宝宝一起寻找，"有了，坐垫，桌子。"这时可以一个个拿在手里，一边讲"这是正方形"，一边用手描这个图形的轮廓，通过这种"三度学习法"进行胎教。

学完正方形、长方形、正三角形、圆形、半圆形、扇形、梯形、菱形等平面图以后，再告诉胎宝宝什么是立方体、长方体、球体等。在学习这类图形时，最系统的教具可以说是积木，准妈妈可以购买一些积木回家，然后和日常生活用品联系在一起穿插着教。

图像在生活中随处可见

其实，准妈妈不一定要抽出特定的时间或地点教胎宝宝认识图形，在生活之中，随处都可以教自己的胎宝宝认识图形。

比如，早上准妈妈出门去上班，打开门时，可以告诉胎宝宝说："宝宝，你看我们家的大门就是长方形的呢。"

准妈妈吃饭的时候，可以指着盘子轻声地告诉胎宝宝："宝宝，你看，妈妈用的碗是圆形的，盛菜的盘子也是圆形的呢。"

当准妈妈用扇子扇风的时候，就可以对胎宝宝这样说："宝宝，你看，妈妈用的扇子是扇形的哦。"

让欢快的音乐带给胎宝宝欢乐

传递和感受欢乐，首推《欢乐颂》

音乐可唤醒胎宝宝的心灵，打开智慧的天窗，让胎宝宝通过音乐感受欢乐。准妈妈不妨来听听《欢乐颂》这样的音乐，它所表现的不是缠绵的情意，而是歌颂仁爱、欢乐、自由的伟大理想。

主旋律是由大提琴和低音提琴演奏的，浑厚、低沉的声音在寂静中响起。旋律行进到中音部，主题曲稍亮的音色给旋律带来一种明快的感觉。小提琴如歌般的声音欢唱着，让旋律真的活起来了；其他各声部伴奏，场面宏大，由前面的平静、深沉的快乐进入到了万众欢腾的场面，欢乐颂的主旋律贯穿始终。这就是这部伟大的曲子所要歌颂的主题——欢乐，一个简单却又优美的旋律将它表现得淋漓尽致。准妈妈听着这首曲子除可产生欢乐之情外，还可增添信心和勇气。

排缓忧郁，非《春天来了》莫属

《春天来了》由雷雨声根据福建民间歌舞《采茶灯》曲调编成。作者运用丰富多变的配器、变奏等手法，充分表现了采茶姑娘欢快的劳动和对春天到来时的喜悦、赞美之情。这首三重奏曲，形式新颖，曲调华丽。

此曲的引子是节奏自由的散板，好似春回大地，万物苏醒。

主部

以福建民歌《采茶扑蝶》为主部的、轻快活泼的旋律，歌唱春天的到来。

第1曲部

转为抒情的慢板。抒发了采茶姑娘们怡然自得的喜悦之情；接着是主部的第1次再现，更增添了欢快气氛。

第2曲部

这一部分与主部的对比更强烈，它以云南民歌《小河淌水》的音调为主题，鲜明地刻画了春回大地的动人意境。尾声中速度不断加快，力度不断加强，最后在高潮中结束全曲。

这首乐曲适合准妈妈在情绪忧郁时听。而准妈妈在倾听音色丰富、配器多样、色彩华丽、形式新颖的乐曲时，要努力营造出自己内心的欢快喜悦之情，排解忧郁。

第26周 第7天

折纸鹤可活动手指关节

今天，我们教准妈妈折纸鹤。纸鹤是幸福、和平、健康的象征，准妈妈亲自动手折只纸鹤送给胎宝宝，既可将美好的祝愿送给胎宝宝，希望他（她）健康、快乐地成长，还可以活动手指关节，避免手脚麻木。特别是在此时，准妈妈已经不能做太过激烈的活动了，做些简单的手工练习，也是活动手指关节的一项有益运动。具体做法如下。

❶ 取一张正方形的纸。

❷ 将正方形的两个角沿所在虚线对折（图①）。

❸ 再将这两个角沿虚线对折（图②）。

❹ 然后将这两个角沿虚线向外翻折（图③）。

❺ 沿虚线折出纸鹤的颈部（图④）。

❻ 沿着颈部虚线向下折出头部（图⑤、⑥）。

❼ 最后，再给纸鹤用你喜欢的彩色笔画上眼睛，就大功告成了（图⑦）。

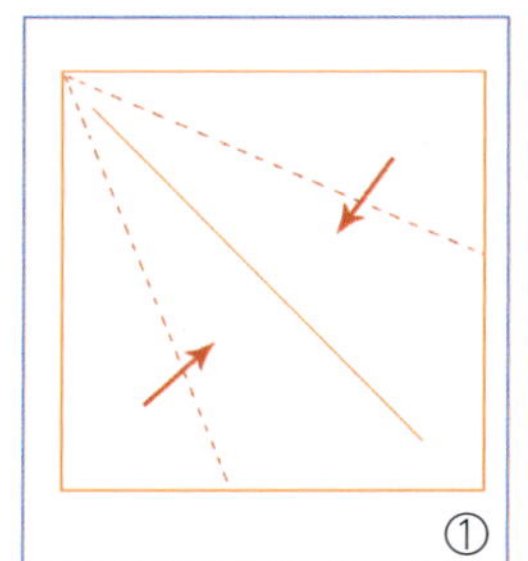

①

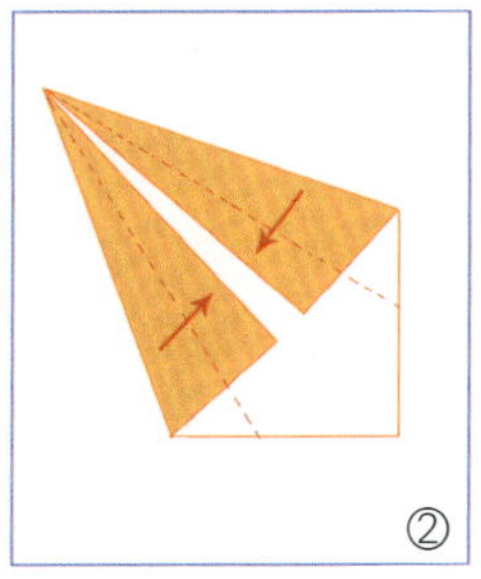

②

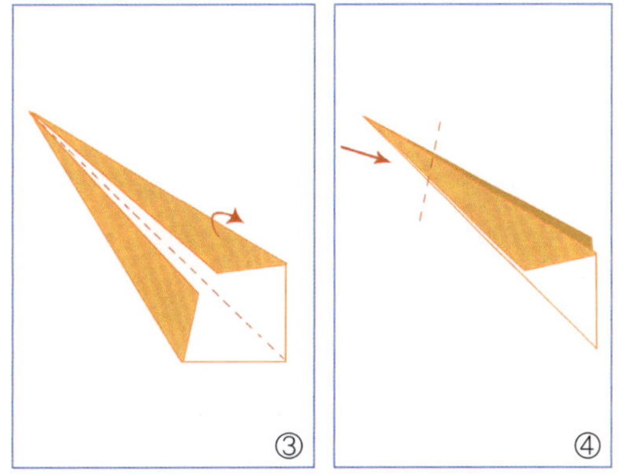

③ ④

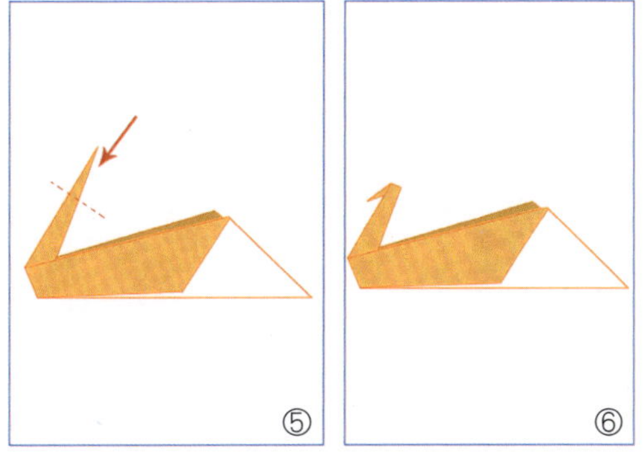

⑤ ⑥

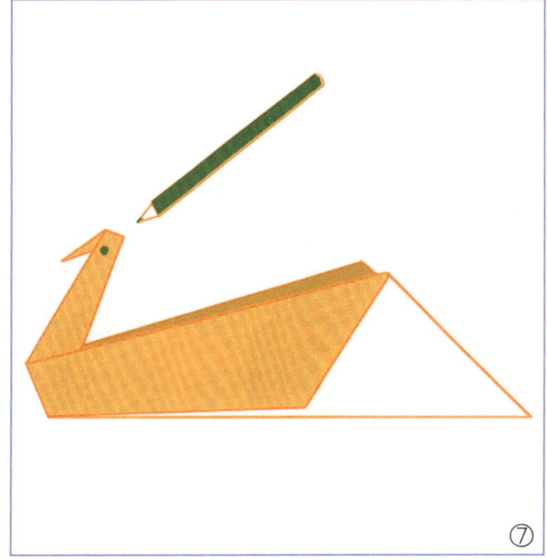

⑦

第27周 第1天

孕期吃鱼应有选择性

孕期不可不吃鱼

鱼肉不仅含脂肪少，吃起来细致嫩滑，容易消化，而且还含有丰富的孕期所需要的蛋白质、维生素和矿物质，尤其是鱼肉中含有丰富的促进宝宝大脑发育的ω-3脂肪酸。不仅如此，准妈妈吃鱼越多怀孕足月的可能性越大，出生时的婴儿也会较一般婴儿更健康、更精神。据调查发现，每周吃一次鱼，就可使从来不吃鱼的准妈妈早产的可能性从7.1%降至1.9%。

另外，孕期吃鱼还能减少抑郁症的发生，这是因为鱼肉中所含的ω-3脂肪酸是大脑关键的“建筑材料”，如果缺乏这种原料就会导致大脑中一种叫血清素的化学物质相应较少，血清素含量少会引起或加重抑郁症。

应避免食用的鱼类

准妈妈需要注意的是，吃鱼要有所选择，尤其是下面这些鱼最好不要吃。

◎ **咸鱼、熏鱼、鱼干**　因含亚硝胺类致癌物质，不应该过多食用，煎炸特别是烧焦的鱼中含强致癌物质杂环胺，少吃为佳。

◎ **大型鱼类**　体型大的海鱼如鲨鱼、金枪鱼、旗鱼、鲭鱼和方头鱼易发生汞中毒，最好不要吃。

◎ **罐装鱼**　一些罐头鱼类也存在汞污染的情况，同时在制作时也可能会产生有害物质，因此也应该少吃，每周食用量不宜超过340克，尤其是罐装金枪鱼每周摄取不要超过198克。

◎ **畸形、被污染、带寄生虫的鱼**　有毒的鱼包括被酚、重金属或农药污染的鱼，以及体内含有生物毒素的鱼等。

宜选择的鱼类

准妈妈如果要吃鱼最好选择一些相对没有受污染的海产品，比如鲑鱼、鲆鱼、鲇鱼、银鱼、沙丁鱼、黄花鱼等。另外，最好挑选不同种类的鱼轮流着吃。

孕期吃鱼事项提醒

◎ 尽量采用水煮的方式烹调。

◎ 对于鱼类过敏的准妈妈，不妨改吃孕妇专用的营养配方食品，以减少胎宝宝出生后过敏体质的产生。千万不要勉强摄取鱼类，以免造成身体不适。

◎ 准妈妈最好不要吃鱼油，因为鱼油会影响凝血机能，吃多了可能会增加出血概率。

准妈妈慎食人造甜味剂

准妈妈在妊娠期，胃口会变大，总喜欢吃一些合口味的食物，有人喜欢吃酸的，有人喜欢吃甜的。但是现在很多食物中都添加了人造甜味剂，很多准妈妈因而担心会对胎宝宝不利而拒绝食用，那么甜味剂真的不适合准妈妈食用吗？

慎食含阿斯巴甜的食物

阿斯巴甜，又称阿司帕坦，是一种人造甜味剂。代糖、话梅、部分酸奶和低糖软饮料以及其他无糖食品等都可能会含有阿斯巴甜。一般认为，如果适量食用，对大多数准妈妈来说阿斯巴甜是安全的。

但是患有苯丙酮酸尿症遗传性疾病的准妈妈们要特别注意，因为这种病会阻碍她们饮食中苯基丙氨酸的分解。如果她们不遵守一种特殊的饮食指导，苯基丙氨酸就会在她们体内积累，从而导致胎宝宝出现智力障碍。所幸的是，中国卫生部规定，使用添加甜味素或阿斯巴甜的食品应明确标明“甜味素或阿斯巴甜（含苯丙氨酸）”。这样，对患有苯丙酮酸尿症的准妈妈们来说，避免食用阿斯巴甜就相对容易些。目前阿斯巴甜的消费水平对非苯丙酮酸尿症患者是适当的，普通成人在摄入大量的阿斯巴甜后，血液中所存留的苯基丙氨酸水平似乎不足以对准妈妈和胎宝宝造成威胁。

适量饮用含糖饮料

对食用人造甜味剂的准妈妈来说，要注意营养均衡，比方说，如果准妈妈喝了许多代糖碳酸饮料，可能就不会去喝足够的水、牛奶或者果汁。但是这些东西对你发育中的胎宝宝是很有益处的，所以准妈妈不可过多饮用代糖饮料。

准妈妈要少喝代糖饮料，否则会伤害胎宝宝。

第27周 第4~5天 继续为胎宝宝的英语学习加油

确定实际的英语教育方案

若要以英文和肚里的胎宝宝说话，先决条件就是准妈妈本身的英语能力要好，能够在日常生活中很自然地说出标准的流利的英语，能够轻松地运用两种语言来交流。

有的准妈妈觉得自己的英文能力有限、发音不够标准，或者觉得在“非英语为母语”的环境中实行英语胎教有一定困难，那么就不要勉强进行英语胎教，可以选择一些句型简单、内容健康、重复性高的英文音像制品，借助它有趣的内容、清晰的发音、活泼的气氛，同样可以起到很好的效果。

英语教育程度可逐渐加深

准妈妈可以和肚子里的胎宝宝一起“学”。平时可以看些卡通英语视频，这样方便准妈妈理解，学得既正宗又有趣。还可以播放一些儿童英文歌曲给肚中的胎宝宝听。准妈妈可以每天进行2或3小时，但一次绝不要超过45分钟。

此外，准妈妈周围营造出练习英语的环境也很重要。可讲一些简单的英语，如：“This is mommy”“It's a nice day”“That is a cat”，将自己看见、听见的事情，以简单的英语描述给胎宝宝。如果已经知道胎宝宝的性别，或者已经替即将出生的胎宝宝取好了名字，准妈妈就更可以常常呼唤胎宝宝的名字啦！

验收胎宝宝学习效果

在准妈妈练习了“英语胎教”一段时间之后，不妨试试其成效。

具体的方法是：准妈妈对着胎宝宝说些英文语句时，胎宝宝听到之后是否每次都有反应，例如会用脚踢准妈妈的肚子；当用英文叫胎宝宝别再踢时，胎宝宝是否可以平静下来。准妈妈若是怀孕时进行英语胎教，那么，在胎宝宝出生之后，仍要持续与宝宝进行英文沟通，不然，宝宝对英文的熟悉程度便会日渐生疏。

第27周 第6~7天

双胞胎准妈妈补充营养全攻略

如果准妈妈怀的是双胞胎，那么在营养补充上要更加注意，因为你要比怀了一个胎宝宝的准妈妈摄入更多营养物质。下面是双胞胎准妈妈在营养摄取上经常存在的一些疑问。

多吃是否有益

双胞胎准妈妈的饮食要尽量健康均衡，为自己和胎宝宝们提供全面的营养，而且还要确保孕期增重足够，以便胎宝宝们能够正常发育。大多数的双胞胎宝宝都会在预产期之前出生，所以，一定要让他们在子宫里获得足够的营养，从而降低出生时体重低的风险。

怎样应对食欲缺乏

双胞胎准妈妈在孕期会出现消化不良、便秘，以及对特别的食物偏好会更强烈等现象，这是准妈妈体内的孕激素分泌增加所致。准妈妈可以问问医生，找到解决方法。随着怀孕月份的不断增加，准妈妈可能发现自己不想吃很多东西，吃完喝完马上会感觉很饱。所以，准妈妈最好做到少吃多餐。

每天应补充多少能量

每天每个胎宝宝要额外补充300卡热量，如果怀的是双胞胎，准妈妈就要每天额外补充600卡热量。

体重增加标准为多少

怀双胞胎的准妈妈总共应该增重15～20千克。本身体重不足的准妈妈要努力增长到上限，而本身较胖的准妈妈则要尽量控制在下限。根据这个指南，如果准妈妈怀的是双胞胎，应该避免体重下降，在孕中期要争取每周增重约700克。

如果准妈妈的体重增长不够，可能是吃得不够，也可能是活动太多了。这时，应尽量多吃自己喜欢的食物，并且减少活动量。如果你的体重增长过多，那么对你的建议就正好相反，也就是说要少吃，或者增加运动量。

补充剂是否需要

在怀双胞胎时，准妈妈可能还需要额外补充铁剂，这有助于预防在多胞胎孕期中的一个常见问题——孕期贫血。不过，吃富含铁质的食物比吃补铁剂要更好，因为铁剂可能导致便秘。

科学实施“四二一家庭”式胎教

现在很多家庭都是“四二一家庭”，即：爷爷奶奶、外公外婆四个老人、一对夫妻、一个孩子，胎宝宝更是牵动着家中爷爷奶奶、外公外婆的心。那么，年轻的小夫妻与家里老人们又该如何配合呢？现在就为你提供一些适合“四二一家庭”式胎教的建议。

达成正确的认识

年轻的夫妻容易接触很多新潮的胎教理论。而同时，“四二一家庭”中的老人们由于对于新生事物的胎教理论并不了解，大都认为胎宝宝需要的是营养而非是“虚缈”的胎教。新老两代的思想观念差异，不可避免将造成胎教实施的认识错位。在此情况下，老人们和年轻的小夫妻都需要在胎教这一育儿理论认知上达成共识，以便更好地实施胎教。

多方发言是大忌

在“四二一家庭”中，有一种常见的现象是，爷爷奶奶、外公外婆、小夫妻们都想在胎教实施过程中占据主导地位，都想让全家顺着自己的思路来实施胎教。

这种多方发言的现象实为科学胎教之大忌。专家研究认为，胎教最重要的是尊重科学，多方发言只会造成多头指挥、盲目施教，从而影响胎教效果。

统一选择胎教培训机构

“四二一家庭”中，由于小宝宝的特殊地位，爷爷奶奶、外公外婆们难免会经常利用各种渠道了解多家胎教机构，而父母们为达到更好的胎教效果而到多家胎教机构去学习和培训。如此一来，只会让正常的胎教变成漫无目的的多方试验，不仅浪费钱财，亦对胎宝宝的健康成长无所帮助。其实爷爷奶奶、外公外婆们可以在胎教培训机构的选择上统一意见，慎重选择。

和谐的家庭环境是保证

在进行胎教的过程中，温馨、和谐、快乐的家庭环境是确保胎教成效的重要因素。

爷爷奶奶、外公外婆们要主动配合，为胎宝宝创造一个温馨、和谐、快乐的家庭环境。只有如此，才能确保胎教的有效进行。

第28周 第2~3天

通过语言让胎宝宝感受生活

准妈妈早上起床后，可以先对胎宝宝说一声“早上好”，告诉他早晨已经到来了。打开窗帘，推开窗户，呼吸着清新的空气，这时你可以告诉胎宝宝：“小宝贝，今天的天气真不错。”洗脸、刷牙、梳头、换衣服时都可以不厌其烦地向胎宝宝解说，都可以念叨念叨，还可以告诉他肥皂为什么起泡沫。吃早餐时先深呼吸几次，问：“闻到了吗？宝宝。这是牛奶！”就寝前，可以由准爸爸通过准妈妈的腹部轻轻抚摸其中的胎宝宝，同时实施对话：“哦，小宝宝，爸爸来啦，起来活动活动吧。对啦，小手伸出来，小脚丫在哪儿呢？让爸爸摸一摸。啊，会蹬腿了，再来一个……再见！”最好每次都以相同的词句开头和结尾，这样循环往复，不断强化，效果比较好。总之，准妈妈和准爸爸可以把生活中的一切都对胎宝宝叙述。让胎宝宝一起和你感受一天的生活。通过点点滴滴的日常语言胎教，母子之间的感情纽带会更牢固，并且有助于培养胎宝宝对母亲的信赖感，以及打下对外界感受力和思考力的基础。

★准爸爸和准妈妈可以随时和胎宝宝交流，以增进与胎宝宝之间的感情。

胎教小天地

1979年，美国加利福尼亚州有一位产科医生创办了一所胎儿大学。在这里，产科专家们给孕期满5个月的准妈妈所怀的胎宝宝“上课”，课程包括语言、音乐、体育等。每次“上课”时，先让准妈妈用手轻轻拍拍肚皮，通知一下胎宝宝就要“上课”了。这时，胎宝宝会回应似地又蹬又踢几下准妈妈的肚皮。如此进行几次后，准妈妈对胎宝宝讲话，还让他们听音乐。待胎宝宝满6个月龄后，准妈妈开始用喇叭把简单的谈话声、笑声和歌声传入子宫里，还用钢琴弹出一些音符给胎宝宝听，让他们认识一些音调。更有趣的是，这些胎宝宝出生后学校还给他们发文凭，授予学位，并给戴上方帽子。这所胎儿大学自成立以来，已经先后培养了上千名学生。

经过这种胎教训练的孩子出生后，在学习上理解吸收快，智力和体格发育都较好。

让胎宝宝拥有灵敏的味觉和嗅觉

让胎宝宝"尝尝"美味

怀孕3个月左右，胎宝宝的味蕾便开始形成，到4个月大时，能辨别羊水的味道，从而决定吞咽与否，或吞咽多少。尽管羊水稍具咸味，但胎宝宝还是能够津津有味地品尝。

科学家在准妈妈的羊水里加入糖精，发现胎宝宝会以高于正常一倍的速度吸入羊水。而当向子宫内注入一种味道不好的油时，胎宝宝就会立即停止吸入羊水，并开始在腹内乱动，明显地表示抗议。

这个实验证明，胎宝宝早就有了味觉功能，能分辨哪些是好吃的东西，哪些是不好吃的东西。看来孩子"挑食"的习惯在胎内就养成了。

另外，观察还发现，怀孕7个月的胎宝宝尝到甜味的时候会吸吮，尝到苦味时还会做出表示讨厌的吐舌头的动作。

这个时候，准妈妈可以通过饮食刺激胎宝宝的味觉和嗅觉，让胎宝宝鼻灵舌敏。

让胎宝宝"闻闻"香味

胎宝宝的鼻子早在妊娠第2个月就开始发育，到了第7个月，鼻孔就能与外界相互沟通。但是，由于胎宝宝被羊水所包围，所以他虽然已经具备了嗅觉，却毫无用武之地，自然其嗅觉功能也就不可能得到较大的发展。尽管如此，胎宝宝的嗅觉一出生就能派上用场，新生儿在吃奶时能闻出母体的气味，而且以后只要他一接近母体就能辨别出来，所以新生儿在辨识母亲时不一定需要睁眼，光凭嗅觉就能敏感地加以分别。

胎宝宝闻到不好的气味也会皱眉头，因此，母亲在怀孕的时候最好不要使用浓郁的香水，或是有浓郁香味的化妆品，以免引起胎宝宝的烦躁情绪，表现出不安的心理状态。

胎宝宝会感受到鲜花店及面包房中飘出的香味。准妈妈此时可以对胎宝宝说："宝宝闻一下，多香啊。"在准妈妈吃美味食品时，其中的美味也会传达给胎宝宝。

胎宝宝通过情绪和大脑来感受准妈妈所感受到的香气。这个时候准爸爸要绝对戒烟，胎宝宝可是很不喜欢烟味的哦。准妈妈还要注意，无论是什么食物，最重要的是怀着喜悦的心情进食。准妈妈应认识到只有自己吃得香胎宝宝才能吃得香的道理。

带着胎宝宝绣十字绣

绣十字绣能锻炼手指，使脑部变得发达。绣十字绣还可以使准妈妈的心情很快得以平静，对提高其集中注意力的能力也有一定的作用。

十字绣绣法大全

目前常见的十字绣绣法有以下几种。

◎ **全针绣法（×）** 先由网眼1穿上来，再由网眼2穿下去，再由网眼3穿上来，再由网眼4穿下去，再由网眼5穿上来，再由网眼穿2下去，再由网眼3穿上来，再由网眼6穿下去，以此类推。

◎ **半针绣法（1/2×）** 半针绣是由一条对角线构成的，即为全针绣的一半。

◎ **1/4绣法** 1/4绣法是由对角线的一半构成的，如果要边线正方形中残留的部分表现不同颜色，则需要由1/4绣法来表现。

◎ **3/4绣法（1/2×）** 3/4绣法是由一条完整的对角线与半条对角线构成“人”字形状。

◎ **回针绣法（边线）** 第一针由网眼1穿上来，再由网眼2穿下去；第二针则由网眼3穿上来，再由网眼2穿下去，再由网眼4穿上来回到网眼3，除了第一针，其余每一针都是以回针的方式回到原穿上来的网眼中。回针一般用于绣过线、轮廓和字母。

绣十字绣事项提醒

◎ 刺绣使人眼光和神经都集中在了针尖那一点上，所以很容易使人疲倦，因此准妈妈不适合长久刺绣，最好把每次刺绣的时间控制在1小时之内。

◎ 在刺绣时一定不能有希望尽快结束的急切心态，最好在腰后垫一个垫子，在舒适的姿势下完成这项活动。

◎ 准妈妈还可以在刺绣的同时与胎宝宝聊天。

★准妈妈闲暇时绣十字绣不仅能修身养性，还能促进胎宝宝大脑发育。

为顺利出生创造条件

本月日常生活调理

- 定期做产前检查。
- 做好胎心监护工作，尤其在孕28周后，要每天计算胎动。
- 为了避免开始阵痛时陷入慌张，应事先整理好住院用品。
- 提取重物宜将身体重心放在双腿，切勿直接弯腰取物。
- 为了防止以后哺乳时发生乳头皲裂，准妈妈应经常擦洗乳头，然后涂一些油脂。
- 腹部应擦液体维生素E或油脂，以增加腹部皮肤的弹性，减少妊娠纹的出现。
- 认识生产前征兆，避免过度劳累。
- 减少出入公共场合、人多或过度拥挤的地方，以减少感染概率，并且还可避免母亲因情绪过度激动或受惊吓紧张而导致早产。

本月胎教提醒

- 避开生活中的噪声，要多待在静谧的地方。
- 经常闻有益的香气，有助于提高胎宝宝的记忆力。
- 将手机铃声音量调小，以免突然响起惊吓到准妈妈和胎宝宝。
- 坚持进行各项胎教内容，胎教时不要三心二意。
- 应该注意胎宝宝性格方面的培养。
- 切忌慵懒，随意打发日子。
- 增进与胎宝宝的互动，做好所有的准备，迎接胎宝宝的到来。

本月语言胎教锦囊

- 呼唤胎宝宝的名字，给胎宝宝介绍准妈妈的成长故事以及未来的梦想。
- 给胎宝宝朗读可爱的童诗、小诗、唐诗，以及优美、温馨的散文。
- 有计划分阶段地进行对话胎教，结合实际生活内容，不断扩大对话的内容和范围。

本月情绪胎教提醒

- 要为胎宝宝创设良好的宫内环境和精神世界，应保持豁达乐观的情绪，这有助于小生命的健康发育，也有助于出生后活泼开朗性格的形成。
- 睡前潜意识祈祷：感谢美好的大自然，赐给我一个善良、健康，灵秀的孩子。他有如天使般，带给我们全家无比的欢乐与幸福，他将成为我们生命的助手与知音！

本月运动提醒

- 只可做些轻松的家务事，如拖地、大扫除、清洗浴厕，应请家人代劳。
- 走路时腰部不要往后弯曲。
- 可适当地进行运动，如果手脚出现水肿，不妨做一做体操。
- 本月禁止远游或长时间外出，外出一定要交代家人行踪。

本月饮食营养调理

- 此阶段容易发生妊高症和水肿，应尽量食用淡味食物，少吃或不吃太咸的食物，如泡菜、酱油、大酱、辣酱等。
- 应适当多吃富含锰、铬的绿色蔬菜以及黑麦等有助于骨骼形成的食物。
- 适当多吃柿子、西瓜、松子、番茄等有利于感觉器官发育和预防早产的食物。
- 应多摄取有助于消除水肿的蔬菜类、海藻类和豆类食物。

本月不适症状罗列

- 可能会有出血、膨胀、水肿等症状。
- 可能会有心悸或淋巴结疼痛等症状。
- 可能会有乳晕部、外阴部等部位肌肤发黑的情况。

本月准爸爸胎教任务

- 准爸爸应经常帮准妈妈按摩腿部。
- 准爸爸应经常与准妈妈一起进行抚摸胎教。
- 准爸爸为准妈妈打造一个良好睡眠环境。
- 准爸爸应开始着手安排时间接受产前例行检查，与准妈妈一同前往医院，并时刻关心此阶段母子的状况。
- 应继续让准爸爸参与胎教，让胎宝宝也熟悉一下准爸爸的声音。

本月职场准妈妈提醒

- 上班也要抽出时间进行定期检查。
- 不能因工作需要就伤害到胎宝宝。
- 应该开始考虑请产假的问题了。

本月孕事随记

第29周 第1~2天

动功气体操让准妈妈有活力

动功气体操法是指可以站着、坐着、俯卧式进行的各种姿态的体操，不但动作简单易学，而且运动量小，非常适合孕中的准妈妈们学习。准妈妈只要每天坚持练习，便会让自己充满活力和健康。

坐式体操

还原式

具体步骤

取坐位，屈膝，将两脚掌相对，用双手包住脚尖，向上挺起腰，使上身得到伸展，放松面部肌肉，保持微笑，颈部和肩部放松下来，闭上眼，深呼吸3次。

运动功效

可以使准妈妈心情平静，强化腰部功能，使骨盆变宽。

同观式

具体步骤

准妈妈两臂张开，然后在胸前交叉，抓住两肩。保持这一姿势，头部后仰，注意身体如有不适，应立即停下。

运动功效

这套动作可以帮助疏通上身，缓解肩痛和心理压力。促进脑部血液循环，清脑提神。

仰卧式体操

具体步骤

取仰卧位，双手枕于脑后，弯曲膝盖，两脚掌相对，将双腿外侧紧紧地贴到地面上，然后再抬起，重复做10次。

运动功效

这可以加强准妈妈大腿的力量，不但能提高子宫的紧张感和弛缓能力，还能使骨盆变宽，有助于顺产。

站式体操

四肢运动

具体步骤

准妈妈双脚张开，与肩同宽，右臂上举（手心朝上），抬起左腿，使大腿和小腿呈90度角。然后左臂上举（手心朝上），抬起右腿，使大腿和小腿呈90度角。

运动功效

强化腿部肌肉和骨盆腔，有助于顺产。

靠墙向下看

具体步骤

❶ 准妈妈面墙而立，双臂伸开，以手掌支撑墙壁（图①）。

❷ 放松膝盖，双脚缓缓地向后移动，尽量使上身与两腿呈90度左右（图②），准妈妈应根据自己的实际情况调整动作幅度，以免发生危险。

❸ 第二步动作保持8个呼吸后，先慢慢抬起头部，感觉一下是否眩晕，如果无不适感，再缓慢向墙的方向跨进一步，使腿部姿势呈弓箭步（图③）。

事项提醒

◎ 最好在吃完饭后1～2小时后进行该项练习。

◎ 在做此项运动之前要做好防护工作，地板不能有水，以防准妈妈滑倒。

运动功效

强健手臂肌肉，扩张骨盆关节，缓解背部疼痛。

跪式体操

具体步骤

❶ 准妈妈双脚张开，缓缓跪下，若膝盖较敏感或感觉跪下时疼痛，可将叠好的瑜伽毯垫在膝盖下方，双臂分开与肩同宽，支撑墙壁（图④）。

❷ 一只脚向前跨出，大小腿呈90度，挺胸，同时将尾骨收进（图⑤）。

❸ 从头、背部至另一条腿的大腿呈直线。放慢并加深呼吸，让与跨出去的那只脚同侧的臀部配合吐气缓慢推向髋部区域，感受腿部前侧肌肉向外延展，随着吸气让身体创造出更多内在空间。然后换另一侧练习。

事项提醒

准妈妈在做这项运动时不要用力过大，因为跪式力量会传递到腹部，会对胎宝宝造成危害。

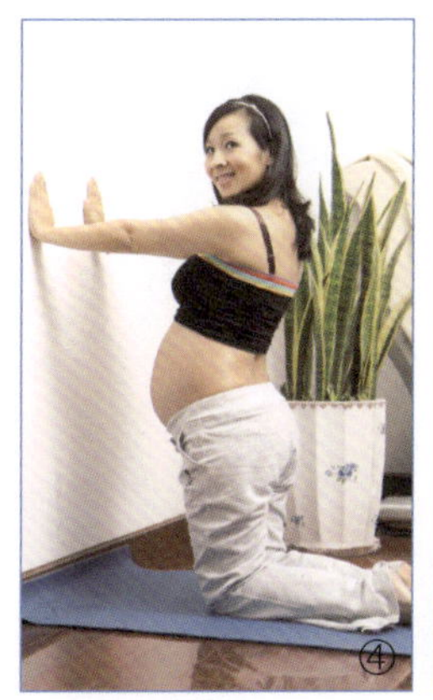

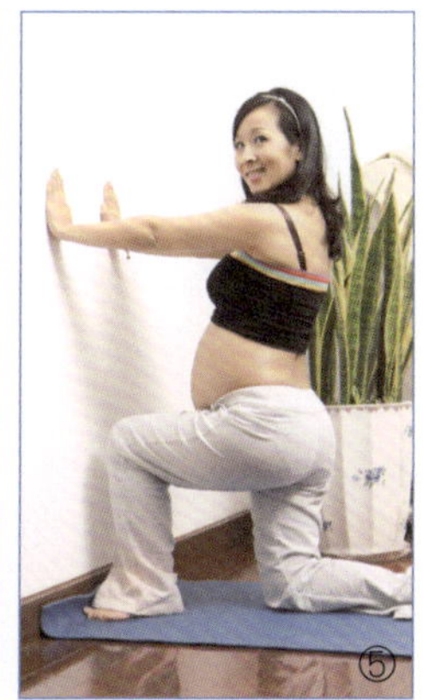

运动功效

强健踝关节和膝关节，以支撑准妈妈日益增加的体重。

第29周 第3天

与胎宝宝留下甜蜜瞬间

把握拍照时间

拍孕妇照一般选择在怀孕7个月左右比较合适，最晚不要超过9个月。这个时间段准妈妈的身体状态比较稳定，而且准妈妈的肚子也比较显形，拍出的效果很有美感。

准妈妈拍照提醒

选择专业的摄影机构

一定要选专业的孕妇摄影机构拍摄，一方面摄影师有给孕妇拍摄的经验，能更好地照顾到准妈妈的身体状况和情绪；另一方面服装比较干净，使用的化妆品等也比较专业、放心。

提前预约好时间

在拍摄前最好与摄影单位约好时间，这样摄影单位就可以有特定的时间专心为准妈妈服务，准妈妈也有足够的时间拍摄和休息。

挑选合适的孕妇装

在挑选服饰时，要注意选用的服饰色彩与搭配的意境和主题，比如突出准妈妈的甜蜜美、古典美、儒雅美，或是时尚美等。

大方露出大肚子

准妈妈拍照，当然要有一组露出肚子的照片。拍摄时，准妈妈还可以在肚皮上画一些可爱的图案，或让老公按个手印之类的等。

准爸爸可以和准妈妈一起留下甜蜜瞬间，让准妈妈感受到幸福。

职场准妈妈自制营养速食

许多上班族准妈妈每天一到吃饭时间，就开始头痛“今天该吃点什么呢？”吃腻了单位附近的菜，又担心营养不够，难道没有更好的选择吗？如果条件允许而且也不怕麻烦，准妈妈们大可选择自己制作营养速食。

选择合适的烹调方式

适合准妈妈速食料理的烹调方式，以烫、煮、凉拌为佳，可以避免便当菜回锅后变色、变味，而且不油腻。

注意营养搭配

准妈妈的速食料理，应注重钙质、蛋白质、膳食纤维等的营养搭配。通常一道主菜、两道副菜的营养就已足够，建议准妈妈可选择一道味道好的为主菜，以增加食欲。此外，多吃一些高纤维蔬菜、五谷杂粮，可以防止便秘。

饭菜巧妙摆放

速食菜的摆放技巧在于不要把所有的菜都通通放在饭上，不妨选择菜、饭分开装。酱汁不要直接洒在饭上，可用袋子装起来，等便当蒸好了再洒上食用，或是利用铝箔纸，将油炸食物包起来，再放到便当盒里蒸，可以吸收多余的油脂。

自带辅食补营养

由于准妈妈怀孕后期，饭量会大增，或许一个速食的量根本就不够，建议可以另外带一些生菜和水果到单位，放到冰箱里保鲜，在下午的时候可以吃一点，或者也可以吃点饼干、牛奶之类的食物。

自带速食事项提醒

◎ 不宜带绿叶蔬菜做成的凉拌菜！凉拌绿叶蔬菜中含有硝酸盐，经微波炉加热或存放的时间过长，蔬菜会发黄、变味，硝酸盐还会被细菌还原成有毒的亚硝酸盐，有致癌的作用。

◎ 不宜带含油脂高的食品。回锅肉、糖醋排骨、肉饼等最好别带，因为它们含油脂太高了，与低油脂食品相比，这些东西更容易变质不容易保鲜。

◎ 米饭是最好的主食，馒头、大饼类的主食不宜进入自带盒饭。

◎ 尽量选择不饱和脂肪酸含量少的牛肉、羊肉、鸡肉。

从古代胎教经验中汲取精华

现在在社会上，胎教似乎是一个时髦的话题。但你知道吗？其实，胎教不是近来才有的，在我国古代早已有之。

胎教历史源远流长

在我国的《礼记·内则》中就有胎教论的记述：“古者妇人之妊子，寝不侧，坐不偏，立不跸，不食邪味，割不正不食，席不正不坐，目不视邪色，耳不听淫声，夜则令瞽诵诗道正事；如此则生子形容端正，才过人矣。”其中，还有一个典型的具体医案：“太任文王之母，挚任氏之仲女也，王季娶以为妃。太任之性，端一诚庄，惟德之行。及其娠文王，目不视恶色，耳不听淫声，口不出傲言。生文王而明圣，太任教之，以一而识百，卒为周宗。君子谓太任为能胎教。”

古代胎教涉及的方面

古人认为胎教应该在精神、饮食、寒温、劳倦等诸方面，对准妈妈和胎宝宝实行保健措施，并让准妈妈加强精神品德的修养和教育，以促进胎宝宝智力和体格的发育。

培养高尚情操

准妈妈的性格情操，对胎宝宝的影响甚大，母亲品行端庄、道德高尚，处事无妒忌之心，宽厚诚实，将来生下的孩子也会具有高尚情操。

胎宝宝与母一体，自然受到母亲的影响，母亲的思想行为直接感染于胎宝宝，使胎宝宝在母腹中就受到高尚情操的熏陶。

使精神宁静、愉快

准妈妈要有宁静、愉快的精神状态，胎宝宝才能在安定宁静的环境中健康生长发育。

古人提出：“欲生子好者，必先养其气，气得其养，则生子性情和顺，无乖戾之习。”

还有的古医家说：“气调则胎安，气逆则胎病。”至于“喜则气缓，怒则气上，悲则气消，思则气结，恐则气下，惊则气乱”，准妈妈的情绪波动会导致脏腑功能活动的紊乱，自然影响到胎宝宝正常的生长发育。

在隋代的《诸病源候论》中也记述了准妈妈受到惊吓，“内动于儿脏，邪气乘其心，令心气不和”，导致婴儿降生后四、五岁还不能说话。

内视返视

准妈妈在整个妊娠期内守志一，持之以恒，使优美的环境、宁静的心态、高尚的情操，成为一个和谐的统一体，让准妈妈耳濡目染、所思所为都集中到一点，凝思到胎宝宝身上，以期内感外应，心旷神怡，使气血和顺，胎宝宝调固。这是古代胎教中最重要的一环。

注意生活起居

包括慎避风寒、适度劳逸、节制性欲等。慎避风寒就是要求准妈妈顺应四时气候变化，注意天气变化，来预防疾病。适度劳逸，是指准妈妈不能过度疲劳，也不可过于安逸。过劳则气血受伤，过逸则气血瘀滞，都不利于养胎。历代医家均把节欲、绝欲当做养胎护胎的第一要务，准妈妈与准爸爸最好分房寝居。

此外，古代胎教还指出：“慎寒温。”这里的寒温是指外感风寒六淫之邪。怀孕后准妈妈由于生理上发生了特殊的变化，很容易受到六淫之侵，感染疾病，甚至危及胎宝宝，“胎前感冒外邪，或染伤寒，郁热不解，往往小产堕胎，攸关性命。”因此，一定要慎起居，适寒温。

饮食调理

古人十分重视准妈妈的饮食调理，

准妈妈可向古人学习到很多有效的胎教知识。

因为这与胎宝宝的生长发育有着密切的关系。

明代徐春甫在《古今医统》中云：“要饮食清淡，饥饱适中，自然妊娠气清，身不受病，临产易生子，疾亦少。”各代医书中不乏罗列准妈妈饮食禁忌之论，主要是忌食肥甘厚味、生冷、辛辣、滑利之品。

学习胎教应古今结合

我们纵观古代胎教说，与现代胎教有很多不谋而合之处，但它亦有其独特之处，如内视返视，值得我们去探索深究，准妈妈应该结合我国古代优秀的胎教方法和现代的科学胎教来学习胎教知识。

第29周 第7天 让胎宝宝通过简笔画认识家庭成员

这个阶段，你可以向胎宝宝介绍家庭成员了，当然，如果能将言语描述与简笔画联系在一起，效果会更好！准妈妈不妨一试。具体做法如下。

❶ 首先画一个椭圆，作为“老奶奶”的脸部轮廓（图①）。

❷ 再在椭圆的顶部中央画一个人字，作为“老奶奶”的头发（图②）。

❸ 然后为“老奶奶”画上慈祥的眼睛、鼻子和嘴巴（图③）。

❹ 再给奶奶画上一些皱纹和法令纹，这样看起来会更形象（图④、⑤）。

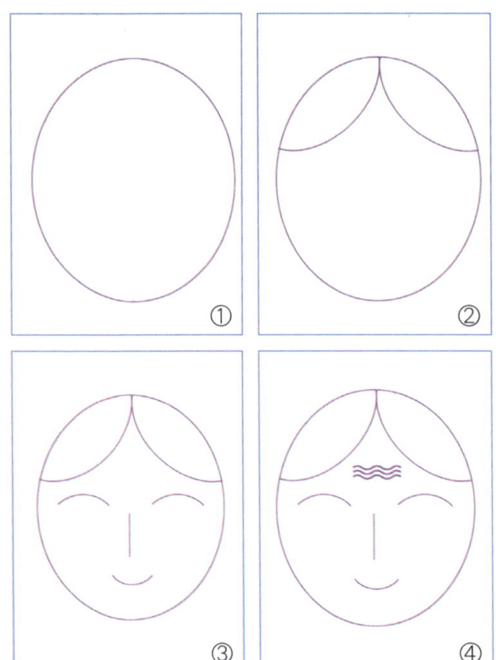

❺ 最后，再在椭圆的两侧画些头发，这个简笔画到此就结束了（图⑥）。

胎教小天地

大多数人都以为胎教是音乐教育，忽视了还有绘画艺术能力的胎教。其实，准妈妈绘画也是胎教的内容之一。

心理学家认为，画画不仅能提高人的审美能力，产生美的感受，还能通过笔触和线条，释放内心情感，调节心绪平衡。画画具有和音乐治疗一样的效果，即使不会画画，准妈妈在涂涂抹抹之中也会自得其乐，产生舒适感、美感和安全感。这种良好的感觉一方面给胎宝宝创造了一个和谐的成长环境；另一方面，也会在体内产生一些化学分子，这些化学分子可以通过血液传递给胎宝宝，使胎宝宝得到美的鉴赏能力的熏陶。

画画的时候，准妈妈不用在意自己是否画得好，你可以持笔临摹美术作品，也可随心所欲地涂抹，只要你感到是在从事艺术创作，感到快乐和满足，你就可以画下去。还可向胎宝宝解释你画的内容。当然你如能临摹一些儿童画，看看自己的笔下有没有童趣和稚拙感，你就会通过笔触步入儿童世界。

第30周

第  天 书法助胎宝宝提升美学欣赏能力

准妈妈们可以通过欣赏书法来对胎宝宝进行胎教，准妈妈可以选择一幅李白的书法《上阳台帖》作为胎宝宝的胎教课程。

李白（701年～762年），字太白，四川人。号青莲居士，又号“谪仙人”。中国唐朝诗人，有“诗仙”“诗侠”之称。

《上阳台帖》为李白书自咏四言诗，也是其唯一传世的书法真迹。准妈妈可以在许多书法集萃上看到它的影踪。

书法释文：山高水长，物象千万，非有老笔，清壮可穷。十八日，上阳台书，太白。

《上阳台帖》用笔纵放自如，快健流畅，于苍劲中见挺秀，意态万千。笔势较为豪放、雄浑，又含飘逸之气，非常符合李白诗歌的风格。结体亦参差跌宕，顾盼有情，奇趣无穷。帖后有宋徽宗赵佶一跋，跋文为：“太白尝作行书，乘兴踏月，西入酒家，可觉人物两望，身在世外……字画飘逸，豪气雄健，乃知白不特以诗鸣也。”还有元张晏、杜本、欧阳玄、王馀庆、危素、驺鲁，清乾隆皇帝题跋和观款。

元代张晏跋曰：“谪仙（李白）尝云：欧、虞、褚、陆真奴书耳。自以流出于胸中，非若他人极习可到。观其飘飘然有凌云之态，高出尘寰得物外之妙。尝遍观晋、唐法帖，而忽展此书，不觉令人清爽。”由此可知，“诗仙亦有传世作，诗书双绝留人间”。

看着如此飘逸的作品，准妈妈是否可以感受到浓浓的书卷气息扑面而来，腹中的胎宝宝也许和准妈妈有同感呢！那么，此次胎教的目的就达到了。

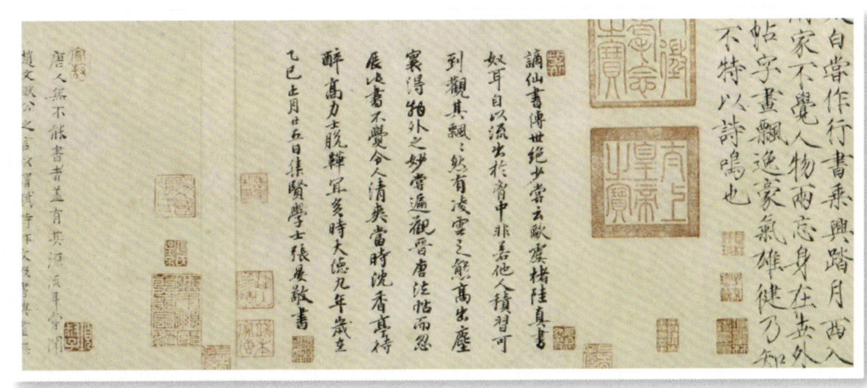

唐·李白《上阳台贴》。

外国音乐带给胎宝宝独特的异域风情

准妈妈在给胎宝宝做音乐胎教时，可以选择一些外国的音乐，让胎宝宝从音乐中感受到不一样的异域风情，这样也利于胎宝宝的思维发育和生长。

让胎宝宝感受莫斯科风情

《莫斯科郊外的晚上》问世于1956年，这样一首短小而并不复杂的歌曲，半个世纪来在世界各地越传越广。

作词者马都索夫斯基的诗出色地描绘了俄罗斯大自然内在的淳朴美；歌曲中年轻人真诚激动的心声、萌生的爱情和黎明前依依惜别之情都和这大自然的美和谐地交融在一起。而作曲者索洛维约夫·谢多伊他那富有魅力的、水晶般剔透的旋律又支持和发展了诗歌形象，仿佛就是从俄罗斯大自然本身诞生出来的。用作曲者本人的话来说，歌曲是“顺着字母从笔尖底下流出来的”。

歌曲结合了俄罗斯民歌和俄罗斯城市浪漫曲的某些特点，但富有变化。虽然是短短的一首小歌，却处处显示出这位大师的匠心来。

这首歌曲非常适合准妈妈在孕期内欣赏，在歌声中，深深地融入到俄罗斯的大自然美景当中去，相信胎宝宝也会非常喜欢的。

让胎宝宝感受土耳其风情

《土耳其进行曲》的作者是莫扎特。在莫扎特的所有钢琴奏鸣曲中，这首作品最为著名。

莫扎特的音乐充满热情和乐观的情绪，音乐语言通俗易懂，朴素亲切，不乏深邃的情感，他十分强调音乐的自然、和谐、均衡，因此他的音乐又具有典雅、含蓄的特点。

这首乐曲适合准妈妈在妊娠中、晚期听，也适合给胎宝宝听。《土耳其进行曲》能使胎宝宝在追逐乐曲奇幻般音符时，脑部流动活跃，促使其脑部的“网路”联结迅速，对智力发育大有好处。因此，也有人说，莫扎特的音乐是“提高智力”的音乐。

益生菌为准妈妈和胎宝宝的健康保驾护航

常见益生菌的类别

常见的益生菌大致有三种。

◎ 比菲德菌。

◎ 乳酸菌（不同菌种的总称，包括嗜酸乳杆菌等）。

◎ 酵母菌。

益生菌的种类不同，对人体发挥的作用也不同。

益生菌对人体好处多

准妈妈补充益生菌好处多多，具体如下。

◎ 可促进维生素K及维生素D的合成，长期食用也能维持肠道的酸碱平衡，创造有利于益生菌生长的环境。

◎ 降低人体胆固醇的合成，有效地避免孕期肥胖。

◎ 能够促进肠胃蠕动，帮助胃部排空，并使得人体排泄物含水量增加，帮助准妈妈排便顺畅。

保存益生菌产品的技巧

益生菌产品必须低温冷藏保存，这样才能最大限度地保持其中活性益生菌的数量。一般保质期在1个月内，冷藏温度控制在2～10℃。建议准妈妈将其放入冰箱保鲜层，避免在温度太高或者直射光下保存，这样会引起里面活菌过度发酵，口味变酸，影响效果。

益生菌的进食方法与时间

当温度超过60℃时，益生菌会进入衰亡阶段。因此，准妈妈最好是益生菌产品在冷藏条件下取出后直接食用，避免高温加热。益生菌产品最佳食用时间为饭后。

摄入益生菌的数量

益生菌的摄取需要达到30～50亿个才有效，虽然市售酸奶及其他含益生菌饮品多标榜有高达数百亿的活菌数，然而这并不表示其对人体完全有用。而一般益生菌饮品多含砂糖，热量高，过度摄取将徒增身体负担。

因此，建议准妈妈要注意益生菌饮品的摄入量，以每天一杯左右为宜，虽然可能无法立即达到改善肠胃问题的效果，然而长期饮用仍有助于胃肠道中益生菌的生长。

第30周 第4天 与胎宝宝一起领悟古代胎教的真谛

准妈妈在孕期要做到古代胎教中的“三勿”：“非礼勿视，非礼勿听，非礼勿言”。即从身、语、意三方面要保持内心的清静，来做到对胎宝宝的良好胎教。

非礼勿听

是指耳朵所听到的都是好的、善良的、正确的。对于不好的、不堪入耳的，包括不良的音乐都不可以听闻。准妈妈应该听一些好的事物或是声音与音乐，对于那些不堪入耳的声音当然是要避免听到的。

非礼勿视

是指凡是不好的，不应该看的，作为一个准妈妈就不能看。现在电视、网络等传播媒体非常的普遍，里面难免会有许多血腥、暴力、淫秽或是其他不健康的画面，而这些镜头极其容易影响准妈妈的情绪，如果母亲的情绪不稳定，那么，当然会影响到腹中的胎宝宝，这些不好的画面，当然是母亲不能看的。

非礼勿言

是指自己讲话时，好的才讲，不好的不讲。作为一个准妈妈，对于自己的言语标准和内心的心理活动都要非常注意。因为这些都会影响自己胎宝宝将来的性情。胎宝宝的性情完全受母亲怀胎时候的情绪影响，母亲的情绪安稳，胎宝宝就安定，反之则会给胎宝宝带来不好的影响。

胎教小天地

我国古人认为饮食方面也应该有所节制。就是所谓“割不正不食，不时不食”。“割不正不食”是指这个时节不应该吃的食物，就不能吃；或是食物切割得不恰当，太大，很难咀嚼，作为准妈妈也不能吃，以防影响消化。“不时不食”是指不应该吃东西的时间，作为一个准妈妈也不要嘴馋，也不能想吃什么就吃什么。在孩子还没有出生之前，就要好好保护孩子的味蕾和本性，防止在孕育期间胎宝宝受到不良的影响。

《圣母子》，开启美育胎教

为了将美育胎教进行到底，今天我们为准妈妈们提供了著名意大利画家拉斐尔的一幅油画《圣母子》。

圣母圣婴原本是典型的宗教题材，在中世纪的绘画作品中，为了强调圣母圣婴的神灵身份，一直被描绘得冰冷呆板、毫无生气。拉斐尔在此幅作品中摒弃传统的创作思维，把圣母描绘成一位温柔秀美、洋溢着爱意、微微丰腴的人间母亲。三角形构图是拉斐尔惯用的手法，金黄、酒红、墨绿，华丽的色彩让画面洋溢着温暖欢快的调子，同时也是文艺复兴时期的画商、教堂等喜爱的颜色。画面中，圣母正在沉思，而膝上的圣婴则是活泼的、动态的，比例上稍大于人间男婴，肉肉的质感非常可爱逼真，激起观者的抚摸欲，与圣母一静一动、相映成趣。

拉斐尔赋予了古代美以新的生命。在他的画中，古代艺术获得了再生，并发展成一种新的不同的完美形式，拉斐尔的成就，代表了文艺复兴时期绘画的最高水平。《圣母子》不仅是文艺复兴时期的杰出作品，也是人类美术史上的珍品之一。

第6~7天 纠正不正胎位应及时

胎位是指胎宝宝在母体子宫内的姿势和位置。正常的胎位应该是胎头俯曲，枕骨在前，这种胎位分娩一般比较顺利。

除此之外，其他的胎位就属于胎位不正了，包括单臀位（只有屁股先出来）、复臀位（屁股与脚一起先出来）、不全足位（只有一脚先出）、全足位（两脚先出）等。胎宝宝出生前在子宫里的姿势非常重要，它关系到准妈妈是顺产还是难产。

因此，准妈妈如果发现自己的胎位不正时，应及时做好纠正工作。

把握纠正胎位的时机

胎位不正最佳的纠正时间为孕30～32周。因为在28周之前羊水相对比较多，胎宝宝在子宫内活动范围较大，不容易固定；而30周以后，胎宝宝生长迅速，羊水相对减少，胎位相对固定了。

如果孕30周以后，胎宝宝仍是臀位，准妈妈就可以通过纠正操让胎宝宝转到正确的位置。

掌握纠正胎位的方式

如果准妈妈的胎位不正，只要按照规定通过一般的产检都可以被发现。当发现胎位不正时，准妈妈们不必太过惊慌，可以采取下列方法进行纠正。

膝胸卧位操

准妈妈排空尿，松解腰带，在硬板床上俯撑，胸膝尽量接近床面，臀部高举，大腿和床垂直，胸部要尽量接近床面。每天早晚各1次，每次15分钟，连续做一周，然后去医院复查。

侧卧位转位法

准妈妈在夜间睡觉时，身体卧于胎宝宝身体肢侧，利用重力的关系使胎头进入骨盆。

其他的矫正方法

◎ 艾灸　用陈艾叶同时灸双侧至阴穴（小足趾端外侧），每日1～2次，每次10～15分钟，5次为一疗程。灸时常感胎动活跃，一周后复查胎位的纠正情况。如配合饮水疗法效果更佳。

◎ 饮水疗法　准妈妈连续3天饮凉白糖开水，每小时饮1次（总量为每天2000毫升），纠正胎位异常的成功率可达70%，此法也可以治疗羊水过多。

第31周 第1~2天 准妈妈孕晚期营养胎教要点

孕晚期是胎宝宝生长发育最快的一个阶段。这时，为了保证胎宝宝生长发育的需要，除了要满足胎宝宝生长发育所需要的营养素外，准妈妈和胎宝宝体内还需要储存一些营养素，因此这个阶段的营养补充应格外注意。

饮食方式以少食多餐为宜

怀孕后期，准妈妈子宫渐渐增大，会从下方将胃顶起，所以准妈妈会感到胃部不适，进食后易发生消化不良。出现消化不良症状时，可以选择容易消化的食物，并采用少食多餐的方法，每天分6次进食比较适合。

蛋白质和钙营养不可少

准妈妈这一阶段需要充分摄取蛋白质和钙。可以形象地量化，怀孕后期的蛋白质日摄取量相当于2个乒乓球大小的肉类、1小块鱼、1个鸡蛋、2大匙豆类、3～4块豆腐。钙的摄取量则相当于1杯牛奶。

摄取清淡饮食

这一时期，如果摄取过多的盐分，势必会饮用大量的水，而这样将会引起水肿、蛋白尿或高血压，甚至会引发妊娠高血压综合征，因此饮食应以清淡为宜。

海藻类食物助顺产

这一时期，不仅是食物，准妈妈的意念和情感都会直接传递给胎宝宝。摄取富含铁、铜、镁且低热量的海藻类，不仅有助于胎宝宝肾脏的发育，还能促进准妈妈激素的分泌，从而帮助其顺利生产。

富含雌激素的裙带菜、海苔、咸草等食物对母子健康也非常有益。

进食可缓解恐惧感的食物

这一时期需要摄取能够帮助准妈妈缓解分娩带来的恐惧感，并促进肾功能的食物。富含叶酸和维生素B_{12}、维生素K的咸草、三白草、车前草、圆白菜、菠菜等皆是有益食物。母乳中含有丰富的B族维生素，有助于提高孩子对外界的适应能力，所以准妈妈应当摄取充分的谷类。豆类的大豆卵磷脂则会增进产妇分娩后的健康。

第31周 第3~4天 做健身球操，让自己活跃起来

坐姿举球操

具体步骤

❶ 准妈妈坐在地面上，双腿向前伸，挺直腰背，双手拿球。

❷ 吸气，然后双臂用力向上举球（图①），再放下（图②），再举起，重复数次，感觉手臂有酸痛感即止。注意举球时一定要向上举至头顶。

运动功效

可缓解腰背酸痛及胸肋胀痛。

①

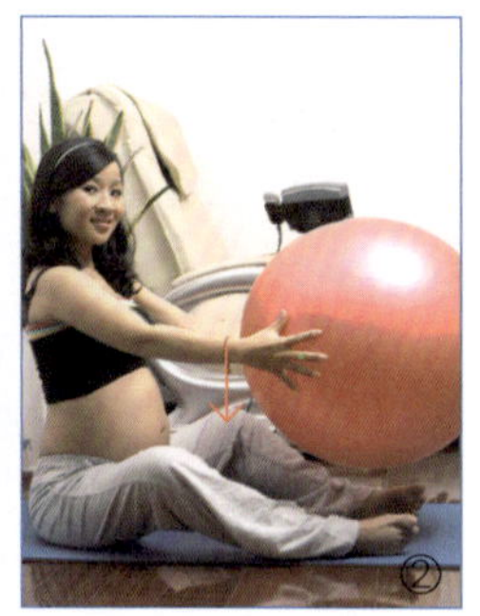
②

坐姿举哑铃操

具体步骤

❶ 坐在健身球上，双腿叉开，并与地面垂直，双手自然地放在两膝上（图③）。

❷ 双手各持一只哑铃。双臂自然向左摆动，左手弯曲至左肩前，右手向右打开（图④）。

❸ 收回双手，手肘自然弯曲，将哑铃举至与肩同高（图⑤）。

❹ 右手持哑铃不动，左手持哑铃向下弯曲（图⑥），然后换另一只手做。

运动功效

充分伸展背部肌肉。

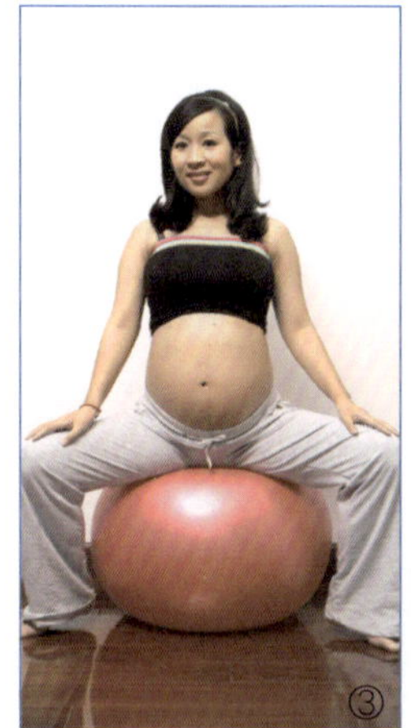
③

④

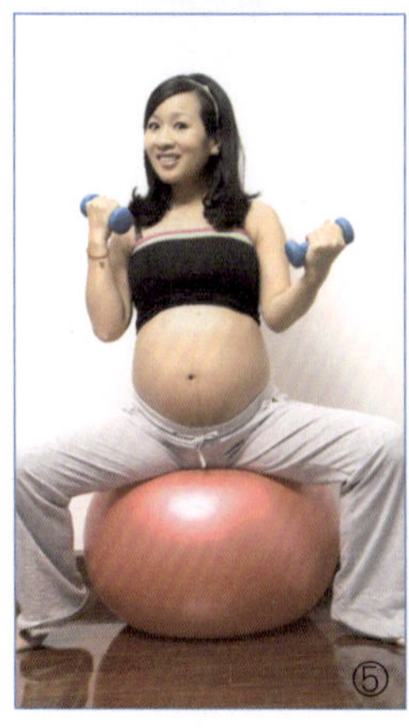
⑤

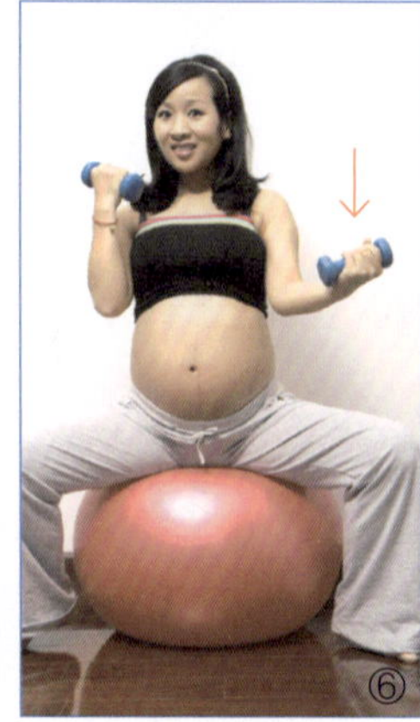
⑥

孕晚期轻松应对心理问题

当准妈妈到了孕晚期时会产生各种心理问题，那么，准妈妈会遇到哪些常见问题？应做怎样的应对策略呢？

心理问题早知道

孕晚期常见的心理问题如下。

◎ 生小宝贝时我会不会出现生命危险？

◎ 我能不能顺利通过分娩关？

◎ 我会不会出现早产？

◎ 生小宝贝时会不会疼痛难忍？

◎ 生出来的小宝贝会不会不健康？

◎ 小宝贝是不是我想要的男（女）孩？

轻松应对方法

转移注意力

准妈妈可以按自己的兴趣做一些转移注意力的事，比如织一件小毛衣、和准爸爸一起布置婴儿房、和准爸爸一起去郊游、听优美的轻音乐；或漫步于环境优美的大自然中欣赏美丽的风景，欣赏花园中郁郁葱葱的树木以及五彩绚丽的花朵。这些方法都可以使准妈妈的情绪安定下来，缓解产前忧虑和紧张。

做好分娩准备

准妈妈应该积极去做孕晚期检查，特别是临近预产期时，准爸爸最好应留在家中，让准妈妈有所依靠。

克服分娩恐惧

应对这个问题的最好办法是，准妈妈和准爸爸一起了解有关医学知识，了解分娩全过程以及可能出现的情况，弄清楚分娩时应该怎么应对，进行分娩前有关训练。这对减轻准妈妈的心理压力、解除心理负担有很好的帮助。

宣泄内心紧张

当准妈妈感到内心十分焦虑、紧张时，她希望身边有人能够分担她的这种感受，准爸爸这个时候最好要在她的身边安慰她，并耐心地听她喋喋不休地宣泄，千万不要显出不耐烦的样子。

进行语言暗示

准妈妈总是充满恐惧和紧张，这时候可以自己对自己说：“我非常期待见到日思夜想的小宝贝，这是一件让人心驰神往的事情！”或“我很健康，生小宝贝时肯定有力”等。

第31周 第6~7天

全家总动员，让准妈妈远离压力和消极情绪

准妈妈有压力危害大

目前我国提倡一对夫妇只生一个孩子。家里的老人，尤其是爷爷、奶奶受我国传统思想的影响较大，往往希望生一个孙子，这样就会觉得整个家庭都脸上有光。

其实，这样会给怀孕中的准妈妈很大的压力，毕竟，生男生女不是自己能够决定的。如果家庭其他成员在胎教中给准妈妈施加各种压力，会引起准妈妈不良反应，比如胎动异常。

给准妈妈亲情支持

不要重男轻女，如果老人一心想要孙子，而不要孙女，就势必给准妈妈带来一定的精神压力，甚至造成准妈妈的心理障碍，以至影响母腹中胎宝宝的发育。

一些老人，往往是准妈妈的母亲或婆婆，总是滔滔不绝地介绍自己当年的亲身感受和经验。她们也许以为这是对准妈妈的教育，让准妈妈能从中学习她们的经验。

当然，这样做不无益处，但是，其中也有不少夸大之辞，甚至把生产过程说得困难而又痛苦。这对于准妈妈来说无疑是一种不良刺激，甚至使她产生条件反射，从而导致一场痛苦而又沉闷的妊娠和分娩。这同样会给胎宝宝造成极为不利的影响。

因此，长辈不要用自己的经历，给准妈妈灌输分娩过程是如何的疼痛，以及孩子生出来后，培养孩子如何困难等，从而造成准妈妈的恐惧感。

此外，还有一些老年人，对怀孕的媳妇不以为然，以自己以往的艰苦岁月为荣，动辄我们那时候如何如何，言下之意就是眼下怀孕的媳妇太娇气。这对于准妈妈来说是一种不良刺激，往往是给准妈妈原本就烦躁不安的情绪火上浇油，甚至会引发准妈妈和长辈发生口角，进而对胎宝宝产生不良的影响。

因此，在准妈妈十个月的妊娠期内，家庭所有成员都应给予热情的帮助和充分的体谅，不要给准妈妈造成心理上的压力，更不要随意指责，如一旦发现有矛盾的苗头，家庭其他成员切不可计较，并尽量用幽默的方式化解。

家庭成员应共同努力在准妈妈周围营造一个宽松、和谐、美好的生活环境，使胎宝宝在祥和的气氛中健康成长。这就是积极参与胎教，为胎教作贡献。

第32周 第1~2天

折纸游戏与讲故事同时进行

今天教准妈妈们折小猫，现在开始动手学做吧！小猫的具体制作方法如下。

❶ 沿虚线对折（图①）。

❷ 沿虚线朝箭头方向折叠（图②）。

❸ 沿虚线朝箭头方向折叠（图③）。

❹ 沿虚线朝箭头方向折叠（图④）。

❺ 依照箭头方向后折（图⑤）。

❻ 画上眼睛、嘴巴、胡须等（图⑥）。

准妈妈还可以一边给胎宝宝折小猫，一边给胎宝宝讲《小猫钓鱼》的故事。

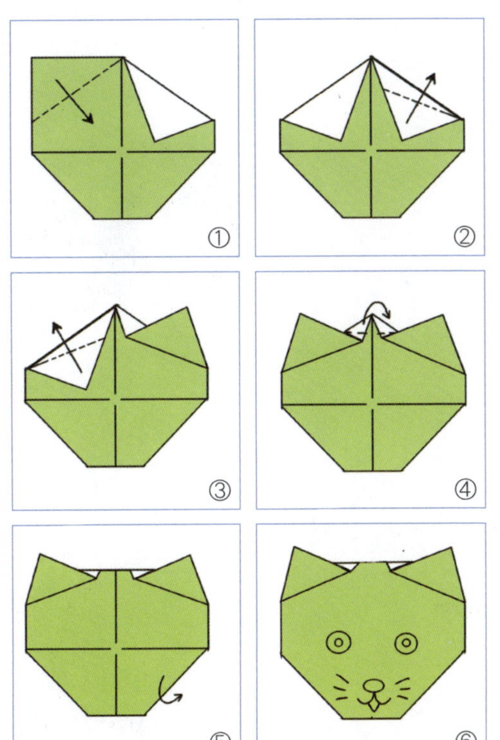

附：小猫钓鱼

一天早晨，猫妈妈带着猫弟弟到河边去钓鱼。他们刚坐下，一只蜻蜓飞来了。蜻蜓真好玩，飞来飞去像架小飞机。猫弟弟看了真喜欢，放下钓鱼竿，就去捉蜻蜓。蜻蜓飞走了，猫弟弟没捉着，空着手回到河边。一看，猫妈妈钓了一条大鱼。猫弟弟又坐在河边钓鱼，一只蝴蝶飞来了。蝴蝶真美丽，猫弟弟看了真喜欢，放下钓鱼竿，又去捉蝴蝶。蝴蝶飞走了，猫弟弟又没捉着，空着手回到河边。一看，猫妈妈又钓了一条大鱼。猫弟弟说："真气人，我怎么一条小鱼也钓不着？"猫妈妈看了看猫弟弟，说："钓鱼就要一心一意，不要三心二意。你一会儿捉蜻蜓，一会儿捉蝴蝶，怎么能钓着鱼呢？"猫弟弟听了猫妈妈的话，很难为情，从此就一心一意地钓鱼了。蜻蜓又飞来了，蝴蝶也飞来了，猫弟弟就像没看见一样，一步也不走开。不一会儿，钓竿上的线往下沉，钓竿也动起来了，猫弟弟使劲把钓竿往上一甩，"哎哟"一条大鱼钓上来啦。猫弟弟赶紧捉住这条大鱼，高兴地喊了起来："我钓到大鱼啦，我钓到大鱼啦！"猫妈妈和猫弟弟一起抬着大鱼回家了。

提早防止贫血的发生

孕期贫血危害大

严重贫血的准妈妈因血红蛋白携带氧气不足而致胎宝宝缺氧，易引起胎宝宝宫内发育迟缓、早产，甚至死胎。准妈妈本身还容易发生妊娠高血压综合征，产时及产后虽然出血不多也会因血液储备不足而导致休克，或因贫血严重导致心肌损害。准妈妈贫血还易发生早产及低出生体重新生儿，如果胎宝宝肝脏储存的铁量少，婴儿出生后也易发生贫血。

硫酸亚铁治疗严重贫血

准妈妈应定期检查自己的血红蛋白，如发现贫血应及早治疗。妊娠后半期，准妈妈每日应服硫酸亚铁0.3克（其中含铁离子为60毫克），如有1/10被吸收，每日就可吸收铁离子6毫克，这样可以增加铁的储备，以预防贫血，最好能一直服用到哺乳期结束。

铁元素的饮食来源

◎ 准妈妈在孕期容易发生贫血，要经常食用一些富含铁质的食物，如红枣、赤小豆、黑木耳等，这些食物不仅能起到防治缺铁性贫血的作用，还有滋补强壮的功效。

◎ 动物内脏中的铁含量往往高于动物的肉，如猪肝、牛肝、羊肝、鸡肝等，不仅含铁量高，而且维生素的含量也很丰富，准妈妈应适量吃一些。

◎ 动物血液中含有丰富的血红素铁，易被人体消化吸收，用动物血和内酯豆腐做汤，适量食用，具有良好的防治缺铁性贫血的作用。

◎ 准妈妈每天要有一定量的瓜果摄入，瓜果本身含铁量并不高，但是瓜果中含有丰富的维生素C，它能促进食物中铁的吸收。

第32周 第4~5天

运动塑造顺产体质

每个准妈妈都会在怀孕期间隐隐害怕生产的痛苦，而每个准妈妈最大的渴望可能就是平安顺产。其实，准妈妈也不用太过于担心，大多数准妈妈都是能顺利生产的。只要你从现在开始，生活中加入以下几个小动作的练习就可以了。

放松髋关节运动

具体步骤

❶ 准妈妈双腿下蹲，但是臀部不要着地。两手向前着地支撑着身体，两脚脚尖向外、脚跟离地，腿打开，屈膝蹲在瑜伽垫上，背伸直，重心稍向前移（图①）。

❷ 准妈妈坐在垫子上，双腿张开，两手向后撑地，身体重心稍向前移。腿伸直，尽量大地打开（图②）。

❸ 然后屈膝收回两腿，两脚脚心相对坐在垫子上，两手握住脚踝，两个膝盖尽量下压（图③）。

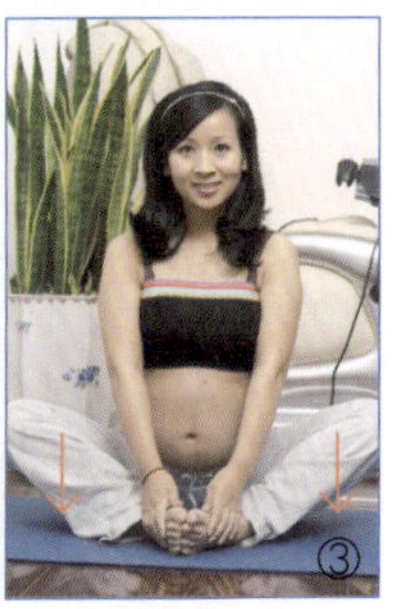

腹式呼吸

具体步骤

❶ 准妈妈盘腿而坐，腰背部挺直，全身放松，双手自然地放在两个膝盖上（图④）。

❷ 然后尽量用鼻子吸气，直到腹部鼓起为止。

❸ 吐气时稍微将嘴巴撅起，慢慢地用力将体内空气全部吐出，吐气要比吸气更为缓慢而用力（图⑤）。每天可练习3次以上，早上、中午、晚上各做一次，练习时尽量放松身体。

事项提醒

准妈妈需注意呼吸的频率。

第32周 第6~7天

与胎宝宝的另一交流方式——手语

手语同语言一样，是一种特殊的交流方式。在手语的传递中，准妈妈有一个安宁的心绪，这对胎宝宝有着不可小觑的良性刺激。

手语一：欢迎你，小宝贝

欢迎：这是两个分解动作：

❶ 双手合实鼓掌1～2下（图①）。

❷ 双手掌心向上，往两旁移动摊开一下，如邀请动作（图②）。

你：正确的手语表达“你”的时候是指向对方，但是，在这里，你可以指向自己的腹部（图③）。

小：一手拇指捏小指指尖（图④）。

宝贝：宝贝这个词也是分解动作：

❶ 右手虚握，然后甩腕（下页图⑤）。

❷ 五指张开并掌心向下（下页图⑥）。

❸ 左手伸出拇指，手背向外，右手轻拍几下左手背（下页图⑦）。

手语二：早上好，晚安

早上好

早上：一手四指与拇指相捏，手背向上横放胸前，缓缓向上抬起。五指逐渐张开，象征天色由暗转明（下页图⑧、下页图⑨）。

好：一手握拳，然后向上伸出拇指（下页图⑩）。

晚安

晚（晚上）：一手四指并拢与拇指成90度直角，放在眼前。然后作弧形动作下移，同时五指捏合（下页图⑪、下页图⑫）。

安：一手横伸，掌心向下，自胸前向下一按（下页图⑬）。

①

②

③

④

⑤
⑥
⑦
⑧
⑨
⑩
⑪
⑫
⑬

9月 开始为分娩做准备

本月日常生活调理

- 做一些有助于顺产的体操及呼吸法。
- 安排产前检查。
- 不要单独外出。若必须外出，则务必向家人交代行踪及一切联络事宜，并随身携带健康手册与卫生巾，以便发生紧急情况能直接人院。
- 备妥住院生产所需物品及重要的证件，如保健卡、夫妻二人的身份证、准妈妈健康手册、医院挂号证等。
- 若发生不正常出血或早期破水，应马上前往医院待产，切莫拖延。
- 减少洗发次数，每周使用深层洗发精清洁并保持发型。

本月胎教提醒

- 帮胎宝宝运动，和胎宝宝一起欣赏音乐。
- 较前几个月胎教时间可适当延长。
- 继续坚持以往各项胎教内容。
- 呼唤胎宝宝，给他介绍每位亲人与朋友。
- 期盼新生儿的降临，以轻松的心态面对分娩。
- 临近分娩，准妈妈难免紧张和担心，此时不妨做一些放松身心的活动，比如唱歌、绘画、看电影等，这样既能消除消极情绪，又能做胎教。
- 在日常生活中经常按摩乳房，可以提高顺产的可能性。
- 如果心情浮躁，可用冥想来平静心灵、稳定情绪。
- 不要劳累过度，为分娩期保存体力。

本月运动提醒

- 每天至少散步20～30分钟。
- 若情况许可，可多上下楼梯，以锻炼会阴部肌肉弹性及收缩力，有助产程顺利进行。
- 禁止出远门或者外出旅游。
- 尽量避免性生活。

本月饮食营养调理

- 适当摄取富含B族维生素、维生素C、维生素E、维生素K的食物，有助于分娩。
- 准妈妈应少吃多餐，以多营养、高蛋白为主，限制动物脂肪和盐的过量摄入，多吃富含微量元素和维生素的食物，多饮水。

- 宜多吃蔬菜、水果、低盐及高蛋白食物。
- 睡前尽量避免饮用含咖啡因的饮料，如汽水、咖啡、茶，而且也不要喝过多的水或汤，晚饭要少吃，有利于睡眠，补充充足的精力。
- 海藻类是富含无机质的低热量食物，如海苔、海带、裙带菜和羊栖菜，应适当多吃。
- 饮食要荤素搭配，继续补充碳水化合物，同时注意不要吃发霉的食物。

本月准爸爸胎教任务

- 此时的准妈妈容易懒散、不爱动，准爸爸要调动准妈妈运动的积极性，不妨陪她多散散步。
- 准爸爸抚摸准妈妈的肚子，告诉胎宝宝外在世界的各种新奇事物，还可以讲伟人奋斗的故事，并鼓励胎宝宝成为勇于挑战之人。
- 准爸爸为了准妈妈的健康要及时清理和消毒家里的电话。
- 准爸爸要给准妈妈的心理上有所支持，不要给准妈妈生男生女的压力。

本月不适症状罗列

- 可能会出现腹胀、出血、水肿。
- 可能会出现妊娠中毒症等。
- 可能会出现漏尿现象。
- 可能会出现镇痛、宫缩、破水、见红等分娩征兆。

本月职场准妈妈提醒

- 准备休产假。
- 把自己的工作处理完。
- 做好工作交接。
- 产假期间与公司保持正常的联系。

本月胎教箴言

胎教首先要端正身心，因此要注意平时的看、听、坐、站、睡、吃等各方面行为。

本月孕事随记

第33周 第1~2天 《小熊过桥》的故事给准妈妈与胎宝宝勇气

今天继续给胎宝宝讲故事吧！以前的故事可能已经无法给胎宝宝新鲜感，那就换一个故事吧，今天就给胎宝宝讲一讲《小熊过桥》的故事。

《小熊过桥》原文

有一只小熊对熊妈妈说："妈妈，我好些日子没看见外婆了，我想去看看外婆。"

熊妈妈说："好啊，你去的时候，把咱们那束鲜花给外婆带去，把那一包点心也给她带去！"小熊抱起点心盒子，拿起那束鲜花，说："妈妈，我走了！"

熊妈妈说："早去早回，替我问外婆好！"小熊说："知道了，妈妈再见！"说着就走了。小熊走着走着，来到一条小河边上。河上有一座桥。这桥是用竹子搭成的，小熊走到上面就不敢动了。因为走起来左一摇右一晃的，河水还在下边哗哗地响哩！

小熊正害怕，天上飞过来一只乌鸦。这只乌鸦不但不帮助小熊，还吓唬他。乌鸦高声喊道："呱——呱——坏啦，坏啦！你们瞧啊，小熊要掉下河啦，小熊要掉下河啦！"

小熊本来就害怕，被乌鸦这一吓唬，就更不敢动了。他低头一看河水，河水也在笑话他："哗小熊小熊，你怎么这么不勇敢啊，小竹桥都不敢过！这么胆小，太没出息啦，太没出息啦！"小熊一想：乌鸦吓唬我，河水笑话我，这，这可怎么办呢？

小熊着急得哭着叫："妈妈，妈呀！"可是，妈妈离这儿很远啊，根本听不见呀。

熊妈妈听不见，可是水里的小鱼儿听见了，他们"扑噜，扑噜"从水里钻出头来，对小熊说："小熊，小熊，你别害怕，把眼睛往前瞧，别往水下看，你挺起胸，直起腰，迈开步，一二，一二，就过去啦！"

小熊听小鱼儿的话，抬起头，眼睛向前看，挺起胸，直起腰，迈开大步，一二，一二！嘿，真过去了。

在读完故事后，准妈妈要跟胎宝宝说："每个人都会有胆怯的时候，关键的是看自己能不能正视困难，顺利地渡过难关。"然后鼓励胎宝宝，让他做个勇敢的小宝宝。

另外，准妈妈也不要忘记利用这则小故事来鼓励自己，以乐观的态度对待身体不适及不良情绪。

与胎宝宝一起摇摆

准妈妈可以在孕期学跳舞，让胎宝宝和准妈妈一起随着音乐动起来。这样对准妈妈和胎宝宝都大有裨益，但是有些不适合运动的准妈妈例外，在学跳舞前准妈妈最好咨询一下医生的意见再进行锻炼。

跳舞有益于准妈妈

◎ 跳舞时精神都集中在身体动作和音乐上，既能保持良好情绪，也是一种很好的胎教方式。

◎ 专门的孕妇舞蹈能缓解准妈妈在孕期的不适。

◎ 舞蹈能让准妈妈的骨盆比较放松，增强体力和各部位肌肉韧性，有利于婴儿的出生。

◎ 舞蹈练习能帮助准妈妈尽快掌握自身阵痛的节奏，接受不太习惯的分娩姿势。

◎ 准妈妈可以把从舞蹈中获得的对身体控制的经验应用在分娩的过程中，使分娩更顺利。

健康跳舞细则

注意身体

准妈妈应根据自己的感觉来调整运动强度，随时注意听从身体的反应与回馈，让自己的身体做主。如果感到头晕、呼吸急促、疼痛或者阴道出血的话，就应该立刻停止活动并且咨询医生。

选择专业的舞蹈老师

准妈妈跳舞时应选择专业的舞蹈老师陪伴，因为他们能够了解怀孕的生理变化和孕妇舞蹈如何进行才是最安全的。而且有经验的老师还会在训练前咨询准妈妈的身体情况来调整当天的训练活动。

摄取充足能量

准妈妈应在训练之前、期间和之后补充充足的水分，要避免在炎热潮湿的地方跳舞。还要保证摄取足量的热量和营养，补充跳舞消耗的部分。准妈妈要避免在孕早期进行背部的运动，以及长时间站立和伸展身体保持同一个动作，这样会减少流经子宫的血流量，影响给胎宝宝供血。

选择合适的衣服和鞋子

有些孕妇装可能并不适合跳舞专用，准妈妈在跳舞前一定要选择适合跳舞的服装和鞋子。尤其是有水肿等症状的准妈妈，在选择鞋子时就更要以保证舒适为佳。

第33周 第5~6天

与胎宝宝一起欣赏优美的抒情诗

准妈妈在孕期里可以为胎宝宝朗诵一些抒情诗。徐志摩的《再别康桥》就是一首优美的抒情诗，宛如一曲优雅动听的轻音乐，非常适合准妈妈为胎宝宝朗诵。

《再别康桥》原文

轻轻的我走了，
正如我轻轻的来；
我轻轻的招手，
作别西天的云彩。
那河畔的金柳，
是夕阳中的新娘；
波光里的艳影，
在我的心头荡漾。
软泥上的青荇，
油油的在水底招摇；
在康河的柔波里，
我甘心做一条水草！
那榆荫下的一潭，
不是清泉，是天上虹；
揉碎在浮藻间，
沉淀着彩虹似的梦。
寻梦？撑一支长篙，
向青草更青处漫溯；
满载一船星辉，
在星辉斑斓里放歌。
但我不能放歌，
悄悄是别离的笙箫；
夏虫也为我沉默，
沉默是今晚的康桥！
悄悄的我走了，
正如我悄悄的来；
我挥一挥衣袖，
不带走一片云彩。

1928年秋，徐志摩再次到英国访问，旧地重游剑桥，勃发了诗兴，将自己的生活体验化作缕缕情思，融汇在所抒写的康桥美丽的景色里，也驰骋在诗人的想象之中。准妈妈今天的胎教内容就是为胎宝宝读这首抒情的诗。

全诗以“轻轻的”“走”“来”“招手”“作别西天的云彩”起笔，接着用虚实相间的手法，描绘了一幅幅流动的画面，构成了一处处美妙的意境，细致入微地将诗人对康桥的爱恋，对往昔生活的回忆，对眼前的无可奈何的离愁，表现得真挚、浓郁、隽永。诗人闻一多20世纪20年代曾提倡现代诗歌的“音乐的美”“绘画的美”“建筑的美”，《再别康桥》一诗，可以说是“三美”兼备，堪称徐志摩诗作中的绝唱。所以，在胎教选文中，此文是最佳读本之一。

第33周 第7天

准妈妈担负培养胎宝宝性格的重任

许多准妈妈都希望自己的孩子在将来有良好的性格，但是，孩子的性格应从胎儿期就做好塑造工作。而且要知道准妈妈可是胎宝宝首位性格老师，可见准妈妈肩负的责任任重而道远。那么，准妈妈到底应该怎么做才能培养宝宝具备良好的性格呢?

让胎宝宝感受到你积极的情绪

人的性格并不完全是后天习来的，早在胎宝宝时期，孩子的性格基本就已经有了“雏形”。

准妈妈的子宫是胎宝宝生长的第一个环境，这个小小的生命在这里直接感受着母亲的各种情绪波动。

当胎宝宝感受到准妈妈的温暖、和谐和慈爱时，那颗小小的心也会被同化，逐渐形成热爱生活、活泼外向、果断自信等优良性格的基础；当胎宝宝受到准妈妈焦虑、厌烦甚至还有敌意和怨恨的心情影响时，这颗心灵也同时被蒙上了孤独、寂寞、内向和自卑。

所以，准妈妈在怀孕期间注重胎宝宝性格方面的培养非常重要，甚至可以说，准妈妈就是孩子的第一任性格老师。

让胎宝宝继承你坚强的性格

很多实例表明准妈妈在孕期的不良情绪和其他各种因素对孩子的性格起着重要的作用。看看下面这个案例。

一个刚降生不久的婴儿，虽然母亲乳汁充沛，她却始终不愿意吸吮妈妈的乳头。当妈妈一次又一次地把奶头对着她，她仍然倔强地将头扭过去，情愿去吸别人的乳汁或是配方奶。这到底是为什么呢?究竟是她不喜欢妈妈的母乳，还是另有原因呢?原来，在这位母亲怀孕时曾经有流产的打算，是丈夫的执意恳求才勉强地生下了婴儿。但是小小的婴儿在母亲腹中已经感受到妈妈对她的厌烦情绪，出生以后仍“心存芥蒂”，拒绝吃妈妈的奶。

假如这个孩子的母亲是个热爱胎宝宝的准妈妈，不论在任何不良环境中都能够表现出坚强的个性，那么这个孩子对她所产生的感情很可能就会有所不同了。

许多实例都说明，准妈妈坚强的性格会感染胎宝宝，准妈妈不妨让其与自己一道战胜困难，并从中得到性格方面的锻炼。现代心理学研究也证明，胎宝宝能敏锐地感知母亲的思维心理活动及母亲对自己的态度。

第34周 第1~2天 让胎宝宝与动物成为好朋友

小孩子对动物有一种天然的亲近感。很多孩子都跟自己饲养的小动物容易建立起深厚的感情，他们不只是把动物看做自己的玩伴，更多时候是把它们当做一个需要自己关心和照顾的朋友，亲密无间，彼此依赖。这对于完善孩子的性格，激发孩子对家庭、社会和自然的热情有着重要的作用。

同样，这对准妈妈腹中的胎宝宝也有相同的作用，也会对塑造胎宝宝的性格和爱心有着很好的作用。因此，准妈妈在孕中就要培养胎宝宝热爱大自然，探索动物和大自然的兴趣，你不妨将构架胎宝宝与动物的桥梁作为一门胎教课程。

让胎宝宝进入动物世界

可以和家人一起去动物园，并且边看动物边给胎宝宝描述动物的样子及叫声，再娓娓讲述与该动物有关的童话故事，同时还让胎宝宝注意倾听动物的叫声，以训练胎宝宝的听力。但是为了安全起见，不要去人多的地方，也不要让自己太累，要注意休息，要以散步的心态做这件事情，同时还要注意不要离动物太近，以免受到动物的伤害。

让胎宝宝在音乐中认识动物

《动物狂欢节》是法国音乐大师卡米尔·圣·桑的代表作之一，是一部别出心裁、妙趣横生的管弦乐组曲。整部组曲由下面十四支曲子组成：序奏及狮王行进曲；公鸡与母鸡；野驴；乌龟；大象；袋鼠，水族馆；长耳人；林中杜鹃；大鸟笼；钢琴家；化石；天鹅；终曲。

在这部新颖的组曲中，作者以漫画式的笔调，运用各种乐器的音色和表情特征，惟妙惟肖地描绘出动物们滑稽的动作和可爱的情态，其中的大提琴独奏《天鹅》尤为动人。乐曲一开始，钢琴以清澈的和弦，清晰而简洁地奏出犹如水波荡漾的引子。在此背景上，大提琴奏出舒展而优美的旋律，描绘了天鹅以高贵优雅的神情安详地浮游的情景。

这首曲子特别适合准妈妈在孕中期、孕晚期时听，也适合给胎宝宝听，因为它描绘了各种动物的形象，能让准妈妈引发很具体的想象。

室内花草给准妈妈和胎宝宝带来自然气息

室内花草带来愉快心情

准妈妈在孕期里可以在家里种植一些花草，花草不但可以美化居室，调节室内的温、湿度，还可降低室内噪声，吸附尘埃，净化空气，更重要的是种植花草还可以陶冶准妈妈的性情，让准妈妈在优美的环境中，感受花草的美丽，让腹中的胎宝宝也感受到愉快。

选择室内花草有讲究

准妈妈应该选择对室内环境具有较好的适应性及无毒、无不良气味、无粉尘和毛刺等特点的花草。下面为准妈妈提供几种适宜放于室内的花草。

能吸收有毒化学物质植物的一览表

最佳花草推荐	推荐理由
虎尾兰、一叶兰	可以吸收室内80%以上的有害气体，且吸收甲醛的能力超强
菊花、金橘、石榴、米兰、雏菊等	能有效地清除二氧化硫、氯、乙醚、乙烯、一氧化碳、过氧化氮等有害物
桂花、蜡梅、花叶芋、红背桂等	是天然的除尘器，其纤毛能截留并吸附空气中的飘浮微粒及烟尘

最能吸收有毒气体植物的一览表

最佳花草推荐	推荐理由
吊兰、芦荟	消除一氧化碳、甲醛污染
龟背竹	在夜间吸收二氧化碳的能力强
美人蕉	对二氧化硫有吸收性能
石榴	能降低空气中的铅含量
常青藤	能吞食室内的苯
海桐	可吸收光化学烟雾，防尘隔音
天南星的苞叶	能吸收苯、三氯乙烯

能杀病菌植物的一览表

最佳花草推荐	推荐理由
玫瑰、桂花、茉莉、石竹等	其所产生的挥发性油类具有显著的杀菌作用
紫薇、茉莉、柠檬等植物	5分钟内就可杀死白喉菌和痢疾菌等原生菌
蔷薇、石竹、铃兰、紫罗兰、玫瑰、桂花等植物	这些花草散发的香味对结核杆菌、肺炎球菌、葡萄球菌的生长繁殖具有明显的抑制作用
仙人掌等原产于热带干旱地区的多肉植物	其肉质茎上的气孔白天关闭，夜间打开，在吸收二氧化碳的同时，制造氧气，使室内空气中的负离子浓度增加
虎皮兰、虎尾兰、龙舌兰等	能在夜间净化空气

进补保健品应谨慎

准妈妈进补保健品是有讲究的，最好能够遵循下列要求进补。

忌盲目选用保健品

准妈妈进补保健品应遵循的原则为：能通过食物补充的，尽量从食物中获取，不足的可通过保健品补充。另外，用量一定要控制好，最好遵医嘱。而且有些有保健功效的天然药物也不应盲目服用，最好在医生或保健师的指导下进行。

有些产品在提取制造工艺上没有太高要求的话，尽可以使用国产的。某些深海鱼油、卵磷脂、优质蛋白等保健品可以考虑进口的。

选择保健品的注意事项

当准妈妈在购买保健品时，一定要看成分标示和所含的剂量。了解自己的需要，并有针对性地选择含有需要补充的营养元素的保健品，同时注意剂量适宜，方便自己日后服用。

孕妇保健品的种类

从海洋生物中提取成分的保健品

从海洋生物中提取的这些保健品有很好的营养效果，但也要根据准妈妈自身情况进补。比如有的深海鱼油中含有类雄激素作用的物质，可能会对准妈妈产生不利影响。

以动植物为主要原料的补品

如人参、灵芝、鹿茸、乌鸡、银杏、鳖等，这些东西都是大补之品，不可滥用，否则可能会引发见红、流产及早产等危险情况。

以维生素和矿物质为主要成分的营养型保健品

◎ 钙尔奇D　准妈妈补钙应视自身情况而定，准妈妈是否偏食、户外活动较少等都是决定补钙时间和补钙量的因素。

◎ 施尔康　当准妈妈服用施尔康后，就不用再补充叶酸了，注意防止维生素摄入过多。

以膳食纤维为主的保健品

膳食纤维又被称为第七营养素，能加速准妈妈肠道废物排出，清理体内环境。准妈妈的食物中如果缺乏膳食纤维，可以考虑这类保健品。

第34周 第6~7天

准妈妈剪纸 为胎宝宝提供艺术胎教

准妈妈闲暇时，不妨准备一些彩纸和一把剪刀，剪出一些美丽的图案，并制作一个剪纸册，和准爸爸一起粘贴在册子上，这样不仅能够达到一定的艺术胎教效果，而且以后当孩子长大时，还可以拿给宝宝看，有一定纪念意义。

运用剪纸进行胎教的好处

准妈妈在制作剪纸的过程中可以表达自己的思想感情、审美心理和对美的追求、体现。

准妈妈可以将自己对生活的观察和领悟，通过剪纸来实践。准妈妈要了解剪纸的规律，将平衡、参差、疏密以及不规则的线条自由组合，构成美妙的动律和节奏，既增添了情趣，丰富了自己对形象的感染力，又向胎宝宝传递深深的“爱”，传递了“美”的信息。另外，剪纸还能锻炼手的精细动作，更有助于锻炼准妈妈和胎宝宝的大脑。准妈妈可以边剪边以讲故事的形式描述所剪的内容，给胎宝宝传递更多的日常常识。

剪纸的方法

传统剪纸需要准备的工具：剪刀、笔、宣纸、蜡盘、刻刀、针和线、染料、墨水、刷子、煤油灯、熨斗等。

第一种剪纸是用剪刀剪制，俗称铰花；第二种是用刻刀刻制，俗称刻纸。剪刀的尖端要对齐磨尖，刻刀可用美工刀、手术刀，或用锯条、钢丝等自己磨。准妈妈可以自己设计剪纸图案，或拓样、熏样，或复印、晒图。操作时，要先把剪纸图样制作好，再把彩色纸与图样固定在一起。刻制时，持刀要保持刀尖与纸面垂直，而且一定要一气呵成。准妈妈也可以先勾轮廓，而后细细剪，剪个胖娃娃，“双喜临门”、“喜鹊登梅”、“小放牛”，或根据胎宝宝的属相，如猪、狗、猴、兔等。

第35周 第1~2天

让宝宝心灵手巧的胎教方式——编织

运动医学研究证明，当我们人类用筷子夹取食物时，会牵动肩、胳膊、手腕、手指等部位30多个关节和50多条肌肉。管理和支配手指活动的神经中枢在大脑皮质占面积最大。手指的动作精细、灵敏，可促进大脑皮质相应部位的生理活动，提高人的思维能力。准妈妈们可以利用这种原理，学习编织艺术来作为胎宝宝的胎教，通过信息传递的方式，促进胎宝宝大脑发育和手指的精细运动。可见，艺术编织也可胎教！而且胎教的实践也证明，孕期勤于编织的准妈妈，所生孩子“手巧而心灵”。

选择儿童专用毛线

准妈妈为宝宝编织衣物，由于宝贝的肌肤比较柔软，在选购毛线时要考虑质地因素。市场上有很多专为宝贝生产的毛线，它所含的羊毛与普通毛线中的羊毛不一样，非常细小，且很柔软，保暖性又好，十分适合宝贝穿用。准妈妈要注意不要选择含马海毛的毛线，这样的毛线容易脱毛，如果宝贝吸到气管和肺内会引起疾病。

选择合适的毛衣针

准妈妈在选择毛衣针时，要注意毛衣针以比毛线略粗一点儿为宜，这样织出的毛衫弹性好，也不容易变形。毛衣针过粗，毛衫越穿越垮；毛衣针过细，毛衫虽然看着很平整，但穿在身上很硬，并且容易缩水，宝宝穿上会不舒服。

选浅色毛线较合适

准妈妈要注意深色毛线多用苯胺染料染织，易使新生儿患高铁血红蛋白病，使新生儿出现发绀。浅色衣服让宝宝看上去清爽、干净。

为宝宝编织适时衣物

准妈妈应根据宝贝出生季节的不同，选择不同的线，以准备薄厚不同的衣物。可以制成色彩丰富、款式多样的春夏装线衣以及舒适温暖的秋冬装毛衣。

准妈妈编织小提醒

准妈妈最好编织开襟样式的毛衣，因为宝宝太小，穿套头衫容易伤到胳膊；准妈妈最好不要使用拉链和纽扣，以免划伤宝宝的皮肤或脱落后被宝宝误食，发生意外。

第35周 第3~4天 算数学习，为胎宝宝的智力加分

准妈妈也可以将算术作为胎教的一个内容，并通过发挥想象力来教胎宝宝学算术，这样不仅能增加胎宝宝的想象力，而且还会增加胎教的效果。这样也可以锻炼准妈妈的思考力和想象力，增加胎教的趣味性。

让视觉体验贯穿学习过程

准妈妈每天教的数字不宜超过5个，在教数字时，准妈妈集中注意力凝视其形状及颜色，让其在头脑中留下鲜明的印象。但最好还要配上视觉效果。

反复学习加深胎宝宝的印象

准妈妈大概每天教5个，有时也可以是2～3个，等到准妈妈教完50个以后，可以再重新教胎宝宝一遍，给胎宝宝加深印象。

增加学习的趣味性

准妈妈最好准备好彩色的笔和纸。用含有数字的加减法运算，像1+2=3、3－2=1、3－1=2等。

为了让腹中的胎宝宝不产生混淆，最好每个数字都用不同颜色，一张图画纸只写一个算术公式。写好数字和公式的图画纸放在一起，形成丰富多彩的图案，准妈妈的算术胎教将会非常的有趣，时间也会过得很快。

实物教育更有效

准妈妈还可将周围的实物与数字算术卡片一起运用。

例如，准妈妈在一支笔的旁边再放上一支笔，就可以用实物表示出“1+1=2”这个式子，通过准妈妈的视觉将其印在脑子里，还可以同时轻轻地告诉腹中的胎宝宝。

教材可多次使用

准妈妈在教胎宝宝时使用的数字卡片、算术卡片、图形卡片以及学习英语用的字母卡片，应该好好地保存起来，等到胎宝宝出生后可以用来做幼儿期的教材，胎宝宝对它们会有很强的熟悉感呢。

第35周 第5天

孕妇奶粉为准妈妈与胎宝宝提供营养

服用孕妇奶粉的好处

在怀孕期间，即使准妈妈膳食结构比较合理、平衡，但有些营养素只从膳食中摄取，还是不能满足身体的需要，如钙、铁、锌、维生素D、叶酸等，很难保持均匀和全面的膳食营养，因而不能充分满足身体的全部需要。

孕妇奶粉是根据准妈妈特殊的生理需求配制的，几乎强化了准妈妈所需要的各种维生素和矿物质，能缓解孕期不适，促进胎宝宝大脑发育。

有针对性地选择孕妇奶粉

准妈妈可以根据自己的口味选择合适自己的奶粉。另外，准妈妈最好去找门诊医生做一个全面检查，看自己哪方面的营养有些缺乏，然后根据需要针对性地选择孕妇奶粉。

掌握服用孕妇奶粉的时间

孕前一年就可以开始喝孕妇奶粉，如果育龄女性在孕前一年内喝孕妇奶粉，怀孕前后就不需服用叶酸制剂，也能保持营养的全面均衡，利于做好受孕后的营养储备，可以提高体内营养素的水平，有利于受孕和怀孕。如果孕前一年开始喝孕妇奶粉，怀孕后也坚持喝，孕妇奶粉优质均衡的营养完全可以补偿早孕反应造成的营养缺失。

正确服用孕妇奶粉

准妈妈应该按照孕妇奶粉的说明，每天最好吃两次，早晚各一次。但由于每个人的饮食习惯不同，膳食结构也不同，所以对于营养素的摄入量也不完全相同。最好在营养专家或医生的指导下食用孕妇奶粉，酌量做一些恰当的增减。

★ 准妈妈应根据自己的身体状况，尤其是体重情况，来决定是否需要服用孕妇奶粉。

练习毛笔字，修身又养性

认识练毛笔字的益处

修心

准妈妈在练毛笔字的时候可以全神贯注地投入到毛笔的拿捏、运笔、润笔等环节上。

在写每一笔的瞬间，心也随之动，意也随之流，感也随之发，字练的勤，会让心一直保持一种稳定又不失活力的状态。准妈妈在练习过程中可以平和，沉稳，也可激昂，更可以达到一种一张一弛，收发自如的状态。胎宝宝的性格虽是与生俱来的，但当准妈妈练习毛笔字时，可磨炼准妈妈的脾气，达到修心的胎教目的。

练气益脑

准妈妈练毛笔字不但有精神感受，还有身体运动。

在持笔、运笔、润笔的一系列过程中，心到意到，意到气生，舒急快慢都需要达到一种自然而和谐的状态，不要刻意地去控制，在自然的挥发中，达到身心合一。

准妈妈练习毛笔字，不但可以修身养性，而且生出的宝宝会非常文静，不爱哭闹，非常有艺术修养。

掌握正确方法

◎ 准妈妈最好先到书店买一本大学用的实用书法教程，认真读完，对书法首先有一个全面的了解，掌握比较全面的基础知识。

◎ 准妈妈可以选择一本自己喜欢的名家字帖认真临摹。练习时，应按楷、行、草的顺序学习。

◎ 书法是一门很高深的艺术和学问，准妈妈要想学好，必须刻苦练习，持之以恒，长期坚持。

把握练字要领

◎ 准妈妈姿势要正确，两脚平放地上，两手据案，肩平、背直、头正，目注纸上。

◎ 握笔要指实掌虚，执笔在指，运笔在腕。开始练字时是枕腕，逐步变为提腕、悬腕。

◎ 笔法要分清，一般分方笔和圆笔两种，还要明确中锋、侧锋、卧锋的应用部位。

◎ 临帖时尽量不要看一眼写一笔，先要读帖，吃透要领，然后把一个字一气写成。

第36周 第1~2天

按摩可缓解妊娠纹

随着胎宝宝的长大，准妈妈的体重不断增加，子宫不断增大，腹部也跟着快速地膨胀，此时虽然表皮和真皮这两层组织能够配合延展的速度，但皮下组织就无法跟上腹部膨大的速度了，导致皮下组织所富含的胶原蛋白纤维、弹性纤维经不起扩张而断裂，由此而产生了妊娠纹。

按摩对缓解妊娠纹非常有益，而且同时可对胎宝宝进行抚摸胎教和运动胎教。具体方法为准妈妈每天早晚，将适量的符合肤质的妊娠纹防护霜均匀涂抹于腹部、臀部、乳房、大腿内侧上，轻轻按摩2～3分钟至其完全吸收。

◎ **腹部按摩**　以肚脐为起点，按顺时针方向不断地做画圈按摩，画圈时应由小至大向外扩散，直至涂满整个肚皮（图①）。

◎ **乳房按摩**　按摩乳房时，以乳沟为起点，用指腹由下至上、由内往外轻轻做圆圈状按摩，直到脖子为止（图②）。

◎ **背部按摩**　双手由脊椎的中心往两侧按约10次（图③），需要注意的是手的高度保持在准妈妈舒适的位置即可。

◎ **臀部按摩**　将双手放在臀部下方，用手腕的力量由下往上、由内而外轻轻按摩（图④）。

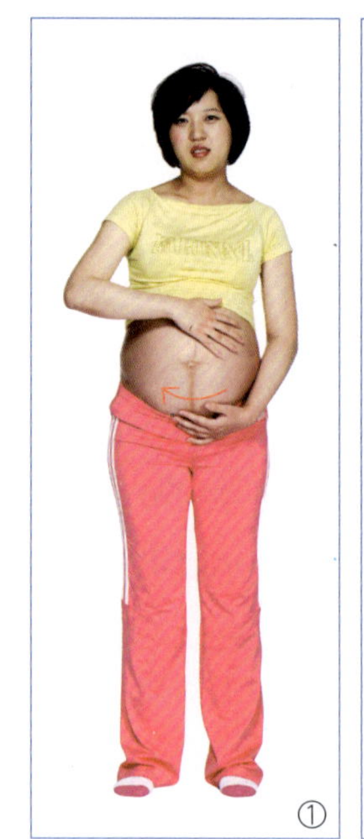
①

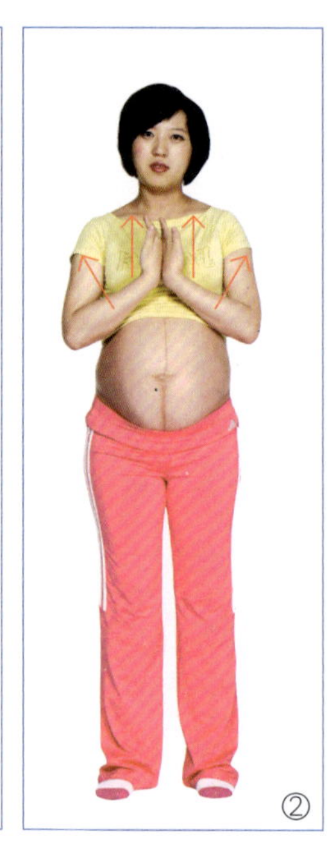
②

③

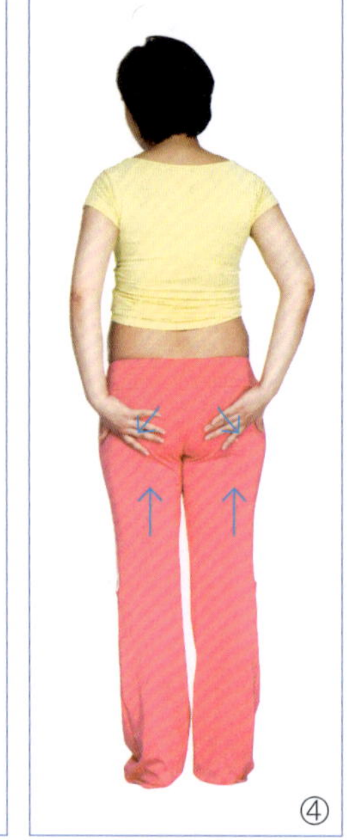
④

第3~4天 养鱼可使心情舒畅

准妈妈与胎宝宝受益于养鱼

有利于陶冶情操，保持好心情

养上一缸美丽的鱼儿，不但可以给家中增添恬静优雅的情调，还有助于准妈妈松弛精神，减轻紧张心绪。

安心放心，不易染病

一般来说，鸟、猫、狗都会发出声音或者到处乱跑，平时在家里养这些动物会令人愉快，但在孕期中饲养容易给准妈妈和胎宝宝带来危害。其中对准妈妈危害最大的是弓形虫病，它会导致准妈妈流产或生下死胎。比起它们，鱼儿就安全乖巧多了，你把它放在哪儿，它就在哪儿，始终不声不响地游来游去，时时以它们鲜艳的色彩和逗人的游姿回报主人，且可让你放心地饲养。

熟悉养鱼技巧

如何选鱼

准妈妈可以选长得像鲤鱼的，没有泡泡眼的，尾巴是单片的，也可以选像金鱼一样尾巴的，不过越一般的越好养。选择的时候还要看鱼活泼不活泼，身上有没有掉鳞或者疾病。

如何喂鱼

喂鱼的时候不要喂太多食物，适量喂点就可以了，一般隔个2～3天喂一次，每次也不能太多，不然就会给撑死了。

如何换水

换水的时候最好让准爸爸来帮忙，因为一般鱼缸太大的话怕准妈妈发生磕碰，再者换水要用渔网兜捞鱼，用手的话会带来疾病。

★在养鱼的同时，准妈妈也可以学画一下金鱼的指印画。

孕晚期营养补充细则

准妈妈们进入到孕晚期后，胎宝宝在这时会快速长大，大脑、骨骼、血管、肌肉在此时已完全形成，各个脏器也发育成熟，可以说已经“成人”了。在这时如果准妈妈吃的营养不全面，难免会饿着胎宝宝，也阻碍胎宝宝的发育；如果吃的营养过多，容易让胎宝宝营养过剩，造成“巨大儿”，生产时会增加准妈妈的痛苦。所以，这时期的饮食要合理安排。最好遵循以下营养补充原则。

重要营养素要充足

准妈妈如果此时体内缺钙，会发生小腿痉挛、腰酸背痛、关节痛、水肿、妊高症等疾病，平时要继续适量吃些鸡蛋、豆制品、海带、紫菜、虾皮、芝麻、牛奶、蔬菜等富含钙质的食物补充钙质。

这个时期的准妈妈们还需要每天继续补充铁，每天摄取30毫克为宜，可以在日常生活中食用动物血、肝、黑木耳、青菜等，以防止缺铁性贫血；磷脂可以增强脑力，安定神经，平衡内分泌，提高免疫力和再生力，如果在胎宝宝生长发育阶段补充磷脂，可以增加胎宝宝的脑细胞，有利于智力的提高。

为应对分娩储存营养

除了满足准妈妈和胎宝宝的正常营养外，准妈妈还要储存些营养在肚子里，以应对生产时可能发生的状况。

“三低”饮食保健康

所谓“三低”，即低盐、低水、低脂肪。因为吃的过咸、喝水过多，可致高血压综合征的发生。

所以准妈妈们日常饮食要注意尽量清淡，荤素结合，把每天的摄盐量控制在7毫克以下。

还要注意少吃高能量、高脂肪的食物，这些食物往往胆固醇含量过高，如果过多的胆固醇在血液里沉积，会使血液的黏稠度急剧上升，使血压升高，严重的会导致高血压病、高血压脑病（如脑出血）。

如果准妈妈营养过剩，脂肪就会在身体里堆积过多，容易造成肥胖，胎宝宝的体积也会过大，产生“巨大儿”，不好生产。

另外，在日常饮食中搭配好主食，偶尔还可以吃些坚果类的小零食，调节好心情，营养就到位啦！

第36周 第7天

准爸爸积极参与，为准妈妈和胎宝宝保驾护航

现在已经到了怀孕后期，虽然“胜利在望”，但早产、流产等风险也是同时并存的。在日常生活中，准爸爸要格外细心，以防妻子和胎宝宝发生不测。

陪伴妻子做运动

科学合理地进行一些运动，不仅可以缓解准妈妈的心理压力，也可以控制孕期日益增加的体重。但如果一个人做运动会比较枯燥乏味。这时候如果准爸爸也能参与进来，营造运动气氛，准妈妈就能坚持下来。

调理好妻子的饮食

怀孕后期，准妈妈容易罹患妊娠高血压综合征、水肿或其他妊娠并发症，因此需要调节好饮食。准爸爸要注意监督妻子的饮食，严格按照科学食谱饮食，以确保妻子的饮食质量。

承担起家务重任

一直以来，你可能从来没有拿过扫把，也可能从来没有整理过衣物，这些在你看来都是女人的事。但是现在，你忍心看着妻子挺着肚子从事扫地、洗衣服，尤其是拎箱子、拿重物之类的重活吗？如果你还像以前一样漠不关心，那么很可能会失去胎宝宝。因为稍不留神，妻子跌倒就可能会引发流产。作为丈夫，你应该努力帮助妻子料理家务，为她和胎宝宝减负。

孕晚期准爸爸要承担更多的家务料理工作。

做好外出准备事宜

如果有事需要外出，夫妻双方一定要带好通信工具，把双方号码存在最靠前的位置，固定时间保持联系，以防不测的发生。另外，准妈妈不得已单独外出时，可以制作一张小卡片挂在身上，上面写好自己的名字、住址、家里电话、家人的移动电话、自己有无特殊病症等细节。

准备迎接新世界

本月日常生活调理

- 数阵痛的时间间隔，以确定是否要分娩。假如阵痛由每15分钟1次，慢慢变成每10分钟1次时，表示这已经是生产前的阵痛现象了。
- 出现规则的腹胀或疼痛、出血（带茶色的少量血）、破水等，要紧急联系医院。
- 不要太急着等待生产，等有生产征兆时再住院也不迟。
- 在准备住院前，应简单地洗个澡、吃个饭。
- 将在生产时可能需要的联络电话粘贴在电话机上，以方便随时联络。
- 在预产期的前后1周内出生的胎宝宝，皆是“足月生产”，若于预产期2星期后仍未出现产兆，应马上就医检查，以免“过期生产”。

本月胎教提醒

- 在各种胎教活动正常进行的同时，准妈妈应适当了解一些分娩知识。
- 在即将面临分娩的时刻，不要紧张，不要恐慌，照常做好胎教内容，静候那一刻的来临。
- 新生儿离开母体独立生活，应继续坚持之前的部分胎教内容，以免胎教效果消失。

本月语言胎教锦囊

在孕期的最后一段日子里，教一教胎宝宝出生后该做的事，给胎宝宝讲一讲他所能看到的这个大千世界。然后告诉胎宝宝，父母很爱他，在呵护他，会给他以安全和保障，父母在殷切地等待他的安全降临。

本月情绪胎教提醒

- 当阵痛很痛的时候，请想着自己很快就能见到胎宝宝，这样会让自己快乐一点，而且也可以缓解紧张情绪。
- 准妈妈不要为最后的几天而着急，要安心地度过最后的几天孕期生涯。
- 消除害怕心理，保持企盼、愉快的心态。
- 产后应维持身心的安定，不要想太多，以免发生产后抑郁症。

本月饮食营养调理

- 应适当多吃有助于胎宝宝膀胱发育的

食物，如肝脏、大酱、栗子、豆类和海藻类等。

- 应每日都适当摄取富含维生素C的食物，如柑橘、猕猴桃、番茄等。
- 应适当多吃富含维生素B_{12}的食品，这类食物可使母乳分泌旺盛。
- 为了确保顺产，应充分摄取富含维生素K的食物，有助于防止产后大出血。
- 分娩时，可适当摄取茼蒿和芝麻菜类的食物，以帮助缓解疼痛。
- 住院之前不宜吃得太饱。
- 分娩后不要禁食来达到减肥的目的，应继续保持规律饮食。
- 产后出血时食用益母草粥，有助于排出子宫内的代谢废物、消除瘀血、调节经脉。

本月不适症状罗列

- 可能会出现分泌物变多的情况。
- 可能会出现胎动减少。
- 可能会出现腰或耻骨疼痛。
- 可能会有尿频。
- 可能会有不规则的腹胀。
- 可能会出现分娩征兆。
- 产后可能会发生崩漏。

本月准爸爸胎教任务

- 准爸爸为应对准妈妈突如其来的分娩，要时时刻刻与准妈妈保持密切联系。
- 随着分娩之日愈来愈近，准爸爸应与准妈妈一起预习分娩流程，并练习呼吸法。
- 和准妈妈一起学习分娩知识。
- 开始练习如何给新生儿换尿布。
- 冷静对待准妈妈突如其来的分娩。

本月胎教箴言

如果父母忽视胎教，不仅会使孩子没有才能，甚至会导致孩子形体的不完整或引发胎宝宝的疾病和难产。就算生下来，也可能会夭折。

本月孕事随记

第37周 第1~2天 用手语向胎宝宝传递爱心

准妈妈和准爸爸爱极了自己的胎宝宝，虽然他还未出生，但是你那种爱子的心情早就填满了自己整个身心，那么现在就试着用手语告诉他（她），你对他（她）的爱吧。

①

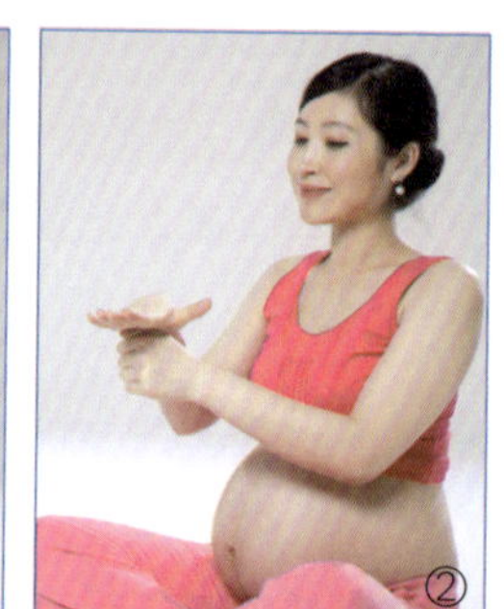
②

手语一：妈妈爱你，爸爸爱你

妈妈：一手伸示指（食指）贴向嘴唇（图①）。

爱：一手抚摸另一手拇指指掌，表示出一种“怜爱”的神情（图②）。

你：一手示指（食指）指向腹部（图③）。

爸爸：一手伸拇指贴向嘴唇。

爱你：再重复上面的“爱”、“你”动作。

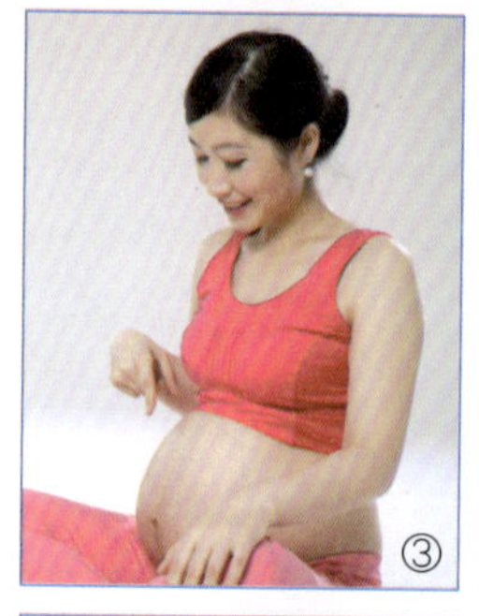
③

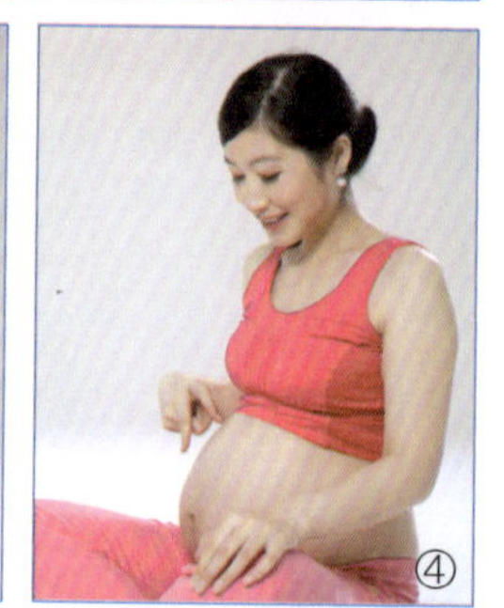
④

手语二：你感觉怎么样

你：一手示指（食指）指向对方（图④）。

感觉：

❶ 一手捂于自己的胸部（图⑤）。

❷ 一手示指（食指）指在太阳穴处，同时头微微抬起，脸上流露出一种觉悟的表情（图⑥）。

怎么样：双手握拳，随后右拳向上翻开手掌（图⑦、⑧）。

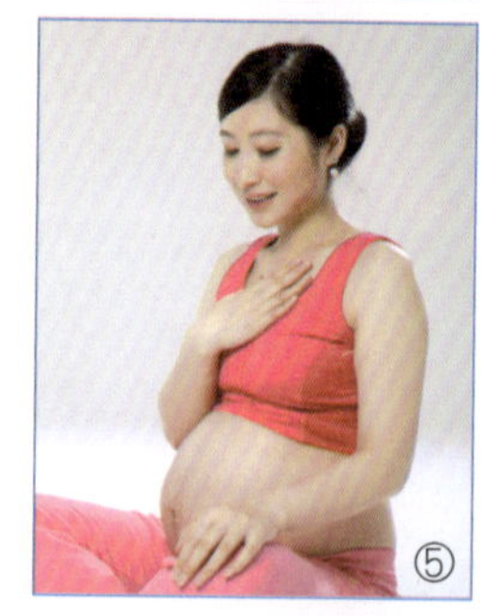
⑤

⑥

⑦

⑧

欣赏《蒙娜丽莎》，让烦恼荡然无存

认识《蒙娜丽莎》

《蒙娜丽莎》又被人们称为《永恒的微笑》，它是由意大利著名画家列奥纳多·达·芬奇所画，是一幅著名的油画。现在收藏于法国的罗浮宫。

《蒙娜丽莎》是一幅享有盛誉的肖像画杰作。它代表达·芬奇的最高艺术成就，成功地塑造了资本主义上升时期一位城市有产阶级的女性形象。画中人物坐姿优雅，笑容微妙，背景山水幽深茫茫，淋漓尽致地发挥了画家那奇特的烟雾状“空气透视”般的笔法，使得后面的山崖、小径、石桥、树丛与潺潺的流水，都被推向遥远的深处，仿佛这一切都被笼罩在薄雾里，以此来加强“蒙娜丽莎”的形象和地位。

神秘的微笑

画家力图使人物的丰富内心感情和美丽的外形达到巧妙的结合，对于人像面容中眼角、唇边等表露感情的关键部位，也特别着重掌握精确与含蓄的辩证关系，达到神韵之境，从而使蒙娜丽莎的微笑具有一种神秘莫测的千古奇韵，她那如梦似的妩媚微笑，被人们称为“神秘的微笑”。

针对蒙娜丽莎的微笑，许多参观者和评论家撰写了大量的文章，猜测蒙娜丽莎的神秘表情。不同的观者或在不同的时间去看，感受似乎都不同。

有时觉得她笑得舒畅温柔，有时又显得严肃，有时像是略含哀伤，有时甚至显出讥嘲和揶揄。

在一幅画中，光线的变化不能像在雕塑中产生那样大的差别。但在蒙娜丽莎的脸上，微暗的阴影时隐时现，为她的双眼与唇部披上了一层面纱。而人的笑容主要表现在眼角和唇角上，达·芬奇却偏把这些部位画得若隐若现，没有明确的界线，因此才会有这令众人捉摸不定的“神秘的微笑”。

这种“神秘的微笑”对人的心情具有安定和平抚作用。相传，法国已故总统戴高乐遇有棘手问题或心绪不宁时，便前往卢浮宫赏画，他从《蒙娜丽莎》展厅出来时，原来的烦恼就荡然无存了。所以，经常观赏这幅画作，也有利于对胎宝宝进行的情绪胎教。

第37周 第4~5天 孕期可选择的放心茶

准妈妈在孕期或哺乳期适当饮些清淡的茶叶是有益的，但是准妈妈和一般人在一些方面是不一样的，准妈妈顾及的是两个人的安全，因此要根据个人的身体状况和体质对茶有所选择。那么，孕期哪些茶可以放心喝呢？

乌龙茶

乌龙茶能够提神醒脑，缓解疲劳，具有很高的营养价值，但是乌龙茶中含有咖啡碱，准妈妈应注意适量饮用，不要饮用很浓的茶水，淡淡的茶香更容易引起准妈妈的兴致。另外，准妈妈最好不要天天饮用，每周饮用一次最好。

柚子茶

柚子富含人体必需的微量元素，如钙、铁、镁等，能健胃消食、去咳化痰、调畅气机，还能改善准妈妈肠胃积食、腹中胀气、腹泻、痢疾等一些病症。

红茶与绿茶

绿茶中含有的各种维生素、氨基酸、蛋白质较红茶高，其中尤以维生素C的含量最为丰富。红茶的热性比绿茶高，可适当补充身体热量，温胃散寒，提神暖身。准妈妈们可根据自己不同体质酌情适量饮用。饮茶时间最好在饭后1小时以后，且饮用淡茶最佳。

红枣茶

红枣茶是用红枣做的茶，准妈妈如果有贫血的现象，可以在医生的建议下适量喝一些红枣茶来缓解症状。每天喝一杯红枣茶，还可以补充准妈妈缺乏的叶酸，增进胎宝宝大脑的发育。

准妈妈可以适当饮用一些对自己和胎宝宝都有益的茶饮，但注意不要沏得过浓，以淡茶为宜。

准妈妈喝牛奶有讲究

喝牛奶益处多

◎ 牛奶中的铁、铜和维生素A有美容作用，可使皮肤光滑。
◎ 牛奶中的维生素可提高视力。
◎ 睡前喝牛奶有催眠作用。
◎ 牛奶中的钙能增强骨骼生长。
◎ 酸奶和脱脂乳可增强免疫系统功能。

健康饮用牛奶的技巧

◎ 选择牛奶时，应选用著名的牛奶品牌，并注意查看牛奶的营养成分、生产日期、保质期、保存条件。
◎ 早上饮用，切忌空腹。最好先吃点食物，如可以吃点面包、饼干等，然后再喝牛奶。
◎ 晚上饮用，安神助眠。晚上饮用牛奶可在饭后两小时或睡前一小时。
◎ 饮用方式（热饮或冷饮）要看个人的习惯和肠胃道对牛奶的适应能力而定。

饮用牛奶要适量

一般推荐，孕中期以后，每天要喝300~500毫升牛奶（1~2袋），以补充钙和蛋白质。同时，还可以补充一些其他营养素，如维生素、矿物质等。

不适合饮用牛奶的准妈妈

患有下列疾病的准妈妈在选择是否喝牛奶时要谨慎。

◎ **缺铁性贫血患者**　食物中的铁只有在消化道中转化成亚铁才能被吸收利用。有缺铁性贫血的准妈妈若喝牛奶，其体内的亚铁就会与牛奶中的钙盐、磷盐结合成不溶性化合物，影响铁的吸收利用，不利于准妈妈恢复健康。

◎ **反流性食道炎患者**　研究证实，含有脂肪的牛奶会影响下食管括约肌的收缩，从而增加胃液或肠液的反流，加重食管炎症状。

◎ **消化道溃疡患者**　牛奶虽可缓解胃酸对溃疡面的刺激，但因其能刺激胃肠黏膜分泌大量胃酸，会使病情加重。

◎ **乳糖酸缺乏患者**　牛奶中乳糖含量较高，但必须在消化道乳糖酸作用下分解为半乳糖和葡萄糖后才能被人体吸收。如果缺乏乳糖酸，食用牛奶后就会引起腹痛、腹泻。

◎ **胆囊炎和胰腺炎患者**　牛奶中脂肪的消化需要胆汁和胰脂酶的参与，饮用牛奶将加重胆囊和胰腺的负担，进而加重病情。

第37周 第7天

欣赏《向日葵》是胎教必上的一课

认识《向日葵》

《向日葵》的作者是文森特·威廉·凡高，他一生创作了大量的描绘向日葵的作品，这幅是最著名的。这幅画创作于1888年，现收藏于伦敦国家画廊。

作品赏析

◎ **重点赏析作品有力的笔锋** 这些线条是怎么画的？给我带来什么感觉？

◎ **重点赏析作品中明亮的色调以及强烈的色彩** 作者都用到了哪些颜色？花朵上的花色都是一样的吗？不同的黄色带给你什么不同的感觉？为什么同一种花要用不同的颜色呢？除了主色调黄色，还有哪些颜色？这些颜色没有的话作品是什么样的感觉？

◎ **重点感受作品中用色深浅不同所产生的视觉效果** 每朵向日葵给你的感觉都一样吗？颜色不一样，大小不一样的花儿分别代表着什么意思？为什么有的花儿看着是成熟的，有的花儿看着是稚嫩的？

这幅流芳百世的《向日葵》是作者在阳光明媚的法国南部所作。整幅作品色彩的对比非常强烈，色调单纯，富有动感，在一股浓厚而单纯中又透出一股细腻，优雅，智慧和灵气。

总之，凡高笔下的向日葵不仅仅是植物，而是带有原始冲动和热情的生命体。凡高的这幅《向日葵》中所体现的这种热情与美，可以使准妈妈和胎宝宝共同得到心灵的滋养与欢愉。

送给胎宝宝一只可爱的纸蝉

前面我们已经向准妈妈介绍过几个折纸的内容了，许多准妈妈对自己折出的这些小饰物爱不释手。今天我们将继续折纸的课程，再给准妈妈推荐蝉的具体折法。

大作完成之后，准妈妈不妨将这些自己亲手折成的小东西保存起来，待宝宝出生以后，以此作为验证胎教效果的课题，看看宝宝对这些折纸是否存有记忆。具体做法如下。

❶ 先取一张正方形的纸。

❷ 沿虚线对角折成一个三角形（图①）。

❸ 下面两个角对称地沿虚线向上折起（图②）。

❹ 再将折好后的两个小角沿虚线向下折，作为蝉的两个翅膀（图③）。

❺ 将下面一层的一个角向下沿虚线折起来（图④）。

❻ 再将最下面一层的一个角沿虚线向下折，幅度较上一层小（图⑤）。

❼ 完成以上步骤后，该为蝉添上翅膀了，将两边分别按照虚线向下折，这样一对有趣的翅膀就出来了（图⑥、⑦）。

❽ 最后，再用你喜欢的彩色笔为蝉添上眼睛（图⑧）。

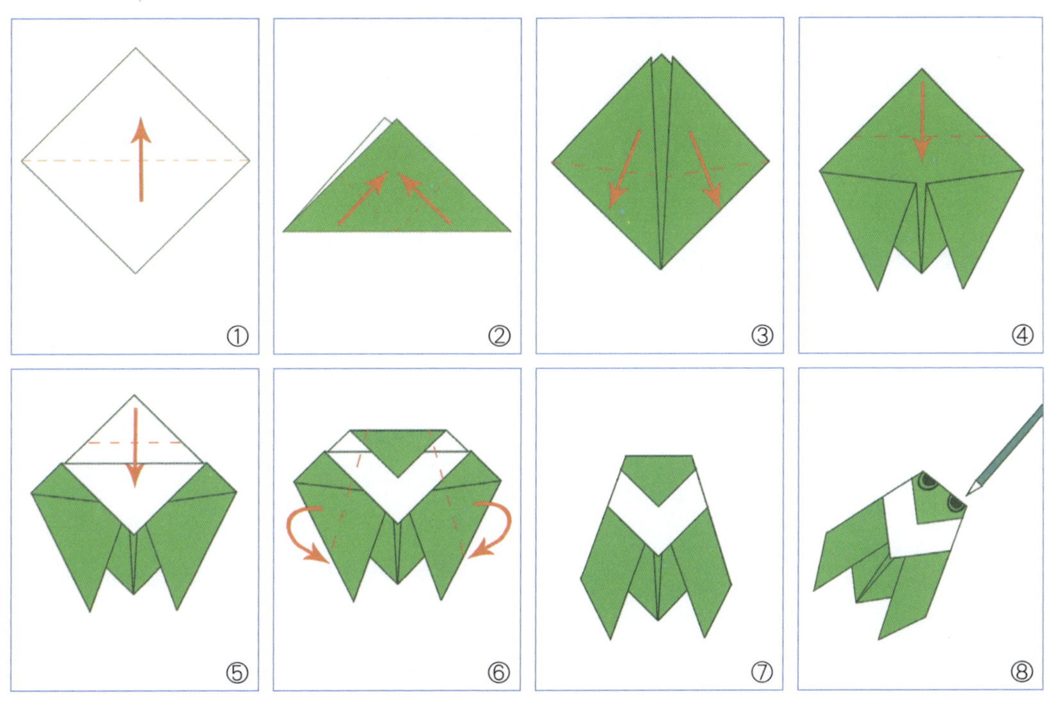

带胎宝宝进入百鸟世界——欣赏《百鸟朝凤》

《百鸟朝凤》全面观

《百鸟朝凤》是我国著名的民间乐曲，全曲共有八个部分，分别为：

山雀啼晓

乐曲开始是一段散板。在唢呐奏出清新、悠扬的乐句之后，随即模仿鸟叫声，由伴奏乐器笛子与之相对答呼应，互相竞赛，展现出山雀啼晓的意境。

春回大地

这段音乐的特点是造成一种欢乐的情绪和变化多端的气氛，为下一段落模拟音调的出现提供了心理上的准备。

莺歌燕舞

唢呐自由地模拟各种鸟叫声，伴奏声部以舒展的节奏和优美如歌的旋律作陪衬，加强了音乐性。

林间嬉戏

短句替代前面悠长的乐句，音乐显得活跃起来，犹如人们在山林中嬉戏的欢快情景。

百鸟朝凤

这是第二次出现的模拟各种禽鸟的叫声，充分发挥了唢呐所特有的演奏技巧，惟妙惟肖地表现了百鸟争鸣的情景。

欢乐歌舞

随着速度的转快，乐曲的情绪不断向前推进。当乐队戛然停止之后，唢呐出人意料地用花舌音发出蝉鸣声，非常真切喜人。

凤凰展翅

随着乐曲速度的加快和短小音型的反复推进，音乐进入了高潮，之后又出现了唢呐的华彩段，它使得整首曲子欢腾的情绪达到极点。

并翅凌空

这是高潮段落的继续，音乐情绪越加热烈，再次出现百鸟齐鸣的场面。最后以一个短小的尾声结束全曲。

《百鸟朝凤》意义大

这首曲子生动地表现了美丽的大自然中百鸟和鸣的景象，其中还有模拟的各种禽鸟的叫声，很容易就让人进入到了那个世界里，除了能帮准妈妈舒缓心情外，原声的模拟还能直接刺激胎宝宝的听觉，有助于胎宝宝的智力发展。

产前瑜伽助顺产

产前瑜伽是一种强调呼吸、放松、心境和身体直觉的瑜伽。准妈妈不妨练一练，不仅能刺激胎宝宝各功能的发育，而且还有利于分娩。

产前瑜伽的准备工作

需得到医师允许，并在教授准妈妈练习方面经验丰富的瑜伽教练的指导下进行。

掌握产前瑜伽的动作

下蹲练习

具体步骤

夫妻二人相对站立，准妈妈的双腿左右分开，准爸爸向前迈一步。两人手相握，准妈妈慢慢下蹲，并用力收缩骨盆底肌肉（图①、②）。

事项提醒

若胎位不正，则不适宜做该项练习。

运动频率

每天1次，每次配合4～5次呼吸。

跪坐举臂练习

具体步骤

准妈妈的膝盖自然分开，脚尖靠拢，然后跪坐在脚跟上（图③）。准妈妈将手臂慢慢上举，准爸爸双手牢牢地扶住准妈妈的骨盆，轻轻地做按压动作（图④）。

事项提醒

准妈妈如果感到脚背疼痛，可以拿一个靠垫放在脚背上。

运动频率

每天1次，每次配合4～6次呼吸。

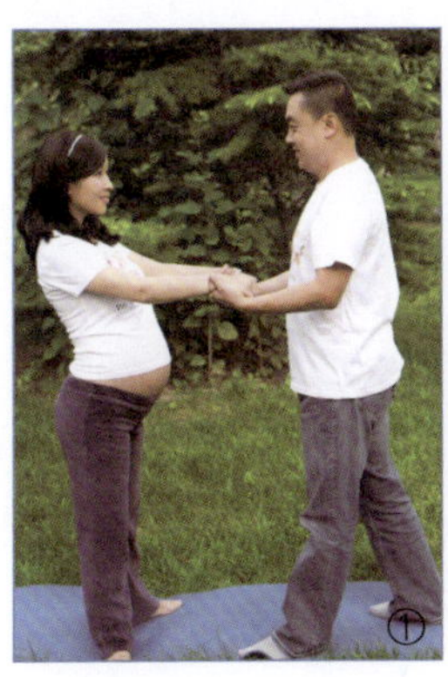
①

②

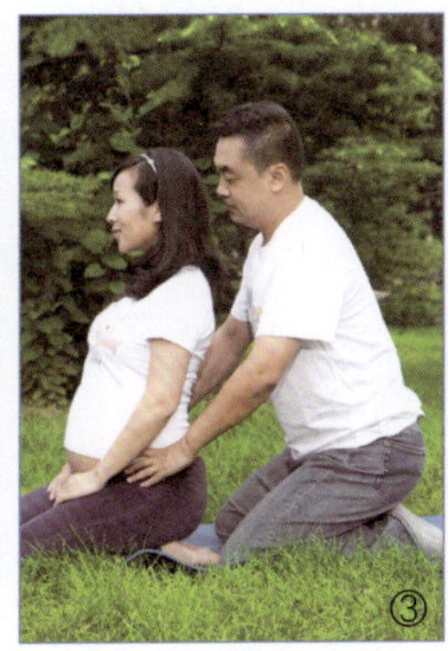
③

④

第38周 第5~6天 用手语向胎宝宝传递心声

手语一：我为你骄傲

我：一手指向自己（图①）。

为：一手伸拇指、示指（食指），用腕部转动几下（图②）。

你：一手示指（食指）指向对方（图③）。

骄傲：双手伸出拇指，其余四指并握，在胸前上下移动几下（图④）。

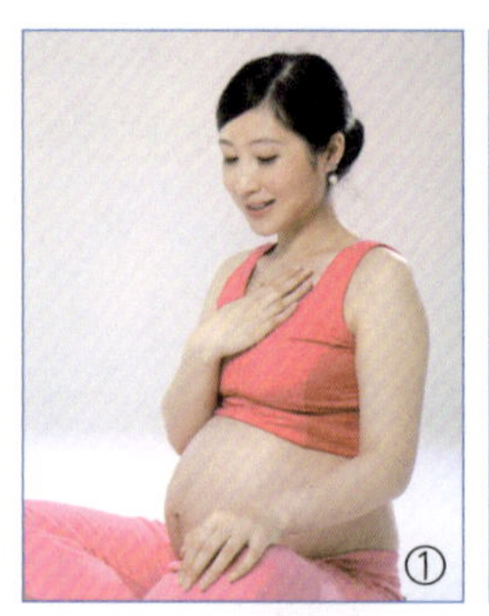
①

②

③

④

手语二：再忍耐一下，宝贝

再：一手示指（食指）伸出，拇指、中指先相互捏一下，然后向身体的一侧挥动时张开拇指（图⑤、⑥）。

忍耐：

❶ 一手手心向下，在胸前向下按几下，表示将急躁的心情压抑下去的意思（图⑦）。

❷ 双手拇指和示指（食指）搭成“心”形，置于小腹前（图⑧）。

一：一手出示指（食指），其余四指弯曲。

下：一手伸示指（食指）向下指。

宝贝：

❶ 一手虚握，然后甩腕，五指张开，掌心向下。

❷ 左手伸出拇指，手背向外侧；右手轻拍几下左手背。

⑤

⑥

⑦

⑧

第38周

第7天 准备好入院分娩的“百宝箱”——待产包

待产包中的必需品

宝宝的必备物品

尿布、棉垫、小毛巾、大毛巾、洗脸盆、洗澡盆、洗屁股盆、洗发水、沐浴露、润肤露、爽身粉、护臀膏、婴儿洗衣液、75%的酒精100毫升、0.25%的氯霉素眼药水4～5支、棉棒若干、温度计一支、1～2个奶瓶（母乳喂养）、奶瓶刷子、几套小衣服、新生儿应有专用棉被。其次，如果条件允许，也可准备下列物品：奶嘴、奶瓶保温袋、暖瓶器、消毒锅、不锈钢锅、婴儿碗、勺、小裤子、婴儿袜子、帽子、防抓手套、护脐带、枕头、小蚊帐、睡袋、婴儿车（这些物品根据季节、自己的情况准备）。

妈妈的物品

日常衣服、拖鞋、哺乳式文胸（方便给新生宝宝喂奶）、束腹内裤（用来产后塑身）、束腹带、防溢乳垫（用来吸收溢出的乳汁）、卫生巾、牙刷（软毛）、牙膏、漱口水、毛巾（2条）、水盆（2个）、梳子、肥皂、护肤品、吸奶器、带吸管的杯子、巧克力、葡萄糖（为生产补充营养）。

住院需用的其他物品

准妈妈保健手册、钱包、医院就医卡、身份证、医保卡、照相机、摄像机、手机、随身听、银行卡、记事本、笔记本、相关器材的充电器。

待产包中物品的归置方法

◎ **按照所带物品的价值放置** 将贵重物品放在随身带的小包里，然后把妈妈用品和宝宝用品放置在不同的袋子里。

◎ **按照所带物品的功能放置** 将衣服、清洗用品、护肤用品、贵重用品等分别按照不同的功能放置，比较好查找。

◎ **按照所带物品的使用时间放置** 按照入院、分娩、住院、出院的时间顺序放置物品，也很方便查找。

提前准备好这些物品，并把它们归置妥当，能减少准妈妈及准爸爸到时候的麻烦。为了生产的顺利进行，为了生产后宝宝的便利生活，还是提前好好准备吧！

★准妈妈可以为宝宝多准备几个奶瓶和水杯，以便换用。

日光浴补钙应适量

钙有助于人体骨骼的生长，尤其对于孕晚期的准妈妈和胎宝宝来说尤其需要。科学证明，晒太阳有利于人体对钙的吸收，但孕期准妈妈也要注意不可过度！

日光浴过度有危害

女性怀孕后皮肤会变得更加敏感，过度晒太阳，容易发生日光性皮炎（又称日晒伤或晒斑），同时，还会增加黑色素沉积在皮肤上，从而使皮肤变黑，黄褐斑也会增多，而且由于日光对血管的作用，还会加重准妈妈的静脉曲张。

另外，过度晒太阳还容易令体温增高而发生脱水，并且强烈的日晒会破坏叶酸，可能会导致胎宝宝神经中枢发育缺陷，如脊柱裂等。因此，建议在进一步的研究结果出来以前，准妈妈应该尽量避免暴露在强烈的紫外线照射下，同时还要掌握好日光浴的时间。

晒日光浴要有科学性

选择最佳防晒品

准妈妈晒太阳时要注意摘掉帽子和手套，尽量将皮肤暴露在外，让阳光与皮肤亲密接触。并且在多吃含维生素比较高的果蔬的同时，最好使用含化学成分少的物理性防晒霜。

不要隔着玻璃晒太阳

阳光中的紫外线有利于合成维生素D，但紫外线无法穿透普通的玻璃。所以，准妈妈尽可能在自然条件下接受光照。

尽量保证每天的日晒时间

准妈妈要把晒太阳作为每日必修课，晒太阳要足量，冬季每天不少于1小时，夏季每天不少于半小时。

掌握每天最佳日晒时间

上午9～10点、下午4～5点，是每日最佳日晒时间。而在这两个时间段中间的中午，阳光中的紫外线过强，不宜进行日光浴。

注意季节性，避免盛夏暴晒、冬季不足

晒太阳也要考虑季节因素。如果处于夏季，准妈妈应尽量避免直晒，可以在树荫下享受散射，外出衣着尽量透气、轻便。而到了冬季，则要尽量多外出晒太阳。

了解分娩知识，消除心理恐惧

学习分娩知识是准妈妈应用心做的重要事情之一。下面这些分娩知识，准妈妈就要用心学习了。

常见分娩方式

自然阴道分娩

自然阴道分娩是最为理想的分娩方式，它是一种正常的生理现象，对产妇和胎宝宝都没有多大的损伤，而且产后恢复得快。

剖宫分娩

骨盆狭小、胎盘异常、产道异常或破水过早、胎宝宝出现异常的产妇，需要尽快结束分娩时应采取剖宫分娩方式，以确保母子平安。但手术损伤大，产后恢复慢。

人工辅助阴道分娩

如遇到胎宝宝过大或宫缩无力、产妇体力不够时，就要用会阴侧切、胎头吸引器帮助分娩。

分娩开始的症状

◎ 见红。

◎ 规律宫缩。

◎ 破水。

了解自然分娩的三个产程

第一产程：宫口开大期

这个过程是从子宫出现有规律的收缩开始，至宫颈口完全扩张达10厘米宽，能使胎头娩出为止。准妈妈在此时应该：

◎ 镇静乐观，不要紧张。

◎ 保持规律的饮食，补充足够的营养。

◎ 按时排尿，每2～4小时一次。

◎ 如果胎膜未破，经医生同意，可在待产室内稍微活动一下。

第二产程：胎宝宝娩出期

这个时期是从宫颈口完全扩张至胎宝宝娩出为止，准妈妈在此时应该：

◎ 在该用力的时候用力；连续用力后，把空气全部从肺部呼出，然后赶紧吸气，准备下一次的用力。

◎ 趁宫缩结束的时候赶紧休息。

第三产程：胎盘娩出期

这是分娩的最后一个阶段，从胎宝宝娩出后到胎盘娩出为止，此时期需5～15分钟，一般在30分钟以内。

拉梅兹呼吸法助分娩

胸部呼吸法

此方法应用在分娩开始的时候，此时宫颈开3厘米左右。

准妈妈可以感觉到子宫每5～20分钟收缩一次，每次收缩时长在30～60秒。准妈妈学习由鼻子深吸一口气，随着子宫收缩就开始吸气、吐气，反复进行，直到阵痛停止才恢复正常呼吸。

嘻嘻轻浅呼吸法

嘻嘻轻浅呼吸法应用在胎宝宝一面转动，一面慢慢由产道下来的时候（宫颈开7厘米以前）。随着子宫开始收缩，采用胸式深呼吸，当子宫强烈收缩时，采用浅呼吸法，收缩开始减缓时恢复胸式深呼吸。

宫颈开至3～7厘米，子宫的收缩变得更加频繁，每2～4分钟就会收缩一次，每次持续45～60秒。首先让自己的身体完全放松，眼睛注视同一点。准妈妈用嘴吸入一小口空气，保持轻浅呼吸，让吸入及吐出的气量相等，完全用嘴呼吸，保持呼吸高位在喉咙，就像发出“嘻嘻”的声音。当子宫收缩强烈时，需要加快呼吸，反之就减慢。需注意呼出的量需与吸入的量相同。

喘息呼吸法

当宫颈开至7～10厘米时，准妈妈会感觉到子宫每60～90秒钟就会收缩一次，腹部也会剧烈疼痛，这已经到了产程最激烈、最难控制的阶段了。胎宝宝马上就要临盆了。

这时，准妈妈先将空气排出，然后深吸一口气，接着快速做4～6次短呼气，感觉就像在吹气球，比嘻嘻轻浅呼吸法更浅，也可以根据子宫收缩的程度调节速度。

哈气呼吸法

进入第二产程的最后阶段，准妈妈想用力将婴儿从产道送出，但是此时医师要求不要用力，以免发生阴道撕裂，等待胎宝宝自己挤出来，准妈妈此时就可以用哈气呼吸法。

阵痛开始，准妈妈先深吸一口气，接着短而有力地哈气，如浅吐1、2、3、4，接着大大地吐出所有的“气”，就像在吹一样很费劲的东西。

准妈妈应学习快速、连续以喘息方式急速呼吸如同哈气呼吸法，直到不想用力为止，练习时每次需达90秒。

孕晚期不可忽视水溶性维生素

到了孕晚期，准妈妈的新陈代谢达到了顶峰，同时增长的还有胎宝宝的生长速度。在这个最后的冲刺阶段，虽然还是需要补充丰富的营养素，但需要调整一下饮食结构了：应该减少米、面之类的主食量，防止胎宝宝脂肪过多而成巨大儿，造成难产或产后出血。可以增加优质蛋白、钙、铁的摄入量。

除此之外，还需要补充充足的水溶性维生素（尤其是维生素B_1）。

认识水溶性维生素

水溶性维生素常是辅酶或辅基的组成部分，主要包括维生素B_1、维生素B_2以及维生素C等。

缺乏水溶性维生素有危害

如果孕晚期缺乏水溶性维生素，准妈妈容易发生呕吐、乏力，还会影响分娩时的子宫收缩，延长产程。

含有水溶性维生素的食物

猕猴桃、黄瓜、番茄、樱桃、柑橘、橙子、芥蓝、菜花、番石榴、红椒、柿子等。

孕晚期每日膳食标准

宜吃食物	日摄取量
米、面等主食	350～450克
新鲜蔬菜	500～750克
时令水果	100克
禽、畜、鱼肉	200克
鸡蛋	1～2个
动物肝脏	50克
豆类及其制品	50～100克
乳类	250～500克
植物油	30克

合理烹食助营养吸收

为了保证孕晚期钙、水溶性维生素等被准妈妈身体最大化的吸收，我们需要在日常饮食中注意以下几点。

◎ 淘米时，搓洗要轻，不要洗太多遍，以免营养素流失。

◎ 做面食尽量用蒸、煮的方法。

◎ 蔬菜越新鲜越好，先洗后切，切完急火快炒。

◎ 蛋类要煮熟后吃。

◎ 为了防治缺铁性贫血，炒菜时最好用铁锅。

第39周 第7天

掌握缓解分娩前焦虑不安的方法

焦虑不安影响母子健康

临近分娩时，如果准妈妈常常感到焦虑不安，会直接影响到生产过程和胎宝宝的健康状况。

◎ 焦虑会使准妈妈肾上腺素分泌增加，导致代谢性酸中毒，引起胎宝宝宫内缺氧。

◎ 焦虑还可引起自主神经紊乱，导致生产时宫缩无力造成难产。

◎ 由于焦虑，得不到充分的休息和营养，生产时会造成滞产。

缓解焦虑不安的方法

放松肌肉法

挺直腰背坐在垫子上，全身放松下来。开始想象自己的背部肌肉开始一点点重下来，最后就像孙悟空背的那座山一样沉重。这时睁开眼睛，抛开大石头的压力，体验一把轻松的感觉。想象完背部后，可以用此法再想象肩臂肌肉、臀部肌肉、大腿肌肉、小腿肌肉……这样来回放松肌肉，可以使准妈妈疏通血液循环，疏解心理压力。

深呼吸法

坐在舒服的垫子上，挺直腰背，闭上眼睛，全身放松。慢慢地用鼻子先吸气（吸气时想象自己在森林中漫步，或在白色的沙滩上捡到了漂亮的贝壳……），吸入肺后屏住，然后慢慢地呼气。

刺激太阳穴和内关穴法

想要缓解不安和焦虑时，可刺激人体的太阳穴、内关穴（内关穴位于手腕向上两大拇指宽的正中线上）。这样做可以缓解紧张的情绪，具有稳定血压、镇静神经的作用。

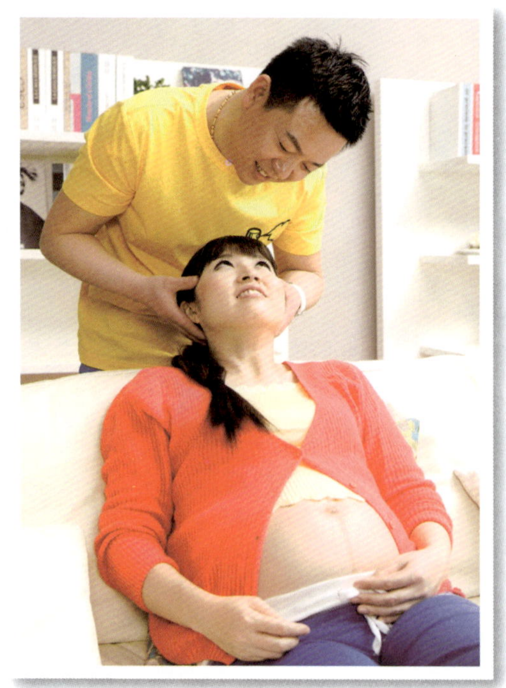

★ 准爸爸可经常按摩准妈妈的太阳穴，以舒缓她的焦虑情绪。

第40周

第1天 科学饮食为顺产出一份力

饮食是贯穿整个孕期的一项大事，在分娩前也一样要把握好。分娩前饮食合理，不仅补充了准妈妈和胎宝宝的营养需要，还有助于准妈妈顺利产下胎宝宝。

临产饮食有讲究

◎ 大多数准妈妈在临近分娩时心情会比较紧张，没有胃口，所以应进食便于消化吸收的食物，避免吃油腻、蛋白质过多、需花长时间消化的食物。

◎ 分娩是一件很费力气的事，所以分娩前应吃一些快速补充能量的食物。建议临产前准妈妈食用巧克力、糖水等。

◎ 分娩过程中会消耗体内大量水分，所以临产前可以吃含水分较多的半流质软食，如面条、大米粥、鸡蛋羹等。

◎ 中医学上有“利窍滑胎”的说法，即吃马齿苋、牛乳、山楂等可以促进分娩、缩短产程、减少产痛。

应避免的食物

◎ 含粗纤维太多的蔬菜、水果不宜多吃，因为这类食物容易产生较多的粪便，等正式开始用力屏气的时候，粪便很可能也一起屏出来了。

◎ 辛辣或气味较重的大蒜、韭菜等也最好不吃，同上个理由一样，会让医生、护士麻烦，也会让自己尴尬。

慎食水果

水果可以选择香蕉或是柑橘等，这类水果吃起来比较方便，也为准妈妈临产储存“生产力”。

不过，为了不制造尴尬，准妈妈还是不要吃桑葚、樱桃、酸枣、黑枣、红枣、小枣、石榴、苹果、鸭梨等富含膳食纤维的水果。

产前食谱作用大

马齿苋粥

材料 马齿苋、大米各适量。

调料 盐少许。

做法 在锅内放入适量清水、大米，煮至粥将成时，加入马齿苋、盐，再大火煮沸即成。

功效 清热，凉血，利尿。准妈妈临产时食用，能滑胎易产。

★马齿苋

用联想和想象助身心放松

许多准妈妈都是第一次进手术室，心里难免会紧张，心理紧张肯定会给身体带来影响。这时，需要一些联系和想象，来帮助心理和身体的放松，勇敢地面对这一切。

将分娩想象成开花的过程

用一个自己觉得最舒服的姿势坐着，闭目养神，彻底摒弃杂念，然后开始想象：想象自己走进了一个很大的花园。院子里各种花儿争相斗艳，红色的玫瑰、海棠、牡丹、石榴，黄色的向日葵、牵牛花、水仙花，白色的茉莉花、百合花、荷花、菊花……轻轻走到自己最喜欢的花儿旁边，慢慢摘下那朵开得最绚丽的，放到鼻子上嗅一下它的香味，想象它慢慢绽放的全过程：一次一片花瓣，慢慢地绽放，越来越大，直到完全绽放开来。在想象开花的过程中也可以增加露珠、花粉、小鸟或蜜蜂等细节。

想象完后，睁开眼睛看自己的骨盆，设想它就是刚才那朵花。这朵花和宫颈的肌肉正慢慢地、一次一点点地张开来。想象花和宫颈完全张开后，继续想象它们在慢慢合上。提醒自己：在胎宝宝出生的时刻，宫颈会慢慢地张开，就像花朵慢慢绽放一样；在胎宝宝通过产道后，就像花瓣又慢慢合拢一样，宫颈口恢复原态这是世界上最自然的过程。

为分娩做准备的想象

把手放在腹部上，并把腿张开，以自己认为最舒服的姿势坐着。开始进行吸气、呼气。

吸气时，想象有一根连接着嘴巴和阴道的笛子。你正在吹这根笛子，吸气并把空气吹进笛管，经过子宫里的胎宝宝、宫颈，然后从阴道出去。当空气经过笛管时，感觉到附近的身体组织和肌肉都越来越放松，直到完全松弛。

多想象几次，直到感觉身体已经为生产准备好了通道。

缓解身体不适的想象

找一个自己最舒服的方式躺下，想象有阳光洒到了自己身上：阳光穿过了皮肤，身体里的器官、肌肉、骨骼，包括胎宝宝都在接受着它的沐浴。然后吸气、吐气，尽可能的深一些，多做几次。

想象阳光带给自己和胎宝宝最大的健康和能量，抚摸自己感到不适的身体部位。

第40周 第3天 准爸爸用吻给妻子以鼓励

整个生产过程要经过十几个小时，是辛苦和漫长的。在宫缩强烈时，准爸爸可以按摩准妈妈的背部，以减轻她的疼痛。

在过渡期宫缩更加激烈时，可以同准妈妈一起进行呼吸，使她保持呼吸的节奏。也可以做骶部按压，以缓解妻子背部的疼痛。还可以用温毛巾给妻子擦汗，帮妻子理理鬓角的乱发，调整好枕头的位置……

如果这些帮助都遭到妻子的拒绝，不要生气，应该理解妻子。想想她要忍受如此的痛苦过程，谁都会急躁和生气啊！你在这时要紧紧握住妻子的手，温柔地看着她，轻轻吻向她的额头或眼睛。

不要小看这一个吻，它会让妻子镇静下来，想起你们刚恋爱时的第一个吻，想起一晃已经走过了悠长的岁月，你们爱的结晶也马上要出世了。再加加油，就快看到胎宝宝了！

当听到胎宝宝脆亮的第一声啼哭后，你会和妻子充满成功感和满足感。

★临产前，准爸爸给准妈妈一个深情的吻，可以为准妈妈分娩加油打气。

准爸爸陪产有助于顺产

分娩对准妈妈来说是一个非常痛苦的过程，准爸爸适时的协助会给准妈妈减轻很多痛苦，并能够给准妈妈心理上的支持，让准妈妈感觉到并不是她一个人在“战斗”。那么准爸爸在准妈妈分娩时应该做哪些工作呢？

帮助准妈妈变换体位

在待产过程中，准爸爸可以帮助妻子不断变换体位，这样既减轻了准妈妈的不适，又有助于分娩。具体的体位姿势如下。

◎ **直立式**　在早期宫缩期间，可让妻子俯撑在附近的一个平面上，根据平面高低，必要时可以跪下。

◎ **坐式**　让妻子面对椅子坐下，你可以把一个坐垫或枕头放在椅背的上方，让妻子将头靠在交叉起来的前臂上，两膝分开。

◎ **靠式**　在临近分娩的早期，仍能在周围活动一下，宫缩时就让她依附在你的身上，这样便于你按摩她的背部和双肩。

◎ **前跪式**　两腿分开跪下，身体放松朝前倾靠在坐垫或枕头上，尽量让背部保持平直。在两次宫缩的间歇期可侧着坐一下。

◎ **趴式**　让妻子双手和两膝着地，趴在地上，同时来回倾斜骨盆，注意背部不要拱起。在宫缩的间歇，可让身体放松，重心向前移，把头放在两臂上休息。

帮助准妈妈放松身体

练习一

◎ **方法**　检查身体的肌肉紧张程度——额头皱起、拳头紧握、嘴巴紧闭等表现都是显而易见的。接着有序地从头到脚练习放松每一组肌肉。先紧绷，然后放松，了解肌肉的不同状态。

◎ **准爸爸要做的**　观察宫缩开始时间。一旦开始，就要告诉准妈妈开始练习。

练习二

◎ **方法**　练习“触摸—放松”运动。先找出哪些触摸、什么样的按摩最能让准妈妈放松，以练习一的方式，从头到脚循序渐进地做。先绷紧一组肌肉，然后让准爸爸在该处施以温暖轻松的触摸，好让准妈妈试着把这组肌肉放松下来。这样准妈妈不用一直听着准爸爸提醒“放松！”的指令了。

◎ **准爸爸要做的**　在正确的地方给以准妈妈适当的抚触。

第40周 第6~7天 继续开发宝宝，不要让胎教成果付诸东流

从计划怀孕开始，你们就做好了胎宝宝的教育计划，积极进行胎教。当宝宝还在准妈妈肚子里时，你们就给他听音乐、讲故事、抚摸、看美丽的图片和影像，甚至教他数数、认识拼音和英语字母，为宝宝营造良好的学习氛围。

可是人们的记忆是有限的，有些知识往往要重复好多遍才能记牢。父母在胎宝宝出生后，要积极巩固之前的胎教成果！

继续重复胎教内容

“巩固”，这个词本身就有重复以前内容的意思。因此在巩固胎教成果时，重复以前的胎教内容是必不可少的。

比如在早期的胎教中，你们曾经教宝宝数数。那么在他出生后，你在给宝宝喂奶、在给宝宝换衣服、在给宝宝洗澡时，都要再数一遍。最好在数数时，借助相关实物进行。

如果在胎教前期用的是一支铅笔来教“1”，那么在宝宝出生后，当你再次拿出铅笔说“1”时，宝宝会逐渐给你反馈，并会做出令你吃惊的反应。

再比如在早期对胎宝宝进行音乐胎教后，如果当他（她）出生后再次听到相同的旋律或节奏，他（她）会有清晰的记忆，甚至没有学过也会哼唱出后面的旋律内容……很多音乐神童其实都是得益于他们父母所做的早期胎教和后期重复。

让宝宝受益于胎教

宝宝出生后，当再次重复早期胎教的内容时，他（她）会油然而生出熟悉的感觉，会觉得很亲切，也会对相关事物表现出莫名的兴趣。因此在学习相关内容时，会比别的宝宝更有兴趣、更快接受。这些小孩子常被老师作为班里的模范生，常常受到表扬。而孩子的最佳奖赏就是大人的鼓励，这会让他有优越感，从而培养出自信的性格。

宝宝出生后巩固胎教成果可让你的孩子更加优秀。

附录1 孕期胎教部分汇总

胎教类型	核心内容	有效性	实施难度	时间段	频率/(次/天)	时间长度	基本形式	高级形式
运动胎教	运动	★★★★	★★	16~24周	2次	20~30分钟	散步	体操
语言胎教	对话	★★★★	★	整个孕期	2~5次	2~5分钟	对话	讲故事
抚摸胎教	抚摸	★★★	★	胎动活跃时	2~5次	3~8分钟	摸来摸去	心心相通
光照胎教	光照	★★	★★	胎动活跃时	1~2次	3~8分钟	日光	森林日光
环境胎教	环境优美	★★	★★	整个孕期	长期	长期	无污染	优美
饮食胎教	一日三餐	★★	★★★	整个孕期	长期	长期	合理膳食	营养均衡
情绪胎教	心情舒畅	★★★	★★★	整个孕期	长期	长期	放松、稳定	愉快、舒畅
音乐胎教	古今中外	★★★	★★★★	整个孕期	1~2次	15~30分钟	CD播放	现场演奏
美学胎教	美好的事物	★★★	★★	整个孕期	长期	长期	欣赏周围美的事物	欣赏专业名画、书法等

附录2

一日胎教时间计划表

以下计划表考虑了胎教基本要素：运动胎教、饮食胎教、音乐胎教、光照胎教、情绪胎教、语言胎教、环境胎教、抚摸胎教、美学胎教。准妈妈们可以作为参考。

胎教时间	胎教内容
7:00	起床
7:00～7:30	户外散步
8:00～9:00	吃早餐、饭后休息
9:00～9:30	进行音乐胎教；听音乐的内容可根据自己的实际情况作上午和下午两个胎教音乐方案：上午适合听一些舒经活络的音乐，比如民族音乐《江南好》《春风得意》；再听些开发胎宝宝大脑的音乐，比如莫扎特的《莫扎特弦乐小夜曲》《摇篮曲》，贝多芬的《献给爱丽丝》。如果下午天气比较燥热，可能心情会烦躁，可以选择抒情性很强的民族音乐《春江花月夜》《平沙落雁》，还有莫扎特的《幻想曲》《摇篮曲》以及巴赫&古诺的《圣母颂》
9:30～10:00	休息喝水，吃水果、零食等
10:00～11:30	进行语言胎教具体内容：听一个童话故事，或者朗诵一首古诗，阅读幼儿画报、与胎宝宝问好……
11:30～13:00	做午饭，吃午饭
14:00	午休
15:00～15:30	起床，喝水，吃零食、水果
15:30～16:00	进行音乐胎教
16:00～16:30	阅读报纸、书籍半小时
18:00	休息喝水，做晚饭，吃晚饭
19:00～20:00	户外散步
21:00～21:30	看电视和家人聊天（情绪胎教、环境胎教）
21:30	准时睡觉，同时进行抚摸胎教。因为在这个时候胎动时间长，适合抚摸胎教

附录3 每月胎宝宝发育状况与胎教内容

每个月胎宝宝都在妈妈的肚子里成长，伴随着胎宝宝的发育，准妈妈、准爸爸采取的胎教方式也要相应调整，选择适时的胎教，从而达到事半功倍的效果。

时间	胎宝宝状态	胎教重点	胎教情况
1个月	胎宝宝尚无什么能力，但脑、脊髓、眼、耳、鼻、皮肤等萌芽形成，正在培育着能力的基础	优境胎教。即给胎宝宝提供一个优良的环境，而胎宝宝所生活的环境包括母亲的身体、父母生活的环境	准妈妈要端正心态，以积极的态度制订胎教计划表。这个时期准妈妈未必会发现胎宝宝的存在，但也要戒掉快餐、酒精、咖啡等，然后再开始胎教。准妈妈可以制造浪漫的情调，与准爸爸设想宝宝来临的各种美好情景，把心中对宝宝的憧憬和渴望当做最初的胎教
2个月	各器官、内分泌腺等重要部分在这个时期逐渐形成。胎宝宝的指甲已长至指尖，皮肤淡红，并变得光滑起来，皮下脂肪日渐增多	情绪胎教。始终保持平和、宁静、愉快和充满爱的心境，是整个孕期胎教计划的主要内容。保持健康心理，对母子的身心将起到极好的调节作用	在准妈妈稳定的心情下，胎宝宝才最能吸收准妈妈提供的营养，可刺激胎宝宝的脑部发育。可以开始听轻松的音乐，来舒缓怀孕的紧张心情。也可以开始记录你的孕期日记，从怀孕的最初到10月怀胎中的每一个细微的变化，各时期不同的心情和身体变化、感受、胎教方法、胎宝宝的反应等，一点一滴地写下来，让它成为你孕育生命的最好记录
3个月	脑组织开始出现皱缩样，大脑皮质已很发达，虽然还是生活在黑暗的子宫里面，但大脑已经能够通过准妈妈的生活感知昼夜的变化	抚摸胎教。胎宝宝受到母亲双手轻轻地抚摩之后，会引起一定的条件反射，从而激发胎宝宝活动的积极性	准妈妈此时开始吸收营养的食物，同时要活动自己的身体，活动可以刺激胎宝宝皮肤的感觉，帮助脑部发育。可以双手从上至下，从左至右，轻柔缓慢地抚摩胎宝宝。反复10次后，用示指（食指）或中指轻轻抚压胎宝宝，然后放松

（续表）

时间	胎宝宝状态	胎教重点	胎教情况
4个月	胎宝宝的脑部等各重要器官逐渐形成，脑部负责记忆的部分开始启动，此时胎宝宝已经能够感知准妈妈的想法和情感。胎宝宝对愉快与不愉快的心灵感知开始形成	对话胎教。这个时期胎宝宝对声音已相当敏感，能分辨和听到各种不同的声音，并能进行“学习”，形成“记忆”，坚持跟胎宝宝对话，不但胎宝宝会认识你的声音，还能成为培养他语言能力的捷径	准妈妈不妨多对胎宝宝说话。准妈妈可以带着愉悦的心情朗读一些优美的散文、诗歌，选择些好听的故事讲给宝宝听，也许将来这些故事会是宝宝出生后最喜欢的呢！另外，散步可以促进胎宝宝头脑发育所需的神经递质的生成。准妈妈应把散步生活化、常态化，当做每日必做的功课
5个月	此时要多注意胎宝宝头脑的发育。另外，胎宝宝的情感也开始迅速发达。开始吮吸手指，并能自由活动身体	运动胎教。孕5个月胎动已经比较明显了，这时是进行运动胎教的最好时机。有计划有意识地对胎宝宝提供有益且适当的刺激，可促使胎宝宝对刺激做出相应的反应，从而刺激胎宝宝大脑功能、躯体运动功能的生长发育	准妈妈可以根据自身的特点，选择柔韧性和灵活性较强的锻炼方法，如做健美操、练瑜伽、游泳、慢跑等。运动时听点音乐，可以提高兴趣，将锻炼坚持下去。准妈妈可以通过水上有氧运动、散步等给胎宝宝一些新鲜的刺激
6个月	大脑发育迅速，接近成人的脑部构造。听觉逐渐发达，可以分辨准妈妈的声音和周围的响声。胎动更加频繁。胎宝宝可以直接感受到准妈妈的思想和情感	知识胎教。这一时期是胎宝宝大脑发育的高速时期，准妈妈一定要以身作则，保持旺盛的求知欲，使胎宝宝不断接受刺激，促使大脑神经和细胞的发育	可以为胎宝宝讲故事。准妈妈一定要勤于动脑，读一本好书，看一篇好的文章，使精神上获得一次净化，还能让人心情开朗。有条件的话，准妈妈可以看一些美术作品，去美术馆也是不错的主意。在准妈妈理解和鉴赏的过程中，美的体验同时也传达给了腹中的胎宝宝
7个月	感情开始萌芽，能够感觉声音的节奏，对外部的声音、气味，甚至光线的刺激都可通过胎动来做出反应	光照胎教。这个时期的胎宝宝能够区分外部的明暗，间接体验准妈妈的视觉感受。通过外界光照，可促进胎宝宝视网膜光感受细胞的功能发育	准妈妈每天可定时在阳光温和的时候外出散步

（续表）

时间	胎宝宝状态	胎教重点	胎教情况
8个月	对日常生活中的各种声音都会有反应，突如其来的声音会令胎宝宝吓一跳。视觉开始形成，也有味觉	性格胎教。准妈妈的修养、兴趣、爱好、职业，以及与准爸爸的融洽关系，都能影响胎宝宝的性格。胎宝宝在子宫内如果感到温暖、和谐、慈爱的气氛，心灵将感到生活的美好和欢乐，可逐渐形成热爱生活、活泼外向等优良性格的基础	规律的活动，着重刺激胎宝宝的五感。准妈妈每天可以把生活中愉快的事情讲给宝宝听，让他意识到等待他的世界是美好的，通过和胎宝宝共同生活、共同感受，培养他热爱生活、果断自信、活泼外向等优良性格，使母子、父子间的纽带更牢固
9个月	胎宝宝的视觉、听觉、味觉、触觉和痛觉等感觉与脑干紧紧相连，大脑的脑干功能也相当发达，对外来刺激能够反应	音乐胎教。运用音乐可达到很好的胎教效果。让胎宝宝在准妈妈体内就接受音乐的熏陶，可以促进胎宝宝的大脑发育，尽早开发他的音乐潜能，对其性格培养也有重要作用。实践证明，受过音乐胎教的胎宝宝，出生后喜欢音乐，反应灵敏，性格开朗，智商较高	无论是休息还是做家务时，准妈妈都可以欣赏音乐，每天多次欣赏音乐名曲。准妈妈还可以每天哼唱几首曲子，最好选择抒情歌曲或轻歌，经常聆听父母的歌声，会使胎宝宝精神安定，母与子心音谐振，为胎宝宝出生后形成豁达开朗的性格打下良好的心理基础。但选择胎教音乐时一定要注意频响范围，不要让音乐变成噪声
10个月	随时准备出来	联想胎教。联想胎教可以帮助准妈妈提高自信，最大限度地激发宝宝的潜能，对克服妊娠期抑郁症也很有效果。准妈妈沉浸在美好的想象之中，以其博大的母爱关注着宝宝的变化。胎宝宝通过感官得到这些健康的、积极的、乐观的信息，这就是胎教最好的过程	准妈妈可以设想自己宝宝的形象了，把美好的愿望具体化、形象化。仔细观察你和准爸爸的相貌特征，进行综合，想象宝宝会有什么样的相貌，什么样的性格，什么样的气质等，在头脑中形成一个具体的美好形象，将“我的宝宝就是这样子”的坚定信念传递给胎宝宝，还可以把自己的想象通过语言、动作等方式传递给腹中的胎宝宝，保持愉悦的心情，潜移默化地影响着他

附录 4

十月怀胎全程图解

准妈妈的身心变化

- 尚不能确定已怀孕。
- 乳房开始变硬、肤色变深且敏感。
- 出现类似感冒症状。
- 子宫与怀孕前无差异。

胎宝宝的发育情况

- 胚芽仅如针尖大小。
- 形状像小海马。
- 不具备人形。
- 三大系统已有雏形。
- 已可看到嘴和下巴的原形。
- 心、肝已有初步发育。
- 有绒毛组织覆盖于胚芽。
- 脐带开始发育。

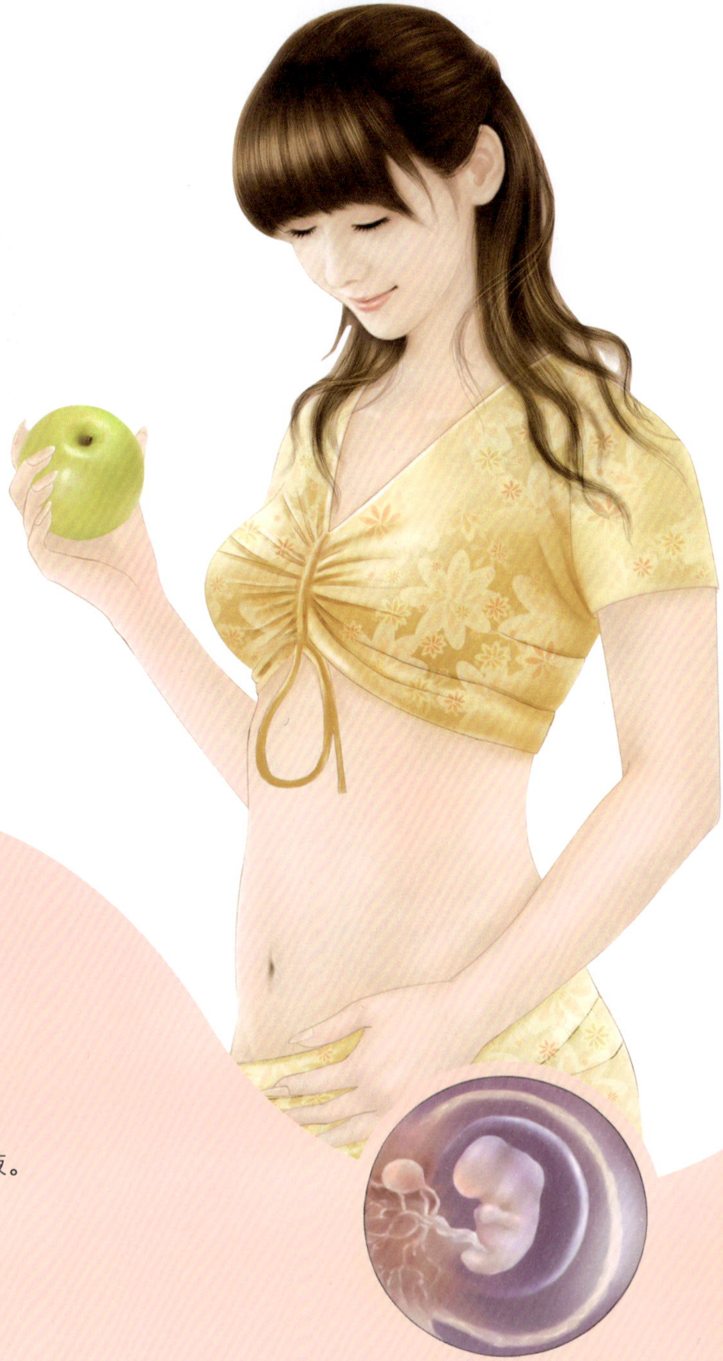

准妈妈的身心变化

- 孕期不适开始明显。
- 小便次数增多。
- 开始出现妊娠反应。
- 体温稍偏高。

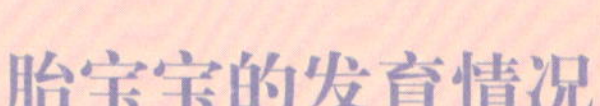

胎宝宝的发育情况

- 仍被称为“胚芽”。
- 初具人形。
- 人脸基本形成。
- 心脏、血管已能输送血液。
- 骨骼、神经已初具雏形。
- 母胎联系加强。
- 性征初具形态。
- 已长出手脚。

孕3月

准妈妈的身心变化

- 子宫如拳头大小。
- 乳房、外阴颜色加深。
- 情绪不稳。
- 妊娠反应最严重。
- 尿频现象更严重。

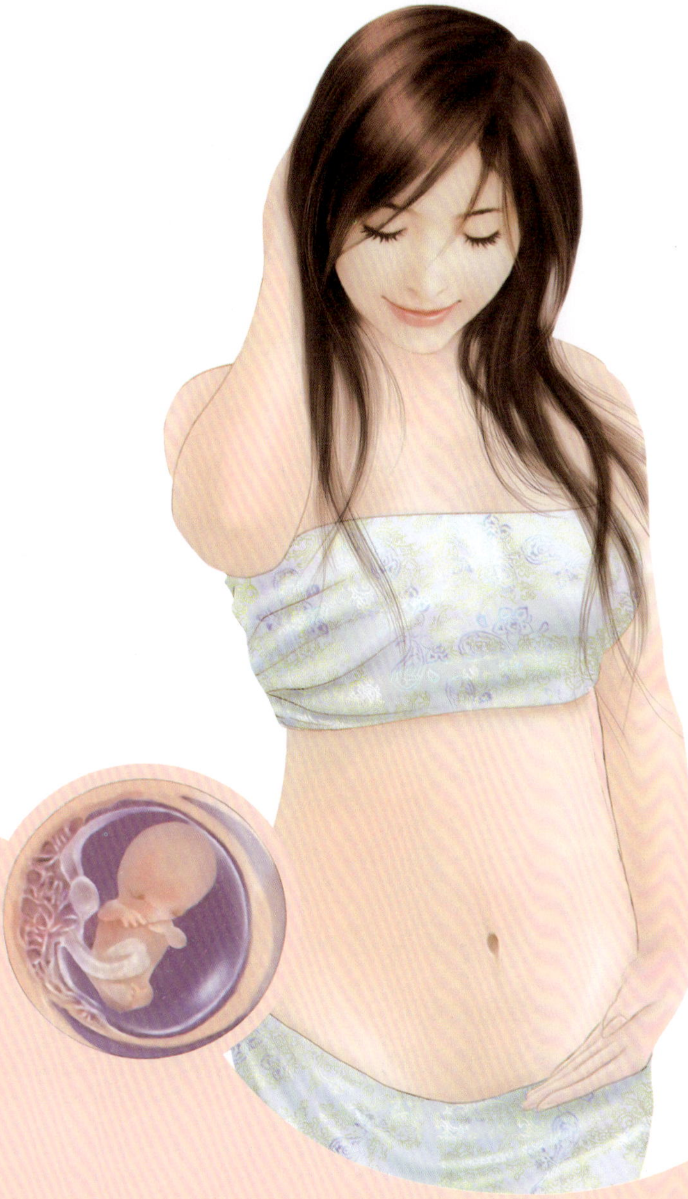

胎宝宝的发育情况

- 可以称为“胎宝宝”了。
- 尾巴消失了。
- 可以游动了。
- 五官相继生成。
- 内脏、肌肉已基本发育完备。
- 条件反射加强。
- 肾已形成。
- 能辨认性别了。

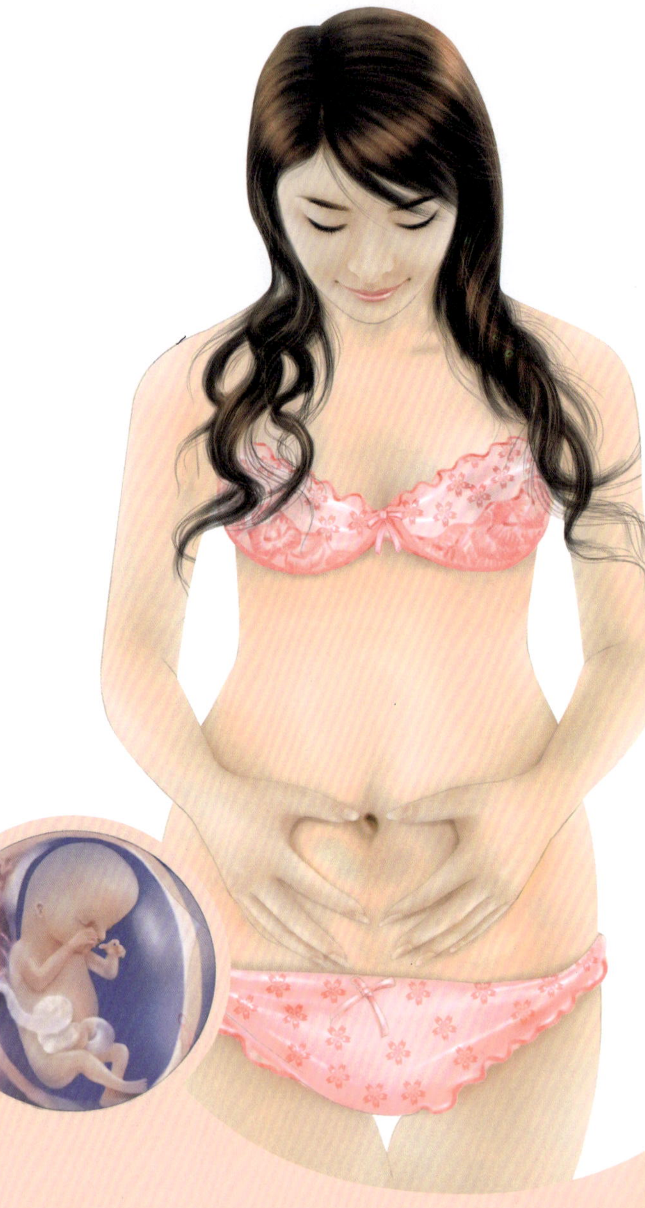

准妈妈的身心变化

- 乳房开始分泌像初乳的乳汁。
- 子宫已大到如小孩头。
- 胃口开始变好。
- 肠蠕动减慢。

胎宝宝的发育情况

- 胎宝宝稳定了。
- 更具人形了。
- 肺脏发育基本完成。
- 能听到胎心音了。
- 胃肠功能进一步发育。
- 开始长头发了。
- 具有一定的免疫力了。
- 胎盘发育基本完成。
- 会打嗝了。

孕5月

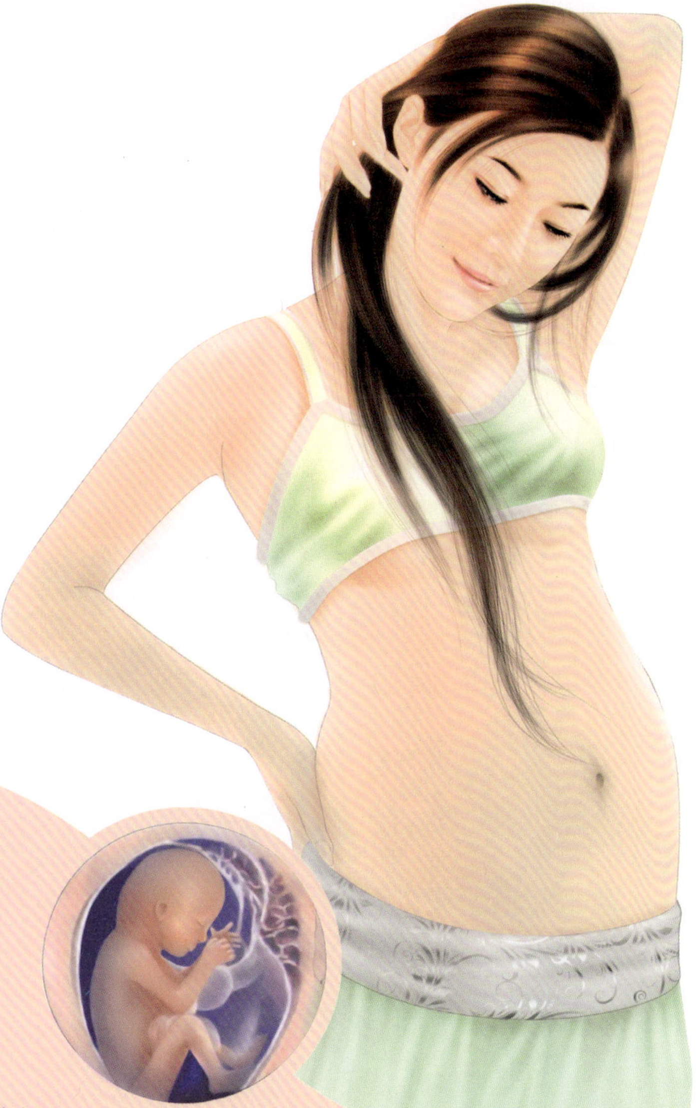

准妈妈的身心变化

- 身体更为丰满了。
- 乳房有下垂趋势。
- 能感觉到胎动了。
- 营养需求增大。
- 各种身体不适陆续出现。

胎宝宝的发育情况

- 体型开始变匀称了。
- 全身已被汗毛覆盖。
- 有喜怒哀乐了。
- 能听到声音，并对光有反应了。
- 更活泼了。
- 心脏跳动明显。
- 大脑进一步发育。
- 出现了胎脂。

准妈妈的身心变化

- 小腹隆起已很明显。
- 出现呼吸困难。
- 阴道内的白色分泌物增多。
- 心跳加快。
- 易感疲劳。
- 身体开始后仰。
- 血流开始不畅。

胎宝宝的发育情况

- 胎宝宝又长大了。
- 身体比例越来越匀称了。
- 汗腺开始发育。
- 五官发育趋于成熟。
- 会做一些小动作了。
- 胎宝宝能变动一下位置了。
- 四肢能自由运动了。

孕7月

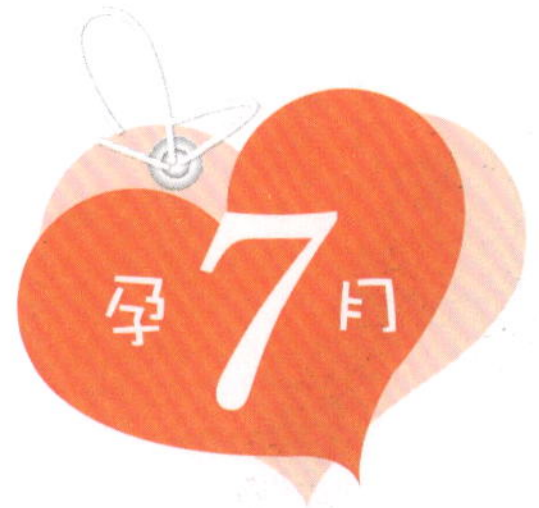

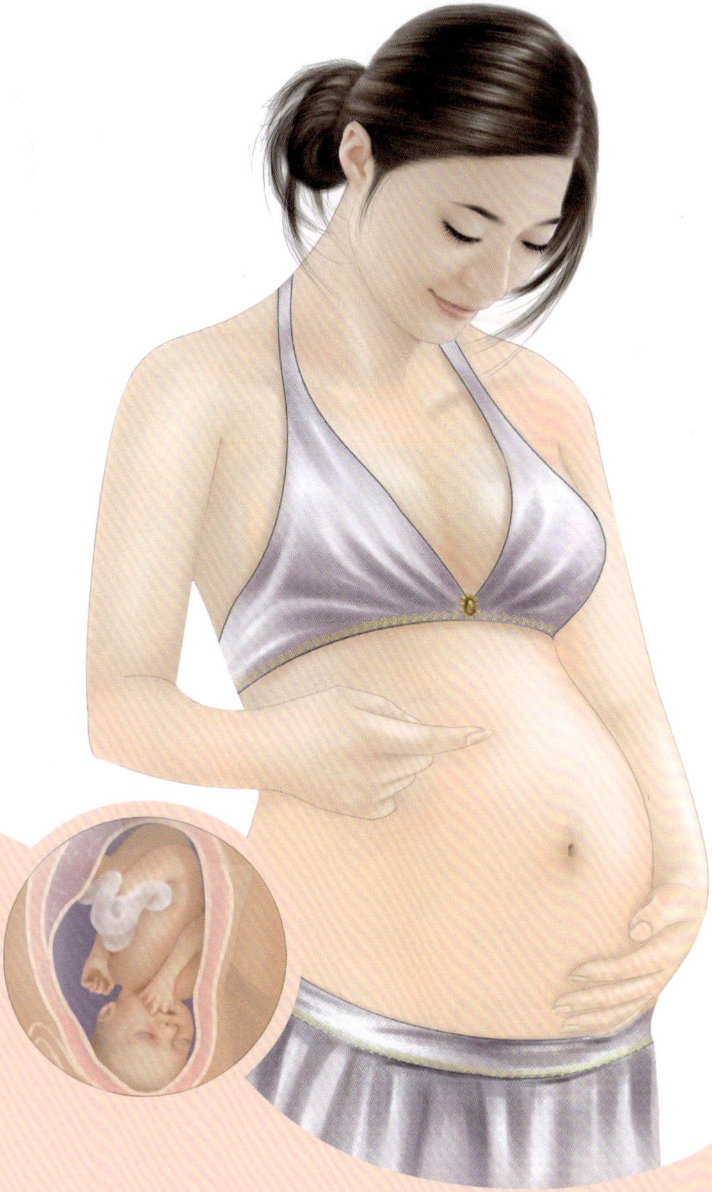

准妈妈的身心变化

- 有些大腹便便了。
- 四肢可能出现肿胀。
- 妊娠纹越来越明显。
- 体重增速加快。
- 开始出现宫缩感。
- 胃肠蠕动更慢了。

胎宝宝的发育情况

- 已接近新生儿模样。
- 像个小老人。
- 已有性别之分。
- 肺部发育速度加快。
- 各方面都越来越完善。
- 已能区分明暗。
- 大脑已能控制身体动作。
- 宫外存活能力仍较弱。

孕8月

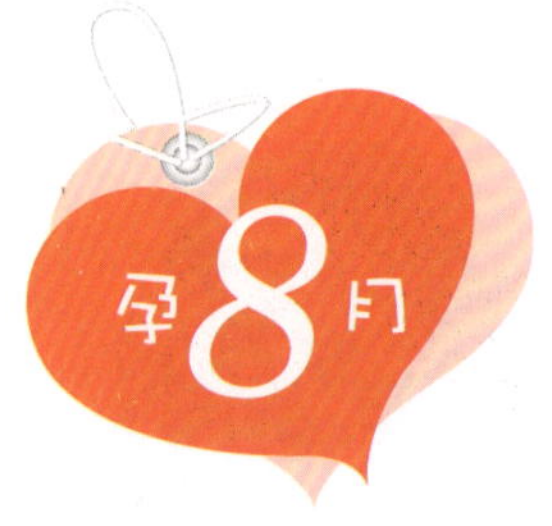

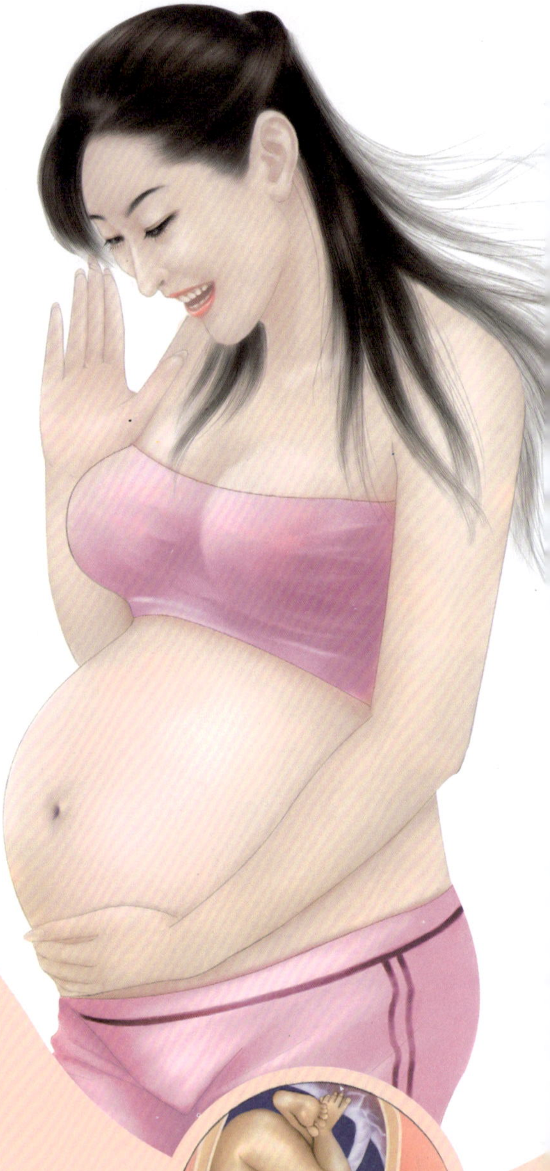

准妈妈的身心变化

- 腹部更大了。
- 可能会发生腿部痉挛。
- 局部肤色发黑。
- 开始出现呼吸困难。
- 易出现妊高征。

胎宝宝的发育情况

- 生长速度极快。
- 看起来胖乎乎的。
- 能睁眼追踪光源了。
- 宫内活动开始减少。
- 动作开始有力量了。
- 开始转变胎位了。
- 能调节呼吸和体温了。
- 第一性征进一步发育。

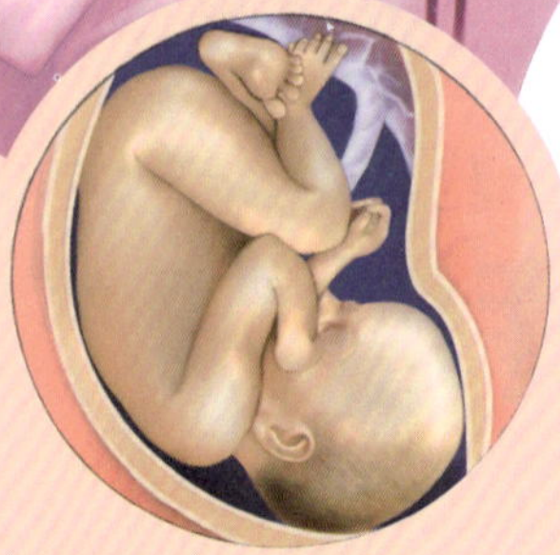

准妈妈的身心变化

- 子宫底已升到心口窝。
- 身体更为笨重。
- 脏腑因子宫挤压而导致不适增加。
- 各种不适症状加重。
- 孕检次数开始频繁。
- 腰椎容易受伤。

胎宝宝的发育情况

- 比上个月又长大了许多。
- 看起来圆滚滚的。
- 胎毛开始消退。
- 生殖器发育基本完善。
- 可吞咽羊水了。
- 头骨发育仍很柔软。
- 已能从腹部看到胎宝宝的轮廓。
- 此时出生已能适应宫外生活。

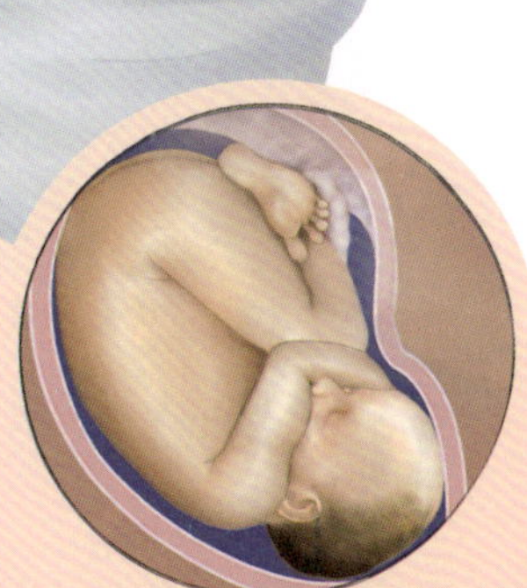

孕10月

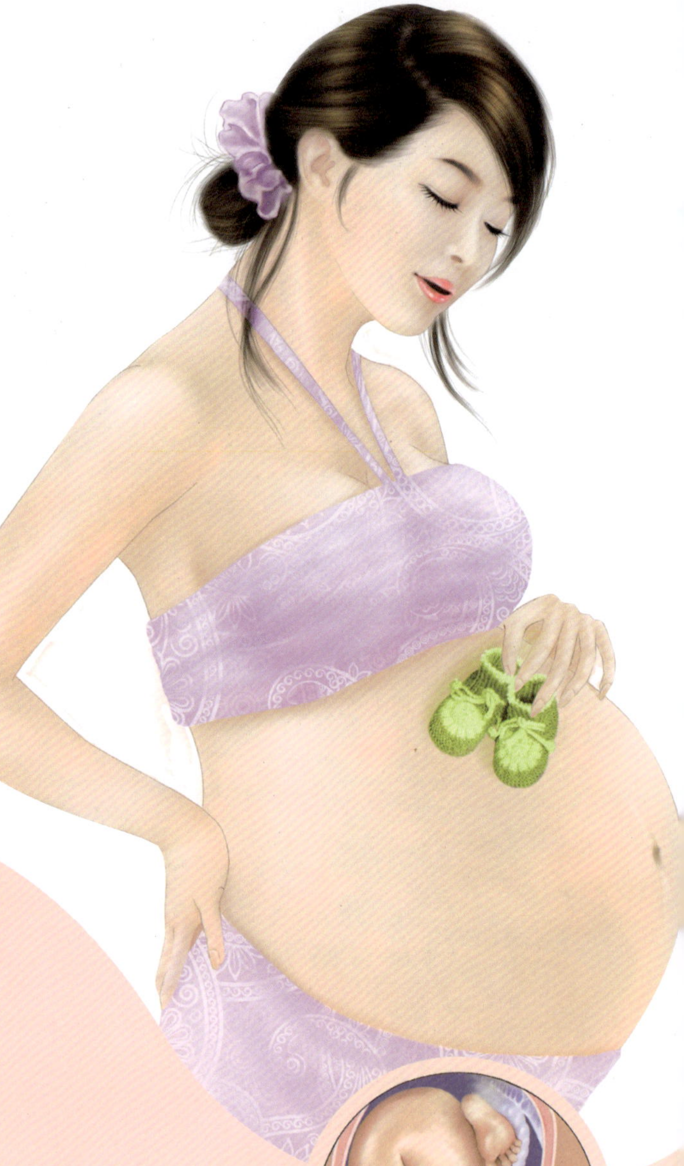

准妈妈的身心变化

- 身体变得更笨重了。
- 骨盆已做好分娩准备。
- 宫缩开始频繁。
- 胎宝宝已下降到骨盆入口处。
- 乳房已为哺乳做好准备。
- 开始产生阵痛。

胎宝宝的发育情况

- 看起来已像足月婴儿了。
- 外形更好看了。
- 剧烈活动减少。
- 第一性征基本发育成形。
- 双耳基本发育完善。
- 头发长长了。
- 已具有一定的觅食能力。

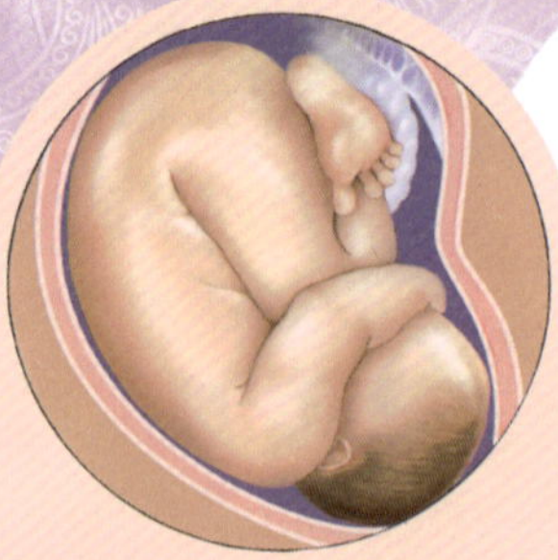